21 世纪高职高专规划教材·财经管理系列

企业财务管理

（修订本）

主　编　张学惠　张　晶

副主编　王建祥　张晓琴　蒋玉芳

清 华 大 学 出 版 社

北京交通大学出版社

·北京·

内 容 简 介

本书在初步介绍财务观念的基础上，以财务管理工作过程为主线，设定八个工作项目。重点介绍财务环境分析、财务预测、资金成本与资本结构分析、筹资管理、流动资金管理、投资管理、利润分配管理、财务预算等内容。使学生在完成各项目的具体任务中学会知识，提高综合运用相关知识解决实际问题的能力。本书通过财务专题对企业的热点问题进行剖析，为拓展学生的知识空间提供参考。

本书可作为高职高专财经类学生的教学用书，也可作为有关人员学习的参考用书。

图书在版编目（CIP）数据

企业财务管理/张学惠，张晶主编. —北京：北京交通大学出版社：清华大学出版社，2014.1（2019.3 修订）

（21 世纪高职高专规划教材·财经管理系列）

ISBN 978 - 7 - 5121 - 1622 - 1

Ⅰ. ①企…　Ⅱ. ①张…　②张…　Ⅲ. ①企业管理-财务管理-高等职业教育-教材
Ⅳ. ①F275

中国版本图书馆 CIP 数据核字（2013）第 210030 号

责任编辑：黎　丹　　　　　特邀编辑：衣紫燕
出版发行：清 华 大 学 出 版 社　　邮编：100084　　电话：010 - 62776969
　　　　　北京交通大学出版社　　邮编：100044　　电话：010 - 51686414
印 刷 者：北京时代华都印刷有限公司
经　　销：全国新华书店
开　　本：185×230　印张：18.25　字数：409 千字
版　　次：2014 年 1 月第 1 版　　2019 年 3 月第 1 次修订　　2019 年 3 月第 4 次印刷
书　　号：ISBN 978 - 7 - 5121 - 1622 - 1/F · 1245
印　　数：5 501～7 000 册　　定价：39.00 元

本书如有质量问题，请向北京交通大学出版社质监组反映。对您的意见和批评，我们表示欢迎和感谢。
投诉电话：010 - 51686043，51686008；传真：010 - 62225406；E-mail：press@bjtu.edu.cn。

前　言

　　财务管理是一门综合性、应用性较强的学科。高职高专学生一方面已具备一定的学习财务管理课的相关知识，但理论基础薄弱，另一方面缺乏实际工作经验，如何使学生将所学知识与财务管理的基本理论融会贯通，并能够运用这些知识解决工作中的实际问题，是本书着力解决的关键问题。因此，本书根据高职高专会计、经济管理专业培养目标和教学要求，以突出实践性教学环节、体现高职高专教育特色为原则进行编写。编写的总体思路是：打破原有教材重知识逻辑关系、轻学生技能训练的弊病，采用以企业工作环节为基础，体现企业实际工作的全过程来设计教学项目和教学任务，将财务管理知识与企业工作实践密切结合，积极有效地激发学生的学习兴趣，诱发学生探究问题的愿望，促进学生从被动学习向主动学习转变。教学从以教师为主向以学生为主转变，真正实现学生的自主性学习、体验性学习，争取达到教学与实际工作岗位零距离的目标。在编写过程中，我们秉承"任务驱动，项目导向"的教学理念，在教材中力求体现以"教、学、做"为一体的教学思想。因此，本书在编排中以对企业实际工作过程的分解为基础设定教学项目，并在此基础上确定完成各项项目所必需的具体任务，实现学生在做中学、教师在做中教的教学目标，培养和锻炼学生的动手操作能力和分析问题、解决问题的能力。

　　根据多年对相关会计学科的教学及对高职高专学生特点的分析，本教材力求凸显以下创新点。

　　1. 坚持理念创新。以"授之以渔"为教学理念，以课程知识融会贯通设计出好的训练课题为主导，以学生的自主性学习、体验性学习为主体，组织安排教材编写工作，凸显教材的新理念。

　　2. 注重工作过程。在内容和结构的安排上，突出企业实际工作的全过程。按企业财务活动的先后顺序，设计若干个工作项目，围绕各个工作项目，设计保证完成工作项目的具体任务，让学生目标明确、任务具体、行为导向清楚地参与到教学过程中，与教师一同完成分析和解决企业实际问题的全过程，改变学生被动学习的局面。同时，力求使教学内容更贴近企业实际，实现教学与应用的零距离。

　　3. 突出实践环节。通过配备适量的实训课题，有利于加深学生对财务管理工作程序和分析思路的理解，提高学生解决实际问题的能力，便于学生巩固和提高学习效率。

　　4. 明确具体任务。为了使学生成为学习的主人，每项任务均设有具体明确的任务单，以便学生根据任务单去完成各项任务。

　　5. **扩展知识空间**。为了满足部分学生的求知欲望，对现代企业比较关注的财务管理话题，以财务专题的方式提供给读者学习研究，为其提供扩展视野的空间，以满足不同层次学生对财务管理知识的需求。

　　本书由张学惠、张晶主编，王建祥、张晓琴、蒋玉芳任副主编。全书分为预备知识、项目设定、财务专题三部分。具体写作分工如下：第一部分及附录由张学惠执笔；项目一及第三部分由王建祥执笔；项目二、三由张晓琴执笔；项目四、五、六、八由张晶执笔；项目七由蒋玉芳执笔。全书由张学惠负责统纂和修改。

　　本书配有教学课件和相关的教学资源，有需要的读者可以从 http：//www. bjtup. com. cn 网站下载或与 cbsld@jg. bjtu. edu. cn 联系。

　　本书在编写过程中得到东北财经大学牛彦秀教授和北京交通大学出版社黎丹编辑的热情支持，并参考了若干同仁的文献资料，在此一并表示诚挚的谢意！

　　限于编写时间紧促和编者水平，本书疏漏及错误之处在所难免，敬请广大读者及同仁指正。

编　者

2013 年 11 月

目　录

第一部分　预备知识

第二部分　项目设定

第三部分　财务专题

第四部分　附　　录

第一部分
预备知识

知识一

财务管理认识

【能力目标】
- 对走访企业的财务活动及财务关系进行简单分析描述；
- 正确确定走访企业所选定的财务管理目标；
- 能运用所学知识，对走访企业财务管理工作过程进行描述。

【知识目标】
- 理解企业财务活动及其体现的财务关系；
- 理解不同财务管理目标的优缺点；
- 熟悉财务管理的工作环节。

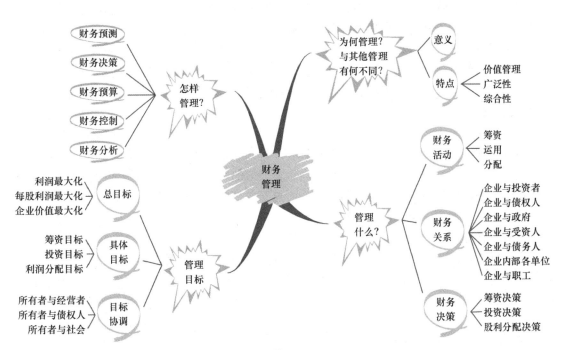

思维导图

为了降低成本、提高劳动生产效率，越来越多的企业正在削减经理职位，把公司金字塔的各个层次揉合在一起，结果剩下的经理职责范围变宽了，他的知识和能力要保证他在组织内既能纵向流动又能横向流动，所以在不久的将来，掌握基本的财务管理知识将是你工作环境中不可缺少的关键能力。

1.1　为何进行财务管理、其有何特点

在现代企业管理中，财务经理扮演着重要的角色，财务经理每天必须处理众多的企业内部事务，应对企业外部环境的变化。诸如选择企业融资渠道和方式；选择投资去向；确定如何进行利润分配；如何应对技术的突变、通货膨胀和利息的变化及如何解决汇率波动、税收政策的变更；面对全球经济的不确定性企业应采取哪些措施等，这些问题的解决都与企业的财务活动有关。因此，通过对财务活动进行管理可以降低财务风险，避免发生较大的经济损失；可以更好地掌控公司财务状况，为决策提供可靠保障；可以规范企业管理，通过合理避税、控制支出降低公司运营成本；可以保证企业对下属（子、分公司，部门）的有效监管与控制；可以为企业年度目标及中长期目标计划的制定（预算）提供依据等。

众所周知，企业的正常运营离不开管理，而企业的管理包括方方面面，如生产管理、技术管理、人力资源管理、设备管理、销售管理、财务管理等，财务管理仅是企业管理的一个重要分支，它有别于其他管理。财务管理具有 3 个显著特点。

（1）价值管理

财务管理是价值管理，主要是运用价值形式对企业的经营活动进行管理，通过价值形式将企业的人、财、物等物质资源、经营过程和经营成果合理规划和控制，达到提高企业经济效益、增加企业财富的目的。

（2）广泛性

财务管理涉及面广，与企业各方面都具有广泛的联系。由于企业的各项经营活动离不开资金的运用，因此财务管理的触角常常伸向企业经营的每一个角落，每个部门都会通过资金的使用与财务部门发生关系，同时各部门也需要财务部门的支持和配合，并在财务部门的监督和指导下合理使用资金，最终实现经营目标。

（3）综合性

财务管理是围绕企业资金运动展开的，而资金运用具有综合性，这就决定了财务管理具有综合性的特点。它是通过财务指标以价值形式综合反映企业经营能力、成果和状态。企业的决策是否合理、经营是否得当、产销是否顺畅、技术是否先进等，均可在财务指标中迅速得到反映。

1.2 财务管理管什么

思考讨论

顾名思义，财务管理应是对企业财务的管理，财务是什么？财务管理主要应管理哪些内容？

"财务"一词从字面上可以理解为理财事务的简称。从理财主体上看可以大到国家，小到家庭，当然也可以是企业、或学校等非营利单位。以国家为主体的理财属财政学研究的范畴，以家庭为主体的理财属家政学研究的内容，以学校等非营利单位为主体的理财属财务管理的另一重要分支，本书涉及的理财是以企业为主体的，称为企业理财，也即对企业的财务进行管理。根据 1989 年版辞海的解释，"财务是指企业、事业、机关单位或其他经济组织中，通过货币资金的筹集、分配、调度和使用而同有关方面发生的经济关系。"因此，财务应包括财务活动和财务关系两个方面。前者是企业组织资金运动各项活动的总称，这些活动是通过货币资金的筹集、投放、使用、回收和分配等环节完成的；后者是在资金运动中体现的企业与有关各方的经济利益关系。可以概括地讲，企业财务是企业在生产经营过程中客观存在的资金运动（财务活动）及其所体现的经济利益关系（财务关系）。

1. 财务活动

如前所述，财务活动是指资金的筹集、投放、使用、收回及分配等一系列行为。一个企业从其成立到其发展壮大都离不开资金，无资金企业将无法生存。因此，财务活动的内容是以资金运动为中心，包括资金筹集、资金运用、资金分配。

思考讨论

企业为何要筹资？筹资有代价吗？不同的筹资方式对企业有何影响？筹资应注意什么？

（1）资金筹集

资金是企业财产物资的货币表现，它就如同企业的血液，无论是新建企业还是发展中企业都需要不同程度地筹集资金。筹资构成了企业的资金来源。一般而言，企业资金来源于两个方面：一是对企业拥有控制权的所有者（股东）投资，该项资金是企业实力与信誉的象征，属于企业的自有资金；二是通过不同筹资方式形成的借入资金，该项资金是企业扩张及满足临时性需要的有效资金来源，属于企业的债务。

筹集资金的方式有多种，既可以通过发行股票、债券的方式筹资，也可以通过吸收直接投资或从金融机构借入的方式筹资，但无论以何种方式获取资金，企业都必须付出代价，或向投资者支付股息、红利，或向债权人支付利息（保证到期还本为前提）。因此，企业筹资是需要承担经济责任的。

关键提示：
　　企业资金不是无偿使用的，且不同筹资方式支付的代价不同。因此，筹集资金既要考虑筹资成本，又要考虑不同筹资方式取得资金所占的比例，即资本结构。

思考讨论
　　筹集的资金应如何运用？资金运用形式的不同，对资金循环有何影响？

（2）资金运用

资金运用即投资，就是将企业所筹集的资金投入生产经营领域，形成不同的资产占用形态。企业的资产包括流动资产、固定资产、无形资和长期投资等。从资金运用的流向可将其分为对内投资和对外投资，属于对内投资的有流动资产、固定资产和无形资产；属于对外投资的有长期股权投资。

从对内投资来看，虽然流动资产、固定资产和无形资产都是企业内部必需的资产，但流动资产与固定资产、无形资产的性质不同。流动资产主要涉及货币资产、债权资产等，随着供产销过程的依次进行，流动资产的形式也在不断转变，经历了货币投放→采购物资→在产品→产成品→货币收回5个阶段，由此形成了流动资产的一次物质循环，循环期的长短不仅取决于原材料的供应期、产品的生产周期和销售债权的收现期，还取决于管理者的管理效率。固定资产与流动资产不同，随着企业经营的不断进行，固定资产的形式也在不断变化，经历了投资购建→以折旧形式的价值转移→通过计入成本费用方式实现价值补偿→实物更新4个阶段，完成一次循环，其循环期的长短取决于固定资产的经济寿命周期。通常人们将循环期在一年（或超过一年的一个营业周期）以内的称为短期资金循环，而将循环期超过一年（或一个营业周期）的称为长期资金循环。由于流动资产的循环期一般不超过一年，所以被人们认为是短期循环，而固定资产的循环期较长一般被认为是长期循环。无形资产与固定资产的性质相同，都属于长期资产，只是无形资产的价值转移以摊销的形式进行，因此其价值循环也属于资金的长期循环。

从对外投资来看可以区分为两类：一类是以取得收益为目的的对外投资，包括长、短期有价证券投资；另一类是以获取控制权为目的的对外投资，即并购投资。这两类对外投资的目的、性质不同，因此分析问题的方法也不相同。

现实生活中，无论是对内投资还是对外投资，均应根据其属性，有针对性地采用恰当的方法合理运用资金，正确决策，提高资金的利用效率。

关键提示：

　　企业经营的出发点和归宿是获利。而筹资仅是企业生存和发展的基础，只有合理运用所筹资金才能确保"以钱生钱"。

　　在财务管理中，由于短期投资的变现能力极强，因此在日常管理中将其视为现金进行管理；而在投资决策时又将其与现金分离，单独考虑。

思考讨论

　　企业经营的主要目的是为了获利，而所获得的利润又将如何分配呢？

　　（3）资金分配

　　企业生产经营获得的资金表现为各种形式的收入。按照国家的相关规定，企业所获得的收入在弥补其成本费用、交纳所得税后，才能提取公积金和公益金，最后向投资者分配利润。因此，广义的资金分配是指对收入、净利润的分割和分派；而狭义的资金分配则是指对净利润的分割和分派。

　　如果从资金的分配结果来分析，经过分配一部分资金将退出企业的资金循环，如支付给债权人的债务利息，支付给投资者的股利、上缴的税金等；而另一部分资金通过补偿的或留存的形式继续参与企业的资金循环，以保证企业得以维持并不断发展。

　　2. 财务关系

思考讨论

　　财务关系在企业财务活动中是如何体现的？都存在哪些方面的财务关系？

　　财务关系是在资金运动中体现的企业与有关各方的经济利益关系，这些关系主要表现在以下几方面。

　　（1）企业与投资者（所有者）的关系

　　企业的投资者（所有者）向企业投入资金，形成企业的所有者权益。企业投资者可以是国家、法人和个人。投资者按照国家规定，依据出资合同、协议、章程的约定履行出资义务，同时承担相应的风险并享有相应的权利。企业也必须依据国家规定，对出资者承担保值、增值的责任，并在实现利润后按照投资者的出资比例或合同、章程的规定，向投资者支付投资报酬。由此形成了体现所有权性质的企业与投资者之间经营权与所有权之间的关系。

　　（2）企业与债权人的关系

　　企业的债权人即企业借入资金的提供者。市场经济条件下，由于企业在向其他单位购入物资或接受劳务时，会形成体现自然融资性质的企业间债务债权结算关系；另外企业除利用投资者投入资本进行经营活动外，还要向银行或非银行金融机构借入一定数量的资金，以便降低企业资金成本，扩大经营规模。作为企业的债权人有权要求企业到期支付货款或到期还本付息。因此，债权人主要关注企业债务的偿还能力和支付利息的能力，并作出相应决策。由此在企业与债权人之间形成了债务与债权的关系。

（3）企业与政府的关系

政府（包括中央和地方政府）是一个国家的社会管理者，它具有维持社会正常秩序、保卫国家安全、组织和管理社会等职责。政府可以凭借社会管理者的身份，利用政治权力，强制和无偿地以税收的形式参与企业收入和利润的分配，而企业必须按照国家的相关规定及时足额地向中央和地方缴纳各种税款，承担纳税义务。由此形成了体现强制性、无偿性的企业与政府之间的依法纳税、依法征税的经济关系。

（4）企业与受资人的关系

企业为了达到某种经营目的，或采取直接投资、或通过购买股票等间接投资的方式向其他单位投资，由此成为对方的股东。企业作为投资者可以享受股东的权利并承担相应的风险，进而形成体现所有权性质的投资与受资之间的经济关系。

（5）企业与债务人的关系

企业的债务人即企业资金的占用者。在市场经济条件下，企业为扩大销售，在向其他企业销售商品或提供劳务时，会向购入者或接受劳务者提供信用，形成体现自然融资性质的企业债权债务关系；同时企业在经营中有时也会出现一些闲置资金，企业会将这些闲置资金投资于金融市场的债券或提供临时借款，从而形成体现借贷性质的企业与债务人之间的债权关系。作为企业的债务人必须到期向企业支付购货款或还本付息，由此形成了企业与债务人之间的债权与债务关系。

（6）企业内部各单位的关系

企业内部各单位是指企业内部的生产经营部门和不同层次的管理部门。具有一定规模的企业为了提高管理效率，通常按照责、权、利关系，在企业内部实行分工与协作，形成利益相对独立的内部责任单位。为了明确各单位的责任与利益，责任单位之间相互提供产品和劳务也需要进行计价结算。由此形成了企业内部各部门之间的经济利益关系。

（7）企业与职工的关系

职工是企业的劳动者，也是企业价值的创造者。职工以其提供的劳动数量和质量向企业索取报酬，企业必须定期足额向职工支付工资、奖金、津贴、劳动保险等，同时还需依法提取公益金专门用于职工的集体福利开支。由此形成了体现劳动报酬性质的企业与职工之间的资金结算关系及在劳动成果上的分配关系。

综上所述，企业的财务活动，从表面上看是资金运动，表现为资金的循环与周转，但在资金的循环周转过程中体现了不同利益主体之间的关系，这种关系的实质是经济利益关系。各种经济利益关系，体现了企业财务的本质。因此，财务管理是基于企业经营中客观存在的财务活动和财务关系而产生的，它主要是利用价值形式对企业从事的生产经营活动进行管理，是组织资金运动、处理财务关系的一项综合性管理工作。财务活动及财务关系循环示意图如图1-1所示。

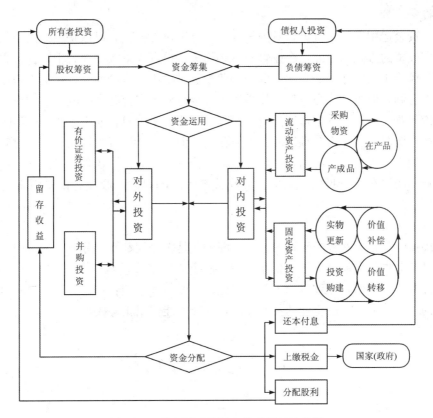

图 1-1 财务活动及财务关系循环示意图

3. 财务决策

　　由于财务活动由资金筹集、资金运用（主要是资金的对内、对外投资）、资金分配三个环节组成，因此财务管理的具体内容就是针对以什么方式向谁筹资、所筹资金如何使用、经营收回资金怎样分配等财务活动作出的决策，即筹资决策、投资决策、分配决策。

　　（1）筹资决策

　　筹资决策对企业而言，就是要分析研究如何用较少的代价筹集到足够的资金，以满足企业生产经营的需要。由于筹资方式具有多样性，且不同方式、渠道筹集的资金，其成本、使用期限、承担的风险各不相同，对企业未来产生的影响也存在差别。因此，企业管理者应根据企业对资金的需要量及使用期限来分析，从不同来源渠道、不同方式取得资金对企业未来可能产生的潜在影响，选择经济合理的筹资渠道，决定最佳的资金组合方式。

（2）投资决策

企业的资金运用广泛，既可以对内投资，也可以对外投资，可以是短期投资的方式，也可以是长期投资的方式。因此，企业管理者必须进行投资决策，即在若干个备选方案中，选择投资少、风险小、收益大的方案。例如短期投资风险小、流动性好，对提高企业变现能力和偿债能力有利，但盈利能力较低，如果该项资金占用较多，将会影响企业的盈利水平，导致公司股价下跌。因此，进行短期投资决策时，要考虑决策对企业未来股价的影响。而在进行固定资产投资时，虽然投资预期的报酬率较高，但由于其投资数额大、回收时间长，其风险程度也在加大。投资报酬的增加有利于推动股价上升，而投资风险的加大又会使股价的上升受到影响。所以在进行投资决策时，要充分考虑影响风险、收益等诸多因素，作出最佳选择。

（3）分配决策

分配决策就是企业对分配政策的选择，即企业是否分配利润、分配多少。如果分配利润过多会影响企业再投资能力，影响企业发展，使企业未来收益减少；而如果分配利润过少，又会引起投资者的不满，导致股价下跌。因此，企业财务管理者在进行利润分配时，既要维护投资者的利益，又要考虑企业的长远发展，这样才能作出正确决策。

1.3　财务管理目标

人们做任何事情都会有既定的目标，企业财务管理也不例外。但财务管理目标与企业目标不同，企业的总体目标是生存、发展、获利。获利是企业的出发点和归宿，企业必须生存下去才能获利，只有不断发展才能求得生存。为了实现企业的总体目标，企业应如何确定财务管理目标呢？

1. 财务管理总体目标

思考讨论

1. 财务管理目标亦即理财目标，它决定着企业财务管理的方向，其确定应与企业目标具有一致性，你认为企业的理财目标应是什么？

2. 如果甲、乙两企业20××年初均投资100万元，甲企业每年获利25万元，两年共获利50万元，而乙企业第一年未获利，第二年获利52万元；若乙企业在第三年初增资20万元，第三年获利40万元，请你对甲、乙企业前两年和第三年的经营状况分别进行评价？并说明理由。

目前在财务管理实践中，对财务管理目标存在一定争议，其中具有代表性的观点有以下3个。

（1）利润最大化

利润最大化，即以追求获取最大利润作为企业财务管理目标。其优点是：可以直接反映企业创造的价值，并能在一定程度上反映经济效益的高低和企业对社会的贡献程度。因此，企业追求利润最大化是合理的。

利润最大化目标的缺点：没有考虑资金的时间价值问题，难以作出正确的判断；没有反映所创造的利润与投资者投入资本之间的对比关系，不利于不同规模企业的比较；没有考虑风险因素；片面追求利润，可能会造成企业的短期行为，影响企业的进一步发展。

> **相关知识**
>
> 　利润最大化目标的形成基于亚当·斯密的"经济人"假说，在 20 世纪 50 年代以前，西方经济学界较为盛行，属于传统观点，时至今日在理论界和实务界仍有一定的影响。该观点认为以追求利润最大化为财务管理目标的原因有三：一是人类进行生产经营活动的目的是为了创造更多的剩余产品，在商品经济条件下，剩余产品的多少可以用利润这个价值指标来衡量；二是在自由竞争的资本市场中，资本的使用权最终属于获利最多的企业；三是每个企业都最大限度地获取利润，整个社会的财富才可能实现最大化，从而带来社会的进步和发展。[①]

（2）每股收益（资本利润率）最大化

每股收益最大化目标，即以追求每股税后净利润（或资本利润率）最大作为企业财务管理目标。每股收益，是税后净利润与普通股股数之间的比（资本利润率是税后净利润与资本额的比）。这一目标的优点是将企业实现的净利润同投入的资本额或股份数进行对比，能够反映企业的盈利水平，便于不同规模的企业间进行比较。但仍然存在利润最大化目标的其余三个缺点。

（3）企业价值最大化

企业价值是指企业全部资产的市场价值，即公司资产未来预期现金流量的现值。企业价值不同于利润，它不仅包括企业新创造的价值，还包括企业潜在的或预期的获利能力。企业价值最大化，就是站在企业整体角度，以追求企业全部资产市场价值最大化作为财务管理的目标。

以企业价值最大化作为财务管理目标是近年来较为流行的观点，它不仅克服了利润最大化的缺点，而且体现了对企业资本保值增值的要求，有利于社会资源的合理配置，减少所有者与其他利润主体之间的矛盾冲突。其缺点在于企业价值评估有一定的难度。尽管如此，现代企业仍一般以企业价值最大化作为财务管理的目标，本书亦采用此观点。

---

① 　牛彦秀，王觉．财务管理．北京：清华大学出版社，2008.

相关知识

　　以股东财富最大化作为财务管理目标的观点认为，企业是股东创办的，他们是企业风险的最终承担者，因而财务管理的目标应当从股东的利益出发，追求股东财富最大化。在股份经济条件下，股东财富取决于股东所持股票数量和股票市价，在股票数量一定的情况下，股东财富的多少取决于股价的高低。因此，股东财富最大化也可以表示为股票价格最大化。此观点只适用于上市公司，而对非上市公司很难适用。

　　许多人认为股东财富最大化与企业价值最大化是等同的，原因在于：企业价值由负债市场价值与股票市场价值两部分组成，在负债水平一定的情况下，企业价值主要表现为企业的股票价格，因此企业价值与股票价格密切相关，从这一点上看二者基本是一致的。

　　但目前越来越多的专家、学者认为企业价值最大化优于股东财富最大化，其原因为：一是企业价值最大化目标可使财务管理的目标与财务管理的主体相一致，也就是二者都是站在企业整体的角度来看待问题；二是企业价值最大化目标可以充分考虑各种利益关系。

2. 财务管理具体目标

　　企业财务管理目标一经确定，还应确定具有反映其自身特点的、与其他管理工作不同的具体目标，否则就失去了其独立存在的意义。财务活动及决策包括筹资、投资和分配三方面的内容，相应也具有不同的管理目标。

　　筹资管理的目标：是在满足资金需要的情况下，以较低的筹资成本和较少的筹资风险，获取同样多的资金或较多的资金。

　　投资管理的目标：通过合理使用资金，加速资金周转，不断提高资金利用效果，以较低的投资风险与较少的投资额获取同样多的投资收益或较多的投资收益。

　　分配管理的目标：资金分配是将企业取得的收入和利润在企业与相关利益主体之间进行分割，这种分配涉及各利益主体经济利益的多少，涉及企业的现金流出量，从而影响企业财务的稳定性和安全性，影响企业的价值。因此，资金分配管理的目标是合理确定利润的分留比例及分配形式，以提高企业的潜在收益能力，从而提高企业总价值。

3. 目标协调

思考讨论

　　企业财务活动涉及多个不同的利益主体，他们的目标一致吗？如果不一致你认为应如何处理？

　　财务管理中，必须处理好财务关系，即不同利益主体的目标协调问题。因为以企业价值最大化作为财务管理的目标，并不意味着不同利益主体的目标一致。事实上，企业所有者

（股东）、债权人、经营者、社会等利益主体的目标各不相同，由此会引起不同利益主体的矛盾与冲突，企业要实现财务管理目标，必须协调好各方面的经济利益关系。

1）所有者（股东）与经营者之间经济利益的协调

在所有权与经营权分离的条件下，所有者（股东）与经营者有着不同的目标。所有者（股东）要求资本的保值增值，最大限度地提高资本收益率；而作为代理人的经营者除要求获得增加报酬（这不仅包括增加工资、奖金等物质报酬，还包括给予荣誉、提供足够保障、提高社会地位等非物质报酬）以外，还要求降低工作强度、增加休息时间、避免风险等。由于以企业价值最大化作为财务管理的目标反映了所有者（股东）的利益，而与经营者利益无直接关系，经营者有可能为了追求自身的目标而背离所有者，或不努力工作消极怠工、损公肥私，出现"道德风险"或"逆向选择"，借工作之名装修豪华办公室，购置高档汽车，贪图享受而增加企业成本。

为了解决所有者（股东）与经营者之间的利益冲突，防止经营者背离所有者（股东）的目标，所有者应采取如下措施。

（1）监督

信息不对称是经营者背离所有者（股东）目标的主要原因，因此所有者要防止经营者的背离，就必须获得较多的信息，这就需要增加监督成本，如请注册会计师等。然而，对经营者实行全面监督既不可能也不现实，但监督可以起到威慑作用，减少经营者违背所有者（股东）意愿的行为。

（2）解聘

这是一种通过所有者（股东）约束经营者的方法。所有者（股东）监督经营者，如果经营者未能达到所有者（股东）预期的企业价值增加目标就会解聘经营者，经营者惧怕解聘被迫努力实现财务管理目标。

（3）接收

这是一种通过市场来约束经营者的办法。如果经营者决策失误，经营不善，未能使企业价值提高，该企业就可能被其他企业强行接收或吞并，经营者则会由于经营管理不力而被解聘。这是经营者所不愿看到的，因此为避免这种接收，会采取一切可能的措施提高企业价值，实现财务管理目标。

（4）激励

这是将经营者的利益与其业绩挂钩，实施激励计划，给予经营者一定数量的股票，使经营者为了自身利益而不断采取措施提高企业价值，从而实现企业价值最大化的目标。

2）所有者（股东）与债权人之间经济利益的协调

在经营过程中，企业不可避免地会借入一定量的资金，形成企业与债权人之间的关系，这种关系实质上体现的是所有者（股东）与债权人之间的关系。企业借款的目的是扩大经营规模，增加股东财富，提高企业价值；而债权人的目的是利用闲置资金获取利息收入，到期收回本息。因此，债权人在将资金借出时，实际上是考虑了应有的风险与报酬关系的，但当债权债务关系形成后，债权人就失去了对借款企业的控制。由于二者利益的不一致，就可能会出现所有者（股东）通过经营者损害债权人利益的行为。主要表现在：未经债权人许可，改变资金用途，投资于比债权人预期风险更高的项目，增加了债权人投资风险，使债权人的风险与收益不对等；或未征得债权人同意，发行新债券或举借新债，使原有旧债的偿还保障与相对价值降低。

为防止所有者（股东）背离债权人目标，通常债权人会采取以下保护措施。

① 借款合同中增加限制性条款。如规定借款用途、借款的担保条款，规定不得发行新债券或举借新债，或规定发行新债券、举借新债的限额等。

② 提前收回借款或停止借款。当债权人发现企业有侵犯自身利益的行为时，应拒绝与其进一步合作，不再提供新借款，并在不违约的情况下提前收回借款。

③ 债权转股权。通过协议债权人可将自己的债权转换为一定数量的股权，使债权人成为企业的股东，达到两者之间利益目标的协调一致。

④ 寻求立法保护。如企业破产时，通过法律程序优先接管企业等。

3）企业与社会之间利益关系的协调

企业与社会间的利益关系体现为企业与国家的利益关系。国家作为社会的管理者，其社会目标与企业的财务管理目标在许多方面是一致的。企业在追求价值最大化的同时，股东财富在增加，自然社会也在扩大就业人数、提高公众生活质量、增加税收、支持公益事业发展等方面受益。但有时企业为了自身利益也会做出忽视甚至背离社会利益的行为，如生产假冒伪劣产品、不顾职工的健康与利益、污染环境、损害其他企业或个人利益等。

由于企业是社会的一部分，在谋求自身利益的同时，不能损害他人的利益，这是一种责任，而这种责任有时仅凭借企业自身的约束是无法实现的。因此，为防止企业背离社会目标，国家及相关部门需要采取以下措施。

① 立法。目前我国已经颁布了诸如《中华人民共和国反不正当竞争法》、《中华人民共和国环境保护法》、《中华人民共和国消费者权益保护法》、《中华人民共和国产品质量法》、《中华人民共和国合同法》等一系列保护公众利益的法律，通过这些法律促使企业遵纪守法、遵守社会道德规范，进而协调好企业与社会公众利益的关系。

② 建立行业自律准则。通过在各行业建立行业自律准则，使企业随时受到行业道德的约束。

③ 社会监督。要求企业随时接受群众、政府有关部门及媒体等舆论工具的监督。

1.4　财务管理工作环节

思考讨论

　　作为财务经理，你认为如何实现对企业财务的管理？应经历哪些工作环节？

　　对企业实施财务管理需经过一些必要的工作环节，即为了达到企业既定的理财目标而进行财务管理工作的一整套工作步骤、程序及方法。财务管理的工作环节主要包括财务预测、财务决策、财务预算、财务控制和财务分析等。各环节相互联系、密切配合，构成财务管理工作的一个完整循环。

　　（1）财务预测

　　财务预测是根据企业财务活动的历史资料等信息，结合现实要求和条件，运用科学方法对企业未来财务状况、经营成果及企业发展趋势进行的预计和测算。财务预测是财务管理循环过程的起点，为企业财务决策提供依据，也为企业编制财务预算做好前期准备。因此，财务预测的成败决定着财务决策的成败及预算编制的准确与否，这就要求财务预测所依据的历史数据真实、预测方法科学、预测结论正确。财务预测一般应经过以下操作程序：

　　① 明确预测对象和目的；

　　② 收集、整理资料；

　　③ 确定预测使用的定性和定量方法；

　　④ 利用预测模型进行测算；

　　⑤ 提出多种设想和方案，供财务决策时选用。

　　此环节主要预测可能需要的资金，为合理筹资提供依据；预测企业拟投资项目的现金流入量和现金流出量，为正确决策提供依据；预测财务收支的发展变化，为编制预算提供依据；预测目标企业价值，为并购提供依据；预测金融资产的内在价值和收益，为金融资产的决策提供依据等。

　　（2）财务决策

　　财务决策是在财务预测的基础上，从多个备选方案中经过比较分析，选出最佳方案的过程。财务决策是财务管理的核心，其正确与否关系着企业的兴衰与成败，因此决策不能主观臆断，必须科学论证，全面考虑，综合决策。财务决策一般经过以下操作程序：

　　① 根据财务预测信息提出问题，确定决策目标；

　　② 提出解决问题的备选方案；

　　③ 分析、评价、对比各种备选方案；

　　④ 拟定择优标准，选择最佳方案。

此环节主要确定企业的资本结构、确定企业的筹资方式、选择最优的投资项目、决定并购的对象及金融资产的投资对象等。

（3）财务预算

财务预算是企业对未来财务收支水平、财务状况和财务成果做出的具体规划。它是以财务预测提供的信息和财务决策确立的方案为基础编制的，是财务预测和决策的具体化，也是控制财务活动的依据。一般经过以下操作程序：

① 根据财务决策的要求，分析财务环境，确定预算指标；

② 对需要与可能进行协调，组织综合平衡；

③ 选择预算方法，编制财务预算。

此环节要将企业各部门的预算进行汇总，编制现金预算、编制预计利润表和预计资产负债表，并将预算指标进行分解，将责任落实到各部门、单位和个人。

（4）财务控制

财务控制是企业以财务预算、内部规章制度或国家的相关规定等为标准，利用特定的管理手段，对各项财务活动进行监督和调节，以实现预算所规定的财务目标。其一般经过的操作程序为：制定标准→执行标准→确定差异→消除差异→考核奖惩。

此环节的主要工作是建立财务控制体系、依据标准控制现金收支及运转、及时揭示差异并进行调整等。

（5）财务分析

财务分析是根据财务报表资料，采用一定的方法，对企业财务活动过程及结果进行的分析与评价。通过财务分析可以肯定以前的成绩，发现并揭示存在的问题，采取措施，为新一轮预测决策目标的确定提供依据，为编制财务预算奠定基础，更好地指导企业未来的财务活动。其工作操作程序为：占有资料、掌握信息→指标对比、揭露矛盾→分析原因、明确责任→提出措施、改进工作。

此环节的主要工作是分析企业的偿债能力、营运能力、获利能力及市场状况等。

能 力 测 试

一、总结归纳

以图表的形式总结知识一中学到的主要内容。

二、实地训练

将学生分成若干小组（每组 6～8 人），在老师的帮助下联系一个企业，对该企业进行走访。

要求：围绕能力目标，每小组拟定本组最关心的 2～3 个企业财务管理方面的问题，到企业进行调查。回来后，各小组针对自己所提出的问题，写出汇报材料，并在各小组间进行交流。

三、选择题

1. 财务管理是企业管理的一个重要分支，具有（　　）的特点。
   A. 价值管理　　　　　B. 广泛性　　　　　C. 综合性　　　　　D. 联系性

2. 企业财务主要是指（　　）
   A. 财务活动　　　　　B. 资金运用　　　　C. 财务关系　　　　D. 资金管理

3. 下列经济行为，属于企业财务活动的有（　　）
   A. 资金筹集　　　　　B. 资金运用　　　　C. 资金分配　　　　D. 资金控制

4. 下列各项中，属于企业财务管理的目标是（　　）
   A. 生存　　　　　　　B. 发展　　　　　　C. 获利　　　　　　D. 企业价值最大化

5. 财务关系是企业在组织财务活动过程中与有关各方所发生的（　　）
   A. 经济往来关系　　　B. 经济协作关系　　C. 经济责任关系　　D. 经济利益关系

6. 下列各项中，属于企业的目标是（　　）
   A. 生存　　　　　　　B. 发展　　　　　　C. 获利　　　　　　D. 企业价值最大化

7. 企业与政府间的财务关系体现为（　　）关系
   A. 债权债务　　　　　B. 强制和无偿分配　C. 资金结算　　　　D. 风险收益对等

8. 以资本利润率最大化作为财务管理目标，存在的缺陷是（　　）
   A. 不能反映资本的获利水平　　　　　　　B. 不能用于同一企业不同期间的比较
   C. 没有考虑风险因素和时间价值　　　　　D. 不能用于不同资本规模的企业间比较

9. 企业财务关系包括（　　）
   A. 企业与政府间的财务关系　　　　　　　B. 企业与受资者间的财务关系
   C. 企业内部各单位间的财务关系　　　　　D. 企业与职工间的财务关系

10. 企业价值是指（　　）
    A. 企业账面资产的总价值　　　　　　　　B. 企业全部财产的市场价值
    C. 企业有形资产总价值　　　　　　　　　D. 企业的清算价值

11. 企业价值最大化目标的优点有（　　）
    A. 考虑了资金的时间价值　　　　　　　　B. 反映了对企业资产保值增值的要求
    C. 直接揭示了企业的获利能力　　　　　　D. 考虑了投资风险

12. 财务管理目标的说法中，（　　）观点反映了对企业资产保值增值的要求，并克服了短期行为。
    A. 利润最大化　　　　　　　　　　　　　B. 每股利润最大化
    C. 企业价值最大化　　　　　　　　　　　D. 资本利润率最大化

13. 下列不属于资金运用活动的经济行为是（　　）
    A. 采购材料支付货款　　　　　　　　　　B. 销售商品收回资金

C. 上纳税款　　　　　　　　　　D. 购置设备支付资金

14. 每股利润最大化目标与利润最大化目标相比较，其优点是（　　）

A. 反映了创造利润与投入资本之间的关系　B. 考虑了风险价值因素

C. 反映了企业创造剩余产品的能力　　　　D. 考虑了资金时间价值因素

15. 债权人为了防止其利益受到伤害，可能采取（　　）保护措施。

A. 立法保护　　　　　　　　　　B. 借款合同中规定资金用途

C. 拒绝提供新的借款　　　　　　D. 提前收回借款

四、判断题

1. 财务管理是对企业财务活动实施的管理。（　　）

2. 企业无论以何种方式筹资都是有成本的，只是不同筹资方式的成本不同而已。（　　）

3. 以企业价值最大化作为理财目标，有利于社会资源的合理配置。（　　）

4. 财务预测是财务决策的基础，财务决策又是财务预算的基础。（　　）

5. 资本利润率最大化考虑了利润与投入资本之间的关系，在一定程度上克服了利润最大化的缺点。（　　）

6. 财务分析主要是对企业获利能力的分析。（　　）

五、案例分析题

1. 财务管理目标选择案例①

东方企业成立于 1960 年，属国营单位。当初成立时，全部职工不过 200 人，拥有固定资产 50 万元，流动资金 20 万元，厂长吴华等一班人均享受国家处级待遇，并全部由上级主管部门任命。企业的主要任务是完成国家下达的煤炭生产任务，表 1-1 是该厂 1975 年至 1979 年间的生产统计。

表 1-1　东方企业生产任务完成统计表

年限	产量/万吨			产值/万元		
	计划	实际	增减	计划	实际	增减
1975	13	16	3	500	590	90
1976	14	17.5	3.5	580	680	100
1977	15	19	4	600	740	140
1978	15	20	5	610	790	180
1979	16	22	6	650	1 000	350
合计	73	94.5	21.5	2 940	3 800	860

由于东方企业年年超额完成国家下达的生产任务，多次被评为红旗单位，矿长吴华也多次被评为地区劳动模范。东方企业生产的煤炭属优质煤，由国家无偿调配，企业所需的生产

① 摘自洛阳工学院财务管理精品课申报网。

资料和资金每年均由某地区煤炭管理局预算下拨。曾有参观团问过吴厂长：你们的材料充足吗？车辆够用吗？吴厂长没有直接回答，却领着他们参观了仓库。参观团所见：仓库堆满了尖镐、铁锹等备用工具，足可以放心地使用3年，车库停放着5辆披满灰尘的解放牌汽车。有人用手一擦，惊叹道：呵，全是新车，你们企业真富有！进入20世纪80年代，经济形势发生了深刻变化，计划经济结束，商品经济时代开始。由于国家对企业拨款实行有偿制，流动资金实行贷款制，产品取消调配制，导致东方企业昼夜之间产生了危机感。好在吴华厂长能够解放思想，大胆改革。首先成立了销售部，健全了会计机构，引入一批刚刚毕业的大学毕业生，在社会上又招聘一批专业人才，使企业人员素质大幅度提高，队伍壮大到400人。人员管理方面打破大锅饭，引入竞争机制，工效挂钩；物资管理方面实行限额领料、定额储备、定额消耗制度；成本管理方面推行全员负责制；生产管理方面实行以销定产，三班工作制；销售管理方面实行优质优价，送货上门制度，等等。按吴厂长的话讲，我们所做的一切管理工作都是为了实现自负盈亏，多创造利润，为国家多做贡献，为企业员工多发奖金，多搞福利。表1-2是东方企业1985—1989年间的生产经营统计。

表1-2　东方企业生产经营统计表

年限	1985	1986	1987	1988	1989	合计
煤炭产量/万吨	30	32	32	28	26	148
营业收入/万元	3 000	3 200	3 200	3 360	3 380	16 140
营业成本/万元	1 800	1 920	1 760	1 820	1 690	8 990
营业利润/万元	1 200	1 280	1 440	1 540	1 690	7 150

　　东方企业从规模上毕竟属于中小企业，进入20世纪90年代随着市场经济的建立，随着国家抓大放小政策的实施，东方企业不得已走上了股份制改造之路。1994年10月，国家将东方企业的净资产1 000万元转化为1 000万股，向社会发售，每股面值1元，售价3元，民营企业家刘伟购得500万股，其余股份被50位小股东分割，刘伟成为当然董事长。经董事会选举，董事长任命，赵国安担任东方股份有限公司总经理。辛苦工作几十年，卓有贡献的厂长吴华就此哀叹地离休了。

　　东方公司成立之后，决策层开始考虑负债融资问题，目标资本结构为自有与借入之比为6：4；其次要考虑的是更新设备、引进先进生产线等重大投资问题。董事会决议：利用5年左右时间使企业的生产技术水平赶上一流，企业产品在本地区市场的占有率达到20%，在全国市场的占有率达到3%，资本（自有资金）利润率达到20%，股票争取上市并力争使价格突破20元/股。

　　请思考：（1）东方公司财务管理目标的演进过程。

　　　　　　（2）各种财务管理目标的优点及其局限性。

2. 财务关系案例[①]

1996 年 6 月，绍兴百大（股票代码 6000840，已从 1999 年 8 月 16 日起更名为"浙江创业"）发布公告称，公司的高级管理人员已于近日陆续从二级市场上购入该公司的社会公众股，平均每股购入价格为 10.40 元左右。公告还显示，购入股份最多的是该公司总经理王学超，持股数量达 28 600 股，而购入股份最少的高级管理人员也有 19 000 股。按照有关规定，上述人员只有在离职 6 个月后，才可将所购入的股份抛出。

资料显示，绍兴百大自 1994 年 3 月上市以来已经两度易主，股权几经变更。1998 年 11 月该公司第二大股东宁波嘉源实业发展有限公司通过受让原第一大股东的股权，从而成为绍兴百大目前第一大股东，嘉源公司承诺所持股份在三年之内不转让。嘉源公司入主绍兴百大之后，经过半年多的清产核资，绍兴百大的不良资产基本上得到剥离，留下的都是比较扎实的优质资产。在此基础上，1999 年 6 月 3 日，公司董事会提出，公司的总经理、副总经理、财务负责人和董事会秘书等在 6 个月之内，必须持有一定数量的公司发行在外的社会公众股，并且如果在规定的期限内，高级管理人员没有完成上述持股要求，公司董事会将解除对其的聘任。

据绍兴百大总经理王学超介绍，此次高级管理人员持股可以说是公司董事会的一种强制行为，目的是为了增强高级管理人员对公司发展的使命感和责任感。让高级管理人员来投资自己所管理的公司，如果公司取得好的发展，他们的资产就会增值，如果公司发展不好，也会直接影响到他们的切身利益，这样把公司高级管理人员的个人利益与公司利益紧密结合起来，有利于企业的快速健康发展。

请思考：（1）公司高级管理人员持股对公司的财务关系会产生什么样的影响？

（2）如何评价绍兴百大高级管理人员持股？

---

① 田侠，张利. 新编财务管理实训. 大连：大连理工大学出版社，2006.

知识二

财务管理观念

【能力目标】
- 能够正确计算单利、复利的终值与现值；
- 能够正解计算年金的终值与现值；
- 能利用终值、现值、风险等相关知识，进行日常经济决策；
- 能够根据已掌握的信息确定经济方案风险的大小。

【知识目标】
- 理解货币时间价值与一般利率之间的关系；
- 理解风险的含义，学会风险的衡量方法；
- 理解风险与报酬的关系。

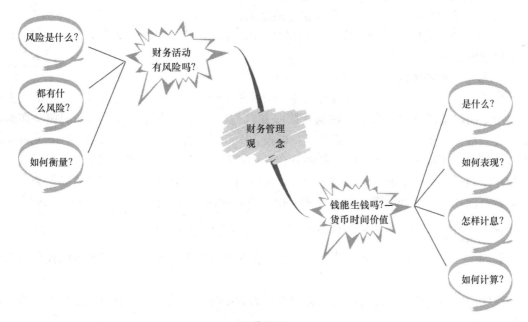

思维导图

2.1　钱能生钱：货币时间价值观念

人们在从事一件事时往往受各自观念的影响，有人愿意将钱放在家里也有人愿意将钱存在银行。表现在日常的经济生活中，便形成这样一个事实：那就是100元钱存放在家里和存放银行，一年以后的结果是不同的。存放在家里的100元钱一年后仍然是100元，而存放在银行的100元（假设银行年存款利率为10％）一年后则为110元。"钱能生钱"吗？可为什么存放在家里的100元钱一年后仍是100元，难道是因为存放地点的不同？

对上述事实进行分析可知，100元存放在家里是自我保存，这时100元钱停止了运用；而存在银行的100元钱，不仅是为了保存，而且为银行提供了可供其利用的100元钱，银行使用客户的100元钱，使这100元钱的运用得以延续，100元钱被银行运用是要支付代价的，这就是利息（当然在银行资金充裕，将为客户提供存款业务看成是一种服务时，也可能向客户收取服务费，这时利息为负数），因此存入银行的钱是资金的运用，是一种投资，投资所得的利息随时间的长短变动，也就使"钱生出了钱"，这一观念即货币时间价值观念。

1. 货币时间价值是什么

货币时间价值也称为资金时间价值，是指资金在其运用过程中随着时间的推移而形成的价值增值。其特点表现在以下3个方面。

① 是原有价值的增值部分，而不是投入的原有价值——本金。

② 是资金运用的结果，而非自我保存的结果。

③ 其大小与时间的长短、投入本金的大小成同向变动，即时间越长，投入本金越多，则价值增值越多。

2. 货币时间价值的表现

货币时间价值的表现形式可以有两种：一种是用绝对数表示，即货币投入使用时获得的价值增值额，也可以理解为不考虑通货膨胀和其他风险时获得的社会平均利润额。如前所述，存入银行100元一年后可得110元，即投入100元获得价值增值10元，这10元可理解为不考虑通货膨胀和其他风险时获得的社会平均利润额；另一种是用相对数表示，即货币投入使用时获得的价值增值额与所投入的货币价值的比，也可理解为不考虑通货膨胀和其他风险时获得的社会平均利润率。如前所述，投入100元获得的价值增值10元与投入价值100元的比率，$\frac{10}{100} \times 100\% = 10\%$，10％也可理解为不考虑通货膨胀和其他风险时获得的社会平均利润率。因此，货币时间价值实质上是不存在通货膨胀和其他风险条件下的社会平均利润率。

现实生活中，人们常常将政府债券利率视为货币时间价值，此时忽略了通货膨胀等因素的影响。

关键提示：

　　货币时间价值不同于一般的利率，如股利率、公司债券利率等。它们之间的关系是：一般利率＝货币时间价值＋风险报酬率。也就是说，一般利率中不仅包含了货币时间价值因素的影响，而且包含了风险因素的影响。

3. 货币时间价值的计息

　　目前，现实生活中的计息方式有单利计息和复利计息两种。单利计息是指计算利息的基数——本金保持不变的计息方式，也就是只对本金或称投入资金计算利息，而对本金孳生的利息不计利息的方式。如前述本金100元，利率为10％的投资第一年计算利息10元，第二年计算利息时本金仍为100元，而未将所获利息10元计入本金，因此第二年的利息仍为10元。复利计息是指计算利息的基数——本金发生变化的计息方式，也就是不仅对本金计息而且对利息也计利息的方式，俗称"利滚利"。如前述100元的投资，第二年在计息时不仅要对100元的本金计息，而且要对第一年的利息10元计息，因此投入的本金由100元增至110元（100＋10），则第二年的利息为11元（110×10％）。

4. 货币时间价值的计算

　　由于货币时间价值有两种计息方式，因此在货币时间价值的计算上也存在两种不同的计算方法，即单利计算和复利计算。单利和复利是针对一次性收付款而言的。所谓一次性收付款，是指在某一特定时点上发生的某项一次性付款或收款的业务，经过一段时间后再发生相应的一次性收款或付款业务。如现在这一特定时点存入银行（付出款）100元钱，经过一段时间后（假定一年）收回本息（收入款）110元；再如经过一段时间后（假定一年）需要收回（收入款）110元，现在应存入银行（付出款）100元等，均是一次性收付款业务。

思考讨论

　　请同学们结合日常生活经验举出两个一次性收付款业务的实例！

　　为了进行货币时间价值的计算，应先确定货币时间价值计算的对象，即终值与现值。

　　终值，即"本利和"，是指资金投入一定时间后，投入时的资金额（本金）与价值增值（利息）之和，它是一个未来值，在财务管理中通常用 F 表示。现值，即"本金"，是指资金投入时的金额，通常用 P 表示。

　　例如，现在投入的100元（假设利率为10％），经过一年后，其本利和为110元（100＋100×10％），一年后的本利和110元即为该100元的终值，而现在存入的这100元本金即为现值，一年中的价值增值10元即为利息。它们之间的关系如图2-1所示。

　　通常将由现值计算终值的过程称为计算本利和的过程，而将由终值计算现值的过程称为折现过程，使用的利率称为折现率或称贴现率。

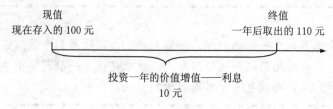

图 2-1　终值、现值、时间价值关系图

思考讨论

1. 张先生经过调查得知，目前购入一张 A 企业面值 100 元五年期债券，年利息率为 9%（单利计息），而购入 B 企业面值 100 元五年期债券，年利息率为 8%（复利计息），张先生准备购买 100 张，但拿不定主意到底该买哪个企业的债券。你能帮张先生算一算，购买哪个企业的债券更划算吗？

2. 王小姐三年后需要支付学费 10 000 元，现在的存款利率为 5%，请帮王小姐算一算，按单利计息她现在需一次存入多少钱？如果按复利计息需存入多少？

1）单利终值与现值的计算

（1）单利终值计算

【例题 2-1】 小李手中有现金 1 000 元，准备购买为期五年的国债券，国债利息率为 5%，要求按单利计算五年后小李能收到多少利息？其本利和为多少？

分析： 这是一个根据现值、利率，单利计算本利和，即求终值问题，利息是不计息的。则小李五年共能得到利息＝1 000 元×5%×5 年＝250（元）

本利和＝1 000 元＋1 000 元×5%×5 年＝1 000×(1+5%×5)＝1 250（元）

如果以 i 表示利率、以 n 表示期数，则可得到单利终值的计算公式为

$$F = P \cdot (1 + i \cdot n) \tag{2-1}$$

（2）单利现值计算

【例题 2-2】 如果小李第五年末要支付 1 250 元捐赠款，假设当时银行利率为 5%，单利计息，小李现在需要存入银行多少钱？

分析： 这是一个根据终值、利率，单利计算现值的问题。由例题 2-1 可知小李现在应存入银行现金为

$$\frac{1\ 250}{1 + 5\% \times 5} = 1\ 000（元）$$

由此可得单利现值的计算公式为

$$P = \frac{F}{1 + i \cdot n} \tag{2-2}$$

结论：单利终值与单利现值互为逆运算。

2）复利终值与现值的计算

（1）复利终值计算

【例题 2 - 3】 沿用例题 2 - 1，求复利计算小李五年后本利和为多少？

分析： 这是根据现值、利率，复利计算本利和，即求终值问题，利息是要计息的。

第一年末本利和 $= 1\,000 + 1\,000 \times 5\% = 1\,000 \times (1 + 5\%) = 1\,050$（元）

第二年末本利和 $= (1\,000 + 1\,000 \times 5\%) + (1\,000 + 1\,000 \times 5\%) \times 5\%$

$\qquad\qquad\qquad = 1\,000 \times (1 + 5\%) + 1\,000 \times (1 + 5\%) \times 5\%$

$\qquad\qquad\qquad = 1\,000(1 + 5\%)^2 = 1\,102.50$（元）

第三年末本利和 $= 1\,000 \times (1 + 5\%)^2 + 1\,000 \times (1 + 5\%)^2 \times 5\%$

$\qquad\qquad\qquad = 1\,000 \times (1 + 5\%)^2 \times (1 + 5\%)$

$\qquad\qquad\qquad = 1\,000 \times (1 + 5\%)^3 = 1\,157.625$（元）

$\qquad \vdots$

第五年末本利 $= 1\,000 \times (1 + 5\%)^5 \approx 1\,276.28$（元）

由此可得出复利终值的计算公式为

$$F = P \times (1 + i)^n \tag{2-3}$$

公式（2 - 3）中的 $(1 + i)^n$ 称为一元复利终值系数，简称复利终值系数，该系数用 $(F/P, i, n)$ 表示。为方便计算，可直接根据复利终值系数表查阅，如期数 10 年、利率为 8% 的一元复利终值系数，即 $(F/P, 8\%, 10) = 2.158\,9$。

（2）复利现值计算

【例题 2 - 4】 如果小李第五年末要支付 1 276.28 元捐赠款，假设当时银行利率为 5%，复利计息，则小李现在要存入银行多少钱？

分析： 这是一个根据终值、利率，复利计算现值的问题。由例题 2 - 3 可知小李应存入银行现金为

$$\frac{1\,276.28}{(1 + 5\%)^5} = 1\,000(元)$$

由此可得复利现值的计算公式为

$$P = \frac{F}{(1 + i)^n} = F \cdot (1 + i)^{-n} \tag{2-4}$$

公式（2 - 4）中的 $\frac{1}{(1 + i)^n}$ 或 $(1 + i)^{-n}$ 称为一元复利现值系数，简称复利现值系数，该系数用 $(P/F, i, n)$ 表示。为方便计算，可直接根据复利现值系数表查阅，如期数 10 年、利率为 8% 的一元复利现值系数，即 $(P/F, 8\%, 10) = 0.463\,2$。

结论：复利终值与复利现值互为逆运算。

你为张先生、王小姐算对了吗?

1. 张先生购买 A 企业债券五年后可得本利和为

$$100 \times 100 \times (1 + 9\% \times 5) = 14\,500(元)$$

而购买 B 公司的债券五年后可得本利和为

$$100 \times 100 \times (F/P, 8\%, 5) = 10\,000 \times 1.469\,3 = 14\,693(元)$$

因此,张先生应购买 B 公司债券。

2. 如果单利计息现在王小姐应存入

$$\frac{10\,000}{1 + 5\% \times 3} \approx 8\,696(元)$$

如果复利计息现在王小姐应存入

$$\frac{10\,000}{(1 + 5\%)^3} = 10\,000 \times (P/F, 5\%, 3) = 10\,000 \times 0.863\,8 \approx 8\,638(元)$$

思考讨论

某人在一定时期内,如三年内的每年年初分别存入 100 元、300 元、500 元,利率为 5%,则第三年末的本利和如何计算?

这个问题可以看成是三个一次性收付的问题,即 100 元存三年的本利和、300 元存两年的本利和、500 元存一年的本利和,将这三个一次性收付的本利和求和则可得到第三年末的本利和。其分解如图 2-2 所示。

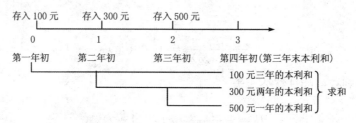

图 2-2　系列收付业务分解图

上述问题实质上是由若干个一次性收付款业务构成的系列收付款业务。所谓系列收付款业务,是指一定时期内不同时点上多次发生的一次性收付款业务。因此,计算系列收付款业务的终值和现值时,只需将若干个一次性收付款业务的终值或现值累加即可。

3）年金终值与现值的计算

前面讨论了系列收付款业务，现实生活中经常会出现在一定时期内，如每月收取等额的养老金、每年支付等额的保险费、每月定期归还的房贷等系列收付款业务。这些系列收付款业务具有的共同特点是：收款或付款具有连续性，即每隔一段相同的时间就会发生一次收款或付款业务，且每次发生的收款或付款金额相等，具有这些特性的系列收付款业务被称为年金。因此，年金是指在一定的时期内，每隔相同的时间，发生相等数额的系列收付款业务，即等额系列收付款业务，通常以 A 表示。

根据收付款业务发生的时间不同，年金可以分为普通年金、预付年金、递延年金和永续年金。

普通年金是指每期期末发生的年金形式，亦称为后付年金。在实务中，常把普通年金终值与现值的计算简称为年金终值与现值的计算。在下面的分析中，分别以 0、1、2、3、⋯，代表第 0 年末（第一年初）、第一年末（第二年初）、第二年末（第三年初）、第三年末（第四年初）⋯，则可得普通年金示意图，如图 2-3 所示。

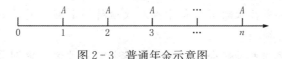

图 2-3　普通年金示意图

预付年金是指每期期初发生的年金形式，亦称为先付年金。预付年金与普通年金的区别在于付款的时间不同。预付年金示意图如图 2-4 所示。

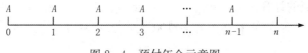

图 2-4　预付年金示意图

递延年金是指在 n 期内，从 0 期开始，间隔 S 期（$1 \leqslant S < n$）后才发生的年金形式。即第一次收付款发生的时点不在第一期末，而是间隔了若干期后才发生的期末连续等额收付。如递延期为 S 的递延年金示意图如图 2-5 所示。

图 2-5　递延期为 S 的递延年金示意图

永续年金是指无限期等额收付的特种年金。由于永续年金的期限趋于无穷，所以永续年金没有终值，只有现值，其实质是期数为无穷的普通年金。其示意图如图 2-6 所示。

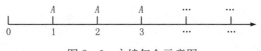

图 2-6　永续年金示意图

以下所用利率如无特别说明均指复利计息的年利率。

> **思考讨论**
>
> 1. 张先生打算为孩子存一笔款，以备 10 年后上大学之用，若张先生于每年年末存入 10 000 元，年利率为 6%，请你帮张先生算一算 10 年后可一次获得本利和多少元？若张先生于每年年初存入 10 000 元，10 年后可一次获得本利和多少元？
>
> 2. 张先生在未来 10 年内每年年末需支付租金 10 000 元，现在银行存款年利率为 6%，请你为张先生算一算，现在他需一次存入银行多少钱才能满足未来 10 年每年年末支付租金的需要？若租金在每年年初支付，现在他需存入银行多少钱？
>
> 3. 张先生 10 年后需存够 100 000 元以备孩子上大学之用，如果年利率为 6%，则请你帮张先生算一算从现在开始每年年末要存入多少钱才能在第 10 年末存够 100 000 元钱？若张先生现在投资 100 000 元，年利率为 6%，则每年年末需收回多少钱，才能在未来连续 10 年内收回初始投资 100 000 元？
>
> 4. 张先生每年年末存入款项与年初存入款项所得本利和的计算结果相同吗？找出在计算上的区别与联系。
>
> 5. 张先生每年年初支付租金与年末支付租金哪一种方式更划算？找出计算上的区别与联系。

（1）普通年金终值与现值的计算

① 普通年金终值的计算。

【例题 2-5】 小李每年年末存入现金 100 元，年利率为 5%，第五年年末其本利和为多少？

分析： 这是一个每年年末存入 100 元、五年期普通年金求终值的计算问题，可看成是五年内每年年末存入 100 元的四个一次性收付业务，则第五年期末本利的计算过程如下。

第一年末存入 100 元四年复利终值 $= 100 \times (1+5\%)^4 = 100 \times (F/P, 5\%, 4) = 121.55$（元）

第二年末存入 100 元三年复利终值 $= 100 \times (1+5\%)^3 = 100 \times (F/P, 5\%, 3) = 115.76$（元）

第三年末存入 100 元两年复利终值 $= 100 \times (1+5\%)^2 = 100 \times (F/P, 5\%, 2) = 110.25$（元）

第四年末存入 100 元一年复利终值 $= 100 \times (1+5\%)^1 = 100 \times (F/P, 5\%, 1) = 105$（元）

第五年末存入 100 元 0 年复利终值 $= 100 \times (1+5\%)^0 = 100 \times (F/P, 5\%, 0) = 100$（元）

则第五年末的本利和，即年金终值为

$$100 \times [(1+5\%)^0 + (1+5\%)^1 + (1+5\%)^2 + (1+5\%)^3 + (1+5\%)^4]$$

$$= 100 \times \sum_{t=0}^{n-1} (1+5\%)^t = 552.56 \text{（元）}$$

计算过程如图 2-7 所示。

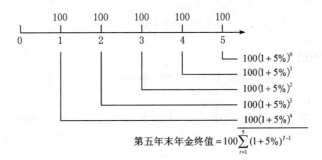

图 2-7　五年期普通年金终值计算示意图

由此可知，若以 F_A 表示普通年金终值，则其计算公式为

$$F_A = A \sum_{t=1}^{n} (1+i)^{t-1} \qquad (2-5)$$

式中，$\sum_{t=1}^{n} (1+i)^{t-1}$ 实际上是以 $(1+i)$ 为公比的等比数列求和计算，将其代入等比数列求和公式可得

$$\sum_{t=1}^{n} (1+i)^{t-1} = \frac{(1+i)^n - 1}{i}$$

称为一元年金终值系数，简称年金终值系数，该系数用 $(F/A, i, n)$ 表示，可查年金终值系数表求得。则公式 （2-5） 可表示为

$$F_A = A \times \frac{(1+i)^n - 1}{i} = A \times (F/A, i, n) \qquad (2-6)$$

【例题 2-6】 小李五年后需现金 552.56 元，若年利率为 5%，则从现在开始每年年末需等额存入银行多少钱，五年后才能达到所需钱数？

分析：这实际上是一个已知第五年期年金终值和五年期 5% 年金终值系数 $(F/A, i, n)$，求年金的问题。由例题 2-5 及公式 （2-6） 可知

$$552.56 = A \times (F/A, 5\%, 5)$$

则从现在开始小李每年年末需存入

$$A = \frac{552.56}{(F/A, 5\%, 5)} = \frac{552.56}{5.525\,6} = 100 （元）$$

上述计算在财务管理中称为偿债基金的计算。所谓偿债基金，是指为了在约定的未来某一时点积累一定的资金（实际为年金终值），而应分次等额存入的存款额（实际为年金）。这样可得偿债基金的计算公式为

$$A = \frac{F_A}{(F/A, \, i, \, n)} \qquad\qquad (2-7)$$

② 普通年金现值的计算。

【例题2-7】小李准备在未来连续五年的每年年末得到 100 元，若年利率为 5%，则他现在需一次投入多少钱？

分析：这是一个每年年末取得 100 元、五年期普通年金求现值的计算问题，可看成是五年内每年年末取得 100 元的五个一次性收付业务，则第五年末现值计算过程如图 2-8 所示。

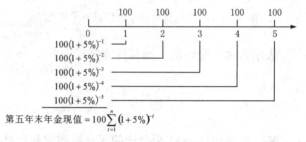

图 2-8　五年期普通年金现值计算示意图

则小李现在需一次投入

$$100 \sum_{t=1}^{n} (1+5\%)^{-t}$$
$$= 100(1+5\%)^{-1} + 100(1+5\%)^{-2} + 100(1+5\%)^{-3} + 100(1+5\%)^{-4} + 100(1+5\%)^{-5}$$
$$= 100(P/F, 5\%, 1) + 100(P/F, 5\%, 2) + 100(P/F, 5\%, 3) + 100(P/F, 5\%, 4) + 100(P/F, 5\%, 5)$$
$$= 100 \times 0.952\,4 + 100 \times 0.907\,0 + 100 \times 0.863\,8 + 100 \times 0.822\,7 + 100 \times 0.783\,5$$
$$= 432.94 \,(\text{元})$$

由此可知，若以 P_A 表示年金现值，则其计算公式为

$$P_A = A \sum_{t=1}^{n} (1+i)^{-t} \qquad\qquad (2-8)$$

式中，$\sum_{t=1}^{n} (1+i)^{-t}$ 实际上是以 $(1+i)^{-1}$ 为公比的等比数列求和计算，将其代入等比数列求和公式可推得

$$\sum_{t=1}^{n} (1+i)^{-t} = \frac{1-(1+i)^{-n}}{i}$$

称为一元年金现值系数，简称年金现值系数，该系数用 $(P/A, i, n)$ 表示，可查年金现值系数表求得。则式 (2-8) 可表示为

$$P_{\mathrm{A}} = A \times \frac{1-(1+i)^{-n}}{i} = A \times (P/A, i, n) \qquad (2-9)$$

【例题2-8】如果小李现在从银行借款432.94元，年利率为5%，则在未来连续五年内每年年末应等额偿还多少钱？

分析：这实际是一个已知第五年期年金现值和五年期5%年金现值系数$(P/A, i, n)$，求年金的问题。由例题2-7及公式（2-9）可知

$$432.94 = A \times (P/A, 5\%, 5)$$

则小李五年内每年年末应偿还

$$A = \frac{432.94}{(P/A, 5\%, 5)} = \frac{432.94}{4.329\,5} = 100 （元）$$

上述计算在财务管理中称为资本收回额的计算。所谓资本收回额，是指在约定的期限内，每年年末等额收回初始投入资金的资金额。初始投入资金实际为年金现值，每年年末等额收回的资金额实际为年金。这样可得资本收回额的计算公式为

$$A = \frac{P_{\mathrm{A}}}{(P/A, i, n)} \qquad (2-10)$$

（2）预付年金终值与现值的计算

① 预付年金终值的计算。

【例题2-9】小李连续五年于每年年初存入现金100元，年利率为5%，第五年年末其本利和为多少？

分析：这是一个每年年初存入100元、五年期预付年金求终值的计算问题，可看成是五年内每年年初存入100元的五个一次性收付业务，则第五年末本利的计算过程如图2-9所示。

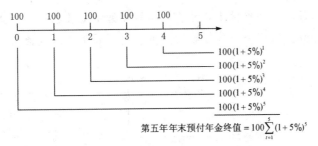

图2-9 五年期预付年金终值计算示意图

则小李第五年年末的本利和（即预付年金终值）为

$$100 \sum_{t=1}^{5} (1+5\%)^5$$

$$= 100(1+5\%)^1 + 100(1+5\%)^2 + 100(1+5\%)^3 + 100(1+5\%)^4 + 100(1+5\%)^5$$

$$= 100(F/P, 5\%, 1) + 100(F/P, 5\%, 2) + 100(F/P, 5\%, 3) + 100(F/P, 5\%, 4) +$$
$$100(F/P, 5\%, 5)$$

$$= 100 \times 1.05 + 100 \times 1.1025 + 100 \times 1.1576 + 100 \times 1.2155 + 100 \times 1.2763$$

$$= 580.19 （元）$$

比较图 2-7 和图 2-9 可知，只要将普通年金终值乘以 $(1+i)$，则可得到预付年金终值的计算公式为

$$F_A = A \sum_{t=1}^{n} (1+i)^{t-1} \times (1+i) = A \sum_{t=1}^{n} (1+i)^t$$
$$= A \times \frac{(1+i)^n - 1}{i} \times (1+i) = A \frac{(1+i)^{n+1} - 1 - i}{i}$$
$$= A \times \left[\frac{(1+i)^{n+1} - 1}{i} - 1 \right] \tag{2-11}$$

式中，$\dfrac{(1+i)^{n+1} - 1}{i} - 1$ 称为预付年金终值系数，其与普通年金终值系数的关系为：在普通年金系数的基础上期数加 1，而系数减 1，一般用 $[(F/A, i, n+1) - 1]$ 来表示，可通过查年金终值系数表计算求得。则公式（2-11）可表示为

$$F_A = A \times [(F/A, i, n+1) - 1] \tag{2-12}$$

② 预付年金现值的计算。

【例题 2-10】从现在开始连续五年，在每年年初小李需支付现金 100 元，若年利率为 5%，则小李现在手中至少要有多少钱？

分析：这是一个每年年初支付 100 元、五年期预付年金求现值的计算问题，可看成是五年内每年年初支付 100 元的四个一次性收付业务，则第五年年末现值的计算过程如图 2-10 所示。

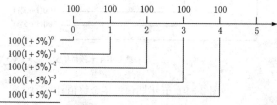

第五年年末预付年金现值 $= 100 \sum_{t=1}^{n} (1+5\%)^{-t+1}$

图 2-10　五年期预付年金现值计算示意图

则小李手中现在要有现金（即预付年金现值）

$$100\sum_{t=1}^{n}(1+5\%)^{-t+1}$$
$$= 100(1+5\%)^0 + 100(1+5\%)^{-1} + 100(1+5\%)^{-2} + 100(1+5\%)^{-3} + 100(1+5\%)^{-4}$$
$$= 100(P/F, 5\%, 0) + 100(P/F, 5\%, 1) + 100(P/F, 5\%, 2) + 100(P/F, 5\%, 3) +$$
$$100(P/F, 5\%, 4)$$
$$= 100 + 100 \times 0.9524 + 100 \times 0.9070 + 100 \times 0.8638 + 100 \times 0.8227$$
$$= 454.59（元）$$

比较图 2-8 和图 2-10 可知，只要将普通年金现值乘以 $(1+i)$，则可得到预付年金现值的计算公式为

$$P_A = A\sum_{t=1}^{n}(1+i)^{-t} \times (1+i) = A\sum_{t=1}^{n}(1+i)^{-t+1}$$
$$= A \times \frac{1-(1+i)^{-n}}{i} \times (1+i) = A \times \frac{1+i-(1+i)^{-n+1}}{i}$$
$$= A \times \left[\frac{1-(1+i)^{-(n-1)}}{i} + 1\right] \qquad (2-13)$$

式中，$\dfrac{1-(1+i)^{-(n-1)}}{i} + 1$ 称为预付年金现值系数，其与普通年金现值系数的关系为：在普通年金现值系数的基础上期数减 1，而系数加 1，一般用 $[(P/A, i, n-1)+1]$ 来表示，可通过查年金现值系数表计算求得。则公式（2-13）可表示为

$$P_A = A \times [(P/A, i, n-1) + 1] \qquad (2-14)$$

你为张先生算对了吗？

1. （1）年末存入 $F_A = 10\,000(F/A, 6\%, 10) = 10\,000 \times 13.181 = 131\,810$（元）

　　（2）年初存入 $F_A = 10\,000[(F/A, 6\%, 11)-1] = 10\,000 \times 13.972 = 139\,720$（元）

2. （1）年末支出 $P_A = 10\,000(P/A, 6\%, 10) = 10\,000 \times 7.3601 = 73\,601$（元）

　　（2）年初支出 $P_A = 10\,000[(P/A, 6\%, 9)+1] = 10\,000 \times 7.8017 = 78\,017$（元）

3. （1）偿债基金 $A = \dfrac{100\,000}{(F/A, 6\%, 10)} = \dfrac{100\,000}{13.181} = 7\,586.68$（元）

　　（2）投资回收额 $A = \dfrac{100\,000}{(P/A, 6\%, 10)} = \dfrac{100\,000}{7.3601} = 13\,586.77$（元）

4. 计算结果不同。

　　区别：期数与系数不同。

　　联系：预付年金终值系数=普通年金终值系数期数加 1，系数减 1。

5.年末支付现金划算。

区别：期数与系数不同。

联系：预付年金现值系数＝普通年金现值系数期数减1，系数加1。

（3）递延年金终值与现值的计算

由于递延年金的第一次收付款发生的时点不在第一期末，而是间隔了若干期后（如 S 期）才发生的期末连续等额收付，因此递延年金终值的计算与普通年金的计算方法相同。只是在期数的确定上应扣除递延期。递延年金与普通年金终值关系如图 2-11 所示。

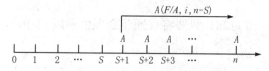

图 2-11　递延年金与普通年金终值关系图

递延年金现值的计算需在普通年金现值的基础上求出，计算方式有以下两种。

方法一： $n-S$ 期的递延年金现值实际上是将 $n-S$ 期的普通年金折算为第 $S+1$ 期期初的现值，再将第 $S+1$ 期期初的现值折算为 S 期的复利现值，因此计算公式可表示为

$$P_A = A(P/A, i, n-S) \times (P/F, i, S) \tag{2-15}$$

其计算过程如图 2-12 所示。

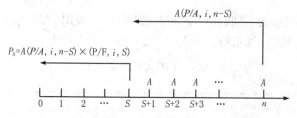

图 2-12　递延年金现值计算方法一示意图

方法二： 将 $n-S$ 期的递延年金现值看成是 n 期普通年金现值与 S 期普通年金现值的差，用公式表示为

$$P_A = A(P/A, i, n) - A(P/A, i, S) = A[(P/A, i, n) - (P/A, i, S)] \tag{2-16}$$

其计算过程如图 2-13 所示。

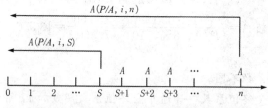

图 2-13　递延年金现值计算方法二示意图

（4）永续年金现值的计算

由于永续年金的期数趋于无穷，所以可以看成是普通年金现值当期数趋于无穷时的极限值。

由于当期数 $n \rightarrow \infty$ 时，式 $P_A = A \times \dfrac{1-(1+i)^{-n}}{i}$ 中的 $(1+i)^{-n} \rightarrow 0$，所以可由此得出永续年金现值的计算公式为

$$P_A = \frac{A}{i} \qquad\qquad (2-17)$$

思考讨论

请根据日常生活经验，构造一个递延年金和一个永续年金的实例，并对该问题进行现值的计算。

4）利率的计算

现实生活中经常出现需要我们根据已知信息确定投资于哪个项目更有利的问题，这需要通过计算利率来比较。

思考讨论

1. 张先生现有资金 100 万元，有两个投资项目供其进行选择，如果投资于项目甲则三年后可收回本利和 120 万元，如果投资项目乙五年后可得本利和 135 万元，请你帮张先生算一算投资于哪个项目更有利。

2. 现有两个投资项目供张先生选择，如果投资于项目甲则需在连续三年内每年年末投入 10 万元，三年后可收回本利和 35 万元，如果投资项目乙则需在连续五年内每年年末投入 2 万元，五年后可得本利和 15 万元。请你帮张先生算一算投资于哪个项目更有利。

（1）复利条件下利率的计算

【例题 2-11】 小李现有现金 100 元，存入银行，复利三年可得本利和 125 元，则年利率为多少？

分析： 这是一个已知复利现值、终值求复利率的问题。由公式（2-3）可得

$$i = \sqrt[n]{\frac{F}{P}} - 1 \qquad\qquad (2-18)$$

因此小李的存款利率为

$$i = \sqrt[3]{\frac{125}{100}} - 1 \approx 7.72\%$$

（2）年金条件下利率的计算

【例题 2－12】 小李连续三年每年年末存入银行 10 元，三年后可得本利和 36 元，则利率为多少？

分析： 这是一个已知年金和年金终值，求利率的问题。由公式（2－6）可得 $(F/A, i, n)=\frac{F_A}{A}=C$，查期数为 n 年、系数为 C 时的一元年金终值系数表，如果能够找到一个利率与其对应，则该利率就为所求利率 i；如果找不到与其对应的利率，则利用插值法计算：即通过查一元年金终值系数表找出与 C 相临的两个点，其一是利率为 i_1、期数为 n 的年金终值系数 $(F/A, i_1, n)=C_1$，其二是利率为 i_2、期数为 n 的年金终值系数 $(F/A, i_2, n)=C_2$，且 $C_1<C<C_2$，则利用插值法求利率的计算过程如图 2－14 所示。

$$i_1-i_2\left\{\begin{array}{l} i_1-i\left\{\begin{array}{ll} i_1 & C_1 \\ i & C \end{array}\right\}C_1-C \\ \qquad\quad i_2 \qquad\quad C_2 \end{array}\right\}C_1-C_2$$

图 2－14　插值计算法计算过程示意图

则有

$$\frac{i_1-i}{i_1-i_2}=\frac{C_1-C}{C_1-C_2}$$

于是得到年金条件下利率的计算公式为

$$i=i_1+\frac{C_1-C}{C_1-C_2}(i_2-i_1) \tag{2-19}$$

则小李该项存款的年利率为

$$(F/A, i, 3)=\frac{F_A}{A}=\frac{36}{10}=3.6$$

查年金终值系数表得

18%	3.572 4
i	3.6
19%	3.606 1

则

$$i=18\%+\frac{3.572\,4-3.6}{3.572\,4-3.606\,1}(19\%-18\%)\approx 18.82\%$$

你为张先生作的决策正确吗?

1. 投资项目甲的年利率为

$$i = \sqrt[3]{\frac{120}{100}} - 1 \approx 6.266\%$$

投资项目乙的年利率为

$$i = \sqrt[5]{\frac{135}{100}} - 1 \approx 6.186\%$$

张先生应投资于项目甲。

2. 投资项目甲的年利率为

$$C = (F/A, i, 3) = \frac{35}{10} = 3.5$$

查表可得

$$15\%　　3.472\ 5$$
$$i　　　3.5$$
$$16\%　　3.505\ 6$$

$$i = 15\% + \frac{3.472\ 5 - 3.5}{3.472\ 5 - 3.505\ 6}(16\% - 15\%) \approx 15.83\%$$

投资项目乙的年利率为

$$i = 20\% + \frac{7.441\ 6 - 7.5}{7.441\ 6 - 7.589\ 2}(21\% - 20\%) \approx 20.40\%$$

张先生应投资于项目乙。

关键提示:

　　按惯例，通常我们所说的利率是年利率，即每年复利一次。但在实际工作中也存在一年内多次复利计息的情况，如每半年、每季、每月复利计息一次。若将每年复利 m 次的年利率称为名义利率 r，而将每年仅复利一次的年利率称为实际利率 i，则将名义利率 r 转换为实际利率的换算关系为

$$i = \left(1 + \frac{r}{m}\right)^m - 1$$

2.2　财务活动有风险：风险观念

任何决策都有风险，而人们对企业财务活动实施管理的过程，实际上就是一个不断进行财务决策的过程。由于影响企业财务决策的各种因素具有不确定性，这就要求企业在从事财务决策时，必须考虑各种不确定因素对企业财务成果的影响，确认并对风险进行计量。

1. 风险是什么

思考讨论

1. 张先生现在手里有 10 万元现金，如果用于购买国债获利率为 5％；如果购买股票，在价格上涨的情况下获利率为 45％，价格下降时获利率为负 10％，而股价发生上涨和下降的可能性分别为 60％ 和 40％。张先生该如何投资？哪个风险更大？如何确定风险？（假设风险报酬斜率为 15％）

2. 你会冒险进行投资吗？为什么？

1）风险的理解

从日常生活中人们对风险的理解来看，"风险是发生损失的可能性，发生损失的可能性越大，则风险越大"。它可以用不同结果出现的可能性来表示，如果出现坏结果的可能性越大，表明风险越大。也就是说，如果对某事件未来结果不能准确把握，预计可能会出现几种不同的结果，且能够估计出现各种结果的可能性，这一事件就含有风险。从财务管理的角度来说，风险是指由于未来的影响因素具有不确定性，而导致其财务成果的不确定性。例如投资购买某公司的股票，该股票价格未来可能上涨，也可能下降，于是购买该股票最终能带来多少收益是不确定的，因此投资购买公司股票这一事件有风险。如果能够对未来作出准确估计，则无风险。例如将 100 元按 5％ 的利率存入银行一年，一年后的到期价值是确定的 105 元，并且到期一定能够收回，那么这一事件是无风险的。

风险的显著特点主要表现在以下 5 个方面。

① 不确定性。风险是事件的结果表现出若干种不同的趋势。

② 客观存在。风险不以人的主观意志为转移。

③ 因人而异。对同一事件，不同的人对风险的估计不同，因而风险大小不同。

④ 与收益相伴。指风险与收益的匹配程度，一般认为风险与收益成正向变动关系。

⑤ 大小受估计精确度影响。一般认为风险的大小与对风险估计的精确度成反向变动关系。

关键提示：

　　风险不等同于发生损失的可能性。风险不仅可以带来超出预期的损失，也可能带来超出预期的收益。但由于人们对意外损失比对意外收益更重视，因此人们研究风险时更关注减少损失，更多的从不利方面来考虑风险，以至于人们常常将风险看成是不利事件或发生损失的可能性。

　　2）风险的种类

　　1）从企业的角度看

　　从企业的角度看，主要有以下3类风险。

　　（1）经营风险

　　经营风险是指由于影响生产经营各因素的不确定性，造成企业利润的不确定性，而形成的风险。经营风险受企业内部因素和企业外部条件变化两方面的影响。企业内部因素对经营风险的影响主要有产销量、产品结构、产品成本、技术水平、设备及原材料利用率、人员素质等；影响经营风险的外部因素主要有国家经济政策、市场供求关系、价格、税收等。

　　（2）筹资风险

　　筹资风险又称财务风险，是指由于企业采用负债或发行优先股方式融资给企业所有者的收益或收益率带来不确定性，而形成的风险。所有者收益在股份制企业中指的是每股收益，在非股份制企业中指的是权益净利率。在实际的理财活动中，企业若借款或发行优先股，就会由于支付固定利息或股息，而造成企业权益净利率上升或下降，这就是筹资风险的作用。例如，某非股份制公司，其所有者权益为10万元，若市场销路好每年获利2万元，此时的权益净利率为20%（净利润/所有者权益×100%）；若市场销路不好每年亏损1万元，此时的权益净利率为−10%。现在企业通过借款又增加投资10万元，每年需支付利息1万元。运营后，若市场销路好每年获利4万元（20×20%），支付利息后净利润为3万元，权益净利率为30%，将比预计权益净利率上升10%（30%−20%）；若市场销路不好每年亏损2万元[20×（−10%）]，支付利息后，亏损3万元，权益净利率为−30%，将比预计权益净利率下降20%[−30%−（−10%）]。

　　（3）投资风险

　　投资风险是指在企业投资中，由于影响投资的各种因素的不确定性造成投资收益的不确定性而形成的风险。企业投资有对内投资和对外投资两种形式。无论何种形式的投资都会有风险，但风险的表现形式不同。由于对内投资的投资风险往往与经营风险交织在一起，难以分开，所以实际工作中也不对二者进行区分。而对外投资，则构成了单纯的投资风险。现实生活中，对外投资风险常常指投资于有价证券的风险。由于金融市场中有价证券投资一般是多角投资，从而使对外投资风险具有不同于经营风险的独特性。这里所谈的投资风险是指对外投资风险。

2）从个别投资主体的角度看

从个别投资主体的角度看，主要有以下两类风险。

（1）市场风险

市场风险是指那些对所有企业都会产生影响的因素引起的风险，如通货膨胀、经济危机、战争等因素的影响而形成的风险。

（2）公司特有风险

公司特有风险是指发生于个别公司的特有事件造成的风险，如经营决策失误、产品开发失败等因素的影响而形成的风险。

2. 风险与报酬

一般而言，人们都力求回避风险。但为什么还会有人冒险投资呢？这是因为冒险可以得到额外的收益，即获得超过货币时间价值的那部分报酬。

由于人们从事风险活动的实际结果与预期结果（期望值）会发生偏离，这种偏离可能是负值（实际结果<预期结果），也可能是正值（实际结果>预期结果），因此风险意味着危险与机遇并存。既有可能因冒险而蒙受损失，产生不利影响；也有可能因冒险而获得高额的回报，产生有利影响。并且风险越大，失败的损失越大，而成功的回报也越多。也正是由于大风险背后隐藏着高回报的可能性，从而使人们冒险从事各项经济活动有了动力。但这种动力对不同的投资人是不同的。因为不同的人对待风险的态度不同，各自对风险与报酬选择的侧重点也不同，甘愿冒险的人看重的是高风险带来的高收益，而风险厌恶者在风险与报酬的选择中更关注降低风险。

那么风险与报酬之间具有什么关系呢？风险与报酬是一种正向变动的关系，也就是说风险越大，要求得到的报酬越高。由于现实生活中，在投资报酬相同的情况下，人们会选择风险小的投资；而在风险相同的情况下，人们会选择投资报酬高的投资。投资竞争的结果使风险增加，报酬下降。最终，高风险的投资必须有高报酬，而低报酬的投资必须是风险低，否则就没人投资。由此可知，风险与报酬之间形成的关系是市场竞争的结果。

投资者由于冒风险进行投资因而要求获得超过货币时间价值的那部分报酬，称之为风险报酬或称风险收益、投资的风险价值。因此，投资者进行风险投资所要求得到的投资报酬实际上是由两部分组成的：一部分是不考虑通货膨胀的货币时间价值（也称为无风险报酬），另一部分是风险报酬。

风险报酬通常有绝对数和相对数两种表示方法。在财务管理中，为了便于对不同投资额的风险报酬大小进行比较，通常用相对数加以计量。

因此，投资所要求的报酬，如果用相对数表示，其公式为

$$投资要求的报酬率 ＝ 货币时间价值率＋风险报酬率 \qquad (2-20)$$

由于风险与风险报酬率成正比例关系，所以有公式

$$风险报酬率 ＝ 风险报酬斜率 \times 风险程度 \qquad (2-21)$$

公式（2-21）中的风险报酬斜率也称为风险价值系数，它是一个常数，其大小取决于投资者的主客观要求，愿冒险的人对风险的估计较乐观，因此风险报酬斜率就小些；而厌恶风险的人对风险的估计较悲观，因此风险报酬斜率就大些。公式（2-21）中的风险程度可用标准离差率来计量。

3. 风险的衡量

任何决策都是有风险的，但如何在决策时就能知道风险的大小，或者说如何比较两个决策的风险呢？这就是风险计量的问题。

【例题 2-13】某企业有甲、乙两个投资方案，预计未来经济情况会出现 3 种结果，即繁荣、一般、衰退，各种情况出现的可能性分别为 40%、40%、20%。当出现经济繁荣的情况时，甲、乙两个投资方案的预期报酬率分别为 50% 和 25%；经济情况一般时，甲、乙两个投资方案的预期报酬率分别为 20% 和 15%；当经济衰退时，甲、乙两个投资方案的预期报酬率分别为 -50% 和 10%，如何计量其风险？

财务管理中，风险计量可以采用以下程序。

1）确定事件发生的可能性——概率分布

一个事件的概率是指发生这一事件的可能性，用字母 p 表示。如果一个事件必然会发生，那么这一事件发生的可能性就是 100%，称这一事件的概率为 1。如果一个事件不可能发生，也就意味着其发生的可能性为 0，这一事件的概率为 0。因此，当一个事件既不是必然发生的事件，也不是不可能发生的事件，则该事件称为随机事件，其概率在 0～1 之间，且概率越接近 1，该事件发生的可能性就越大。如果将一项决策中所有可能发生的结果（即事件）都列出来，并且根据其出现的可能性确定其概率后，将所有可能发生的结果及其概率列示在一起就构成概率分布表。该表表现出如下两个特征。

① 决策中所有可能发生的结果的概率都在 0～1 之间，即 $0 < p < 1$。

② 决策中所有可能发生的结果的概率之和等于 1，即 $\sum_{i=1}^{n} p_i = 1$。

由此可见，例题 2-13 的决策中有 3 个可能发生的结果，即繁荣、一般、衰退，其概率分别为 0.4、0.4、0.2，因此可列示其未来的预期报酬率及发生概率如表 2-1 所示。

表 2-1　投资方案未来预期报酬率及发生的概率

经济情况	发生概率 p_i	预期报酬率 R_i	
		甲方案	乙方案
繁荣	0.4	50%	25%
一般	0.4	20%	15%
衰退	0.2	-50%	10%
合计	1		

2）计算期望报酬率

期望报酬率是各种可能的报酬率按其概率进行加权平均得到的报酬率，其计算公式为

$$E = \sum_{i=1}^{n} R_i p_i \qquad (2-22)$$

式中：E——期望报酬率；

R_i——第 i 种可能结果的预期报酬率；

p_i——第 i 种可能结果的概率；

n——可能结果的个数。

根据公式（2-22）分别计算甲、乙两方案的期望报酬率。

$E_{甲} = R_1 P_1 + R_2 P_2 + R_3 P_3 = 50\% \times 0.4 + 20\% \times 0.4 + (-50\%) \times 0.2 = 18\%$

$E_{乙} = R_1 P_1 + R_2 P_2 + R_3 P_3 = 25\% \times 0.4 + 15\% \times 0.4 + 10\% \times 0.2 = 18\%$

两方案的期望报酬率相同，但甲方案预期报酬率的变动范围大，在 $-50\% \sim 50\%$ 之间，分散程度大；而乙方案预期报酬率的变动范围在 $10\% \sim 25\%$ 之间，分散程度小。很显然，两方案的风险不同。因此，为衡量两方案风险的大小还必须计算标准差和标准离差率。

3）风险程度的确定

风险程度是指经营活动的不确定结果对期望值可能发生的偏离程度，它是反映风险大小的指标。风险程度的大小可用标准离差和标准离差率表示。

（1）标准离差

标准离差（或称标准差）是各种可能报酬率偏离期望报酬率的综合差异，它可以用来反映分散的程度。其计算公式为

$$\sigma = \sqrt{\sum_{i=1}^{n} (R_i - E)^2 P_i} \qquad (2-23)$$

式中：σ——标准差；

R_i——第 i 种可能结果的预期报酬率；

E——期望报酬率；

p_i——第 i 种可能结果的概率；

n——可能结果的个数。

标准差越小，说明分散程度越小，风险越小；反之风险越大。

根据表 2-1 中相关资料，计算甲、乙两投资方案的标准差如下。

$\sigma_{甲} = \sqrt{(50\% - 18\%)^2 \times 0.4 + (20\% - 18\%)^2 \times 0.4 + (-50\% - 18\%)^2 \times 0.2} = 36.55\%$

$\sigma_{乙} = \sqrt{(25\% - 18\%)^2 \times 0.4 + (15\% - 18\%)^2 \times 0.4 + (10\% - 18\%)^2 \times 0.2} = 6.00\%$

从计算结果可以看出，甲方案的标准差高于乙方案的标准差，所以甲方案的风险比乙方案大。

（2）标准离差率

标准差是反映随机变量离散程度的重要指标。但由于它是绝对数，所以只能用来比较期望报酬率相同的各项投资方案的风险程度，而无法对期望报酬率不同的投资方案的风险进行比较。在这种情况下，只能用标准差与期望报酬率的比值，即标准离差率来比较不同投资方案风险的大小。标准离差率的计算公式如下。

$$q = \frac{\sigma}{E} \times 100\% \tag{2-24}$$

式中：q——标准离差率。

标准离差率越小，说明风险越小；反之，风险越大。

现计算甲、乙两投资方案的标准离差率如下。

$$q_甲 = \frac{36.55\%}{18\%} \times 100\% = 203.06\%$$

$$q_乙 = \frac{6.00\%}{18\%} \times 100\% = 33.33\%$$

由于甲方案的标准离差率高于乙方案，由此可以得出结论，甲方案的风险比乙方案大。

4）风险报酬率与投资总报酬率的确定

由公式（2-21）可知，风险报酬率同风险程度成正比，风险越大，则风险报酬率就越高。如果以 R_b 代表风险报酬率，以 b 代表风险报酬斜率（也称风险报酬系数），而以标准离差率 q 代表风险程度，则风险报酬率的计算公式为

$$R_b = b \cdot q \tag{2-25}$$

如果以 R_F 代表无风险报酬率，以 R 代表投资要求的总报酬率，则投资要求的总报酬率的计算公式为

$$R = R_F + R_b = R_F + b \cdot q \tag{2-26}$$

接例题 2-13，假设甲、乙两投资方案的风险报酬斜率均为 15%，无风险报酬率均为 5%，则两投资方案的风险报酬率及投资总报酬率可计算如下。

风险报酬率 $R_{b甲} = 15\% \times 203.06\% = 30.46\%$

投资总报酬率 $R_甲 = 5\% + 30.46\% = 35.46\%$

风险报酬率 $R_{b乙} = 15\% \times 33.33\% = 5\%$

投资总报酬率 $R_乙 = 5\% + 5\% = 10\%$

由此可以看出，甲投资方案风险程度高，其获得的投资总报酬率也高。

5）风险决策

企业需要比较两个投资方案时，可根据以下原则进行决策。

① 当两个方案的期望报酬率相同时，应选择风险程度（标准离差率）低的方案，以减少企业承担的风险。

② 当两个方案的风险程度（标准离差率）相同时，应选择期望报酬率高的方案。

③ 当方案一的期望值低于方案二，而其标准离差率却高于方案二时，应选择方案二。

④ 当方案一的期望值高于方案二，其风险程度也高于方案二，这时的决策主要取决于决策者的主观愿望，冒险型的决策者会选择高风险高收益的方案一，以追求较高的报酬率；而保守型的决策者会选择低风险低收益的方案二。

你认为张先生应如何投资？

如果张先生购买国债，风险视同为零，即无风险，但所获得的报酬率也较低，仅为5%。如果张先生投资购买股票，则风险程度及总报酬率计算如下。

$$E = 45\% \times 60\% + (-10\%) \times 40\% = 23\%$$

$$\sigma = \sqrt{(45\% - 23\%)^2 \times 60\% + (-10\% - 23\%)^2 \times 40\%} = 26.94\%$$

$$q = \frac{26.94\%}{23\%} \times 100\% = 117.13\%$$

$$R_b = 15\% \times 117.13\% = 17.57\%$$

$$R = 5\% + 17.57\% = 22.57\%$$

如果张先生是一个冒险型投资者，那么他会购买股票；如果他是一个保守型的投资者，则他可能会选择购买国债。

能 力 测 试

一、总结归纳

以图或表的形式总结归纳你在知识二中学到的主要内容。

二、单一决策

1. 有现金 10 000 元，年利率为 8%，存期 5 年，现有两个存款方案供选择：一是每年复利一次；二是若每 3 个月复利一次，请决策该选择哪种方案存款？如果年利率为 10%，5 年后可获得 10 000 元，请决策选用下列哪一种投资方案？每年复利一次；每半年复利一次。

2. 红利公司第 1 年、第 2 年年初对一台设备投资各为 50 000 元，该项目于第 3 年年初完工并投入使用，第 3 年、第 4 年、第 5 年、第 6 年年末现金流入量各为 35 000 元，而银行借款复利率为 8%，要求：（1）确定全部投资在第 1 年年初的现值；（2）确定各年现金流入量在第1年年初的现值；(3)确定各年现金流入量在第6年年末的终值。

3. 红利公司需用一台设备，如果购买需支付现金150 000元，使用期限10年。如果租入则每年年末要支付租金22 000元，租期10年，假定复利利率为8%，请确定该公司应购买设备还是租用设备？

三、综合决策

1. 房地产开发公司销售协议规定，如果购买方于购买时一次付清全部房款，需要支付房款20万元；如果采用5年分期付款方式，则每年需要支付房款5万元；如果采用10年分期付款方式，则每年需要支付房款3万元。假定复利利率为10%，需要在购房时作出决策：如果允许在每年年末支付款项，你将采用何种付款方式；如果规定必须在每年年初支付款项，你将采用何种付款方式？

2. 泰达公司需进行一项项目决策，该项目有4个备选方案（各方案投资期均为一年）对应于三种不同的经济状态，如表2-2所示。

表2-2　泰达公司相关资料

经济状态	概率	A方案收益率/%	B方案收益率/%	C方案收益率/%	D方案收益率/%
衰退	0.2	10%	6%	−4%	5%
一般	0.6	10%	11%	14%	15%
繁荣	0.2	10%	31%	22%	25%

如果你是泰达公司的财务分析人员，公司财务经理要求你作以下分析：

(1) 确定各方案期望收益率、标准离差、标准离差率；

(2) 判断哪一个方案为无风险投资方案；

(3) 确定应最先选择和淘汰的方案，并说明理由。

四、案例分析题

西格资产理财公司的理财运作[①]

1987年，罗莎琳德·塞茨费尔德赢得了一项总价值超过130万美元的大奖，这样在以后20年中，每年她都会收到65 276.79美元的分期付款。六年后的1995年，塞茨费尔德女士接到了位于佛罗里达州西部棕榈市西格资产理财公司的一位销售人员打来的电话，称该公司愿立即付给她140 000美元以获得今后9年其博彩奖支票的一半款项（也就是，现在的140 000美元换算以后，9年中每年获32 638.39美元的分期付款）。西格公司是一个奖金经纪公司，其职员的主要工作就是跟踪类似塞茨费尔德女士这样的博彩大奖的获得者。公司甚至知道有许多人会急于将他们获得奖项的部分马上全部变现成一笔大钱。西格公司是年营业收入高达7亿美元的奖金经纪行业中的一员，它和伍德步里奇·斯特林公司占据了当时行业

① 牛彦秀，王觉. 财务管理. 北京：清华大学出版社，2008.

中 80%的业务。类似西格公司这样的经纪公司将它们收购的这种获得未来现金流的权利再转售给一些机构投资者，诸如美国太阳公司或是约翰·汉考克共同生命保险公司。本案例中，购买这项权利的是金融升级服务集团（EFSG），它是一家从事纽约州市政债务的再保险公司。西格公司已谈好将它领取塞茨费尔德一半奖金的权利以 196 000 美元的价格卖给 EFSG 公司，如果塞茨费尔德答应公司的报价，公司就能马上赚取 56 000 美元。最终塞茨费尔德接受了该报价，交易达成。

请思考：为什么西格公司能成功安排这笔交易并立即获得 56 000 美元的利润？

第 二 部 分
项 目 设 定

项目一

财务环境分析

【能力目标】
- 能够正确判断企业所面临的宏微观经济环境；
- 能够正确理解法律环境是企业赖以生存的重要环境；
- 能够利用相关的经济、金融、法律知识判断企业生存的外部环境，并完成项目报告书的编制；
- 能够利用国家实施的财政与货币政策判断经济周期，根据已掌握的市场、财务信息确定各类经济方案的可行性。

【知识目标】
- 理解宏观经济环境、微观经济环境与企业个体之间的关系；
- 理解财务管理属于微观金融的范畴；
- 理解财政政策与货币政策的适用环境，适时变换理财手段。

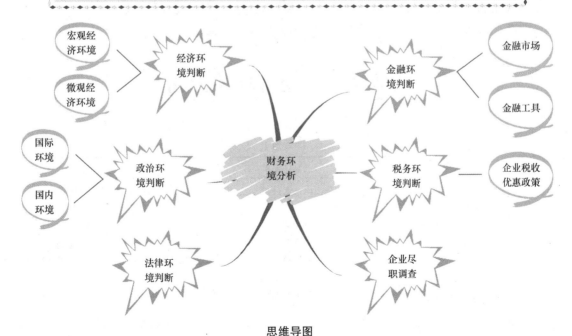

思维导图

　　企业存在于社会中，受到内外部诸多因素的影响，如政治环境、技术环境、WTO 规则、宏观经济政策、金融市场政策、企业所处产业生命周期、企业微观运营状况、企业文化环境等。而要立足于社会，成为社会中的一员，必须要适应环境。如果懂得环境中各项因素如何对经济产生影响，就会对经济的运行状况有一个基本的判断，不会逆潮流而动，还会在其中受益。学完本章后，至少你对财经报道中常出现的诸如 PPI、CPI、"通货膨胀"之类的概念会有相对清晰的理解，对撰写企业生存的可行性研究报告有一个初步的认识。

工作过程

　　假设立达公司拟在某市建设一中型氯碱化工企业或者对一老企业进行扩建改造，要做的第一项工作就是对这个项目投资价值进行可行性研究，那么财务部门应当如何开展工作呢？

　　① 要对宏观经济形势进行判断，理解基础概念，了解国际国内时事，有的放矢，突出重点，少走弯路。

　　② 根据企业类型、经营的场所，在全球化背景下分析国内国际的政治环境。

　　③ 今天的中国处在后 WTO 时代，企业要发展就必须分析目前及未来公司所处的法律环境，并要深入研究其生存与发展的可行性。

　　④ 根据企业的不同发展阶段，分析确定企业所处金融环境。

　　⑤ 分析企业所处的税务环境，重点考虑税收优惠、节税环境等。

　　⑥ 对企业进行尽职调查，根据了解的内部情况有针对性地进行财务分析。

　　要求：根据对立达公司环境分析，撰写财务环境分析报告。

任务 1.1　经济环境分析

任务书

主任务	子任务	具体要求	完成步骤
经济环境分析	经济运行周期分析	① 分析国际、国内经济环境 ② 分析经济运行周期	① 通过调研、查阅相关资料，弄清企业所处的政治环境和经济环境 ② 判断当前经济运行趋势 ③ 观察政府采取的宏观经济政策 ④ 确定企业的理财目标
	宏观经济政策分析	① 从财政政策和货币政策角度分析宏观经济环境 ② 考虑汇率、利率变化趋势，分析当前经济形势	
	微观经济环境分析	① 分析公司治理结构，即主体性质、产权结构 ② 分析企业文化因素	

◆ 思考讨论

立达公司准备投资兴建一家分厂，占地面积 13.5 万平方米，建筑面积 1.7 万平方米；注册资本金 660 万元；拥有总资产 3.69 亿元，负债总计 2.13 亿元；在册正式职工 1 133 人，包括工程技术人员 183 人；企业类型：有限责任公司；企业主导产品为离子膜烧碱、隔膜烧碱、聚氯乙烯，副产品有液氯、盐酸等 10 几个品种。为慎重起见，该公司投资前需对所处环境进行可行性论证，作为财务经理你将如何展开工作。

财务环境是指对企业财务管理活动产生影响作用的企业内部和外部的各种条件。财务环境的发展是推动财务管理发展、变革的根本动力。

财务环境分析应如何着手呢？第一，重点了解相关财务理论；第二，收集资料的过程，重点收集与我们研究分析相关的佐证资料；第三，撰写分析报告。

1. 经济运行周期分析

◆ 相关知识

2008 年 3 月 17 日，星期一，位于纽约麦迪逊大道的贝尔斯登总部大楼大门紧闭。美国次贷危机将这个曾经在债券市场上风光一时的贝尔斯登打翻在地，飓风席卷整个华尔街。

2008 年 9 月 15 日，美国第四大投行雷曼兄弟终因次贷问题而申请破产保护，从而成为新一轮金融风暴的源头。被称为美国心脏的华尔街由此陷入一片翻天覆地的动荡之中，在短短数日内，雷曼兄弟公司、美林、房利美、房地美、美国国际集团……昔日华尔街一个个叱咤风云的角色相继沦陷，一切仿佛是在验证美联储前主席格林斯潘的话——美国正陷于"百年一遇"的金融危机之中。

大家有必要了解次贷危机及什么是次级债。

按照著名金融学家郎咸平的说法：所谓次级债，说白了就是为那些本来没有资格申请住房贷款的人创造一个市场，使这些信用不足的人或者贷款记录不良的人也可以来贷款，而这个市场就以我们今天的金融危机为代价。这些次级贷款是需要通过中介机构来申请的，中介机构本来应该把住第一关。但是，中介机构开始丧失信托责任，开始违规、造假，用假的数据和假的收入证明来欺骗银行。银行拿到假的数据之后，一看情况还可以，过去的信用记录很好，但没想到数据都是假的。于是把 100 万美元借给他们了，然后银行又把这 100 万美元贷款转化成债券，卖给房地美和房利美，房地美和房利美再把这 100 万美元债券分割成 1 000 美元一张的债券，卖给普通投资者。

其实还有更差的。目前媒体还没有报道，我（郎咸平）现在第一次发布，除了次级债，还有次次级债。这又是面向什么样的人呢？连收入证明都拿不出来的人。次级债借款人至少还能拿出个收入证明来，只是可能多加几个零，伪造一下。然而，这些次次级债的借款人连收入证明都拿不出来，他们是谁呢？他们是卖热狗的、开小杂货店的，也让他们贷款买房子。

就这样，连收入证明都拿不出来的人也可以贷款，通过中介机构的包装欺骗银行，银行再把债券卖给房地美和房利美，房地美和房利美在不知情的情况下将其分割成1 000美元一张的债券卖给全世界，包括AIG等公司。终于有一天，这些次级债的借款人开始还不起利息了，银行拿不到利息，就不能向房地美和房利美兑现，房地美和房利美拿不到钱就无法给社会大众，于是引发了一连串的经济崩溃。据估计，目前房地美和房利美的债务是5万亿美元，其中有2万亿美元卖给外国政府，3万亿美元卖给美国自己的老百姓。次次级债你猜有多少？还有1万亿美元，这个现在还不敢想。因为这个1万亿美元债券前5年几乎是没有利息的，大概从第五年之后开始支付高利率。只要一开始支付高利率，他们就会付不起，所以这是下一个冲击，目前大家还没有听到。

思考讨论

看了这些分析后，我们想到了什么？

① 金融创新是导致金融危机的一个原因。

② 监管不到位是加重危机的理由。

③ 对世界经济影响的深度，尤其对实体经济的影响很难判断，等等。

联想到我们知识的积累，在学好会计、财务管理学科的基础上哪些学科还应该继续补充呢？经济学、金融学、管理学……

（1）学会观察宏观经济运行周期的指标

财务管理的经济环境主要包括经济周期、经济发展水平和经济政策等。市场经济环境下，宏观经济的发展呈现出周期性变化，这就是市场经济的规律。

宏观经济周期一般分为4个阶段，即萧条、复苏、繁荣、衰退。宏观经济的周期性变化可以通过发布宏观经济的有关统计指标表示出来，如国民生产总值（GNP）、消费总量、投资总量、工业生产指数（Industrial Production）、生产者物价指数（Producer Price Index）（PPI）、消费者物价指数（Consumer Price Index）（CPI）、失业率等。其中，如果消费者物价指数CPI升幅过大，表明通胀已经成为经济不稳定因素，央行会有紧缩货币政策和财政政策的风险，从而造成经济前景不明朗。因此，该指数过高的升幅往往不被市场欢迎。

例如，消费者物价指数CPI较上期上升2.3%，表示生活成本比上期平均上升2.3%。当生活成本提高，你的金钱价值便随之下降。一般来说，当CPI>3%的增幅时，称为INFLATION，就是通货膨胀；而当CPI>5%的增幅时，称为SERIOUS INFLATION，就是严重的通货膨胀。假若通胀率为 4.5%，而银行存款利率为 2.25%，也就是说，一年前收到的一张 100 元纸币，今日只可以买到价值 97.75 元的货品及服务。另外，GNP 是衡量宏观经济综合性最强的指标。因此，经济周期的变化通常用 GNP 的系列统计指标表示。

经济周期作为宏观经济运行的一种规律，客观存在于我们的经济生活中，它的存在并不依赖于国家、制度的不同。宏观经济周期性运行对社会经济生活产生深刻的影响，对企业的理财活动也会产生重大影响，准确地判断宏观经济运行周期及其影响，采取相应的经营或理财策略，是实现企业价值最大化理财目标的要求。

（2）在宏观经济运行周期各阶段呈现的特点

萧条阶段，经济明显萎缩降至低谷，百业不振，公司经营状况下降，从而影响到公司财务状况不佳，公司股票市场价格徘徊不前，投资者对公司的投资信心不足。此时企业采取的对策有：减少技改投资，尽力保持现存市场份额，采取宁失利不失地的销售政策，放弃次要利益；大幅削减管理费用、存货，裁减雇员，采取稳健的股利分配政策以储备现金存量等，尽力维持公司的生产经营能力。目前，全球企业的裁员风潮就说明了这一点。持有足够的现金是渡过这一阶段的重要措施。

复苏阶段，宏观经济从经济周期的谷底逐步回升，公司经营状况开始好转，业绩逐步上升，投资者对公司投资的信心逐渐恢复，企业财务状况趋于好转，资信能力有所回升。企业采取的对策有：增加存货，招募员工，增加厂房设备，加快技改和扩建步伐等。

繁荣阶段，经济指标增长迅速，达到周期的高峰，公司的经营绩效也不断上升，财务状况良好，投资者的投资信心大为增强，证券价格大幅上扬，采取的对策有：增加技改投入，进一步扩充厂房设备投资，增加存货，提高销售价格，以增加公司未来的现金流量。

衰退阶段，经济的发展从周期的顶峰逐步回落，可采取的措施有：停止扩张、出售闲置设备、停止生产亏损产品、削减存货、减少雇员等。

（3）经济周期各阶段企业理财应对措施

通常，经济萧条时期，企业对于负债的承受能力相对降低，此时企业应削减债务的规模，防止企业因资产流动性的降低而导致财务危机；同时，资产流动性降低，可能会导致企业利用较多的流动负债，但不排除个别效益良好的企业基于投资时机的掌握而举借大量的长期债务。经济复苏阶段的利率较低，为有效发挥负债的财务杠杆作用，此时是企业提高负债比率的良好时机，因此长期债务的比例会有所提升。经济繁荣时期企业再积极扩张，会出现债务与权益投资并重的情况。

思考讨论

阅读下面资料，考虑在大衰退环境下，如何在金融危机中幸存和发展。

在花旗、AIG 等西方大银行拟申请破产保护或者申请再度资金援助的时候，金融危机第二波冲击依稀而至。现在发生的这场金融危机何时见底？将如何演变？我们的世界将何去何从？我们自身又该如何作出抉择？

在经济陷入衰退时，大多数的企业自然会将企业目标从"利润最大化"转为"负债最小化"，在停止借贷的同时将企业能够利用的所有现金流都投入到债务偿还上，不遗余力地修复受损的资产负债表，希望早日走出技术性破产的泥沼。企业这种"负债最小化"模式的大规模转变最终造成合成谬误，于是就会出现即便银行愿意继续发放贷款，也无法找到借贷方的异常现象。

在资产负债表衰退（资产与负债结构的恶化、资产负债率升高、流动性下降）期间，当今学术界主张的货币政策工具的有效性令人怀疑，真正具有效率的是政府主导的财政政策工具。经济周期可以形象地分为"阴阳"两个阶段。当经济周期处于"阳"态阶段时，经济状况属于传统主流经济学可以涵盖的范围，企业资产负债表健全，将利润最大化作为经营目标，利率正常，存在通货膨胀倾向。这时政府可以有效地运用货币政策工具来调控经济，而财政政策工具由于会产生挤出效应（crowd out）则应该尽量避免运用。

在由资产价格泡沫破灭诱发的经济衰退中，经济周期处于"阴"态阶段时，企业资产负债表失衡，出现资不抵债现象，企业大规模转向负债最小化模式，从而导致合成谬误，将经济拖入资产负债表衰退之中。此时利率降至极低点，通货紧缩现象发生，货币政策完全失灵，政府必须大胆使用财政政策工具来刺激经济复苏。[①]

（4）观测宏观经济发展的"晴雨表"

随着宏观经济周期由萧条到复苏、繁荣、衰退周而复始地变化，证券的市场价格、房地产市场价格也会经历徘徊、上升、大幅上扬、回落等阶段，因此证券及房地产市场价格构成了宏观经济发展的"晴雨表"。把握经济周期对证券及房地产市场价格的影响，才能够制定正确的有价证券投资、房屋等不动产投资的决策，才能够更好地判断我们处在宏观经济周期的哪个阶段，从而达到准确投资的目的。

随着人们对上述市场认识的加深，证券市场、房地产市场改革步伐的加快，有望在证券和房地产市场建立科学、有效的运行机制，使两个市场的功能和作用得以充分地发挥，从而真正成为"宏观经济的晴雨表"。

2. 宏观经济政策分析

（1）宏观政策环境对经济运行方向的影响

市场经济环境中，为保证整个国家宏观经济良性运行，政府主要通过货币政策和财政政策来对经济进行宏观调控。

根据宏观经济运行状况的不同，政府为了促进经济的健康稳定发展，保持物价、经济增

---

① 本文摘自：辜朝明的《大衰退：如何在金融危机中幸存和发展》。

长、国际收支平衡总水平的稳定，实现充分就业，就要采取不同的财政政策和货币政策，即"双松"、"双紧"、"一松一紧"（包括"松货币、紧财政"和"紧货币、松财政"）。在不同的环境、背景、体制等条件下，企业要进行不同的选择。

（2）货币政策对宏观经济运行的影响

中央银行贯彻货币政策、调节信贷和货币供应量的手段主要有：法定存款准备金政策、再贴现政策和公开市场业务。当国家为了刺激经济的发展，防止经济衰退而实行扩张性货币政策时，中央银行就会通过降低法定存款准备金率、中央银行再贴现率或在公开市场买入国债的方式来增加货币供应量，扩大社会的有效需求。当经济持续高涨、通货膨胀压力较重时，国家会采取相反的方式紧缩货币供应量，以实现社会需求与供给的平衡。

（3）财政政策对宏观经济运行的影响

财政政策包括政府支出和税收政策的变动，即通过财政收入和财政支出的变动影响宏观经济活动水平的经济政策。财政政策的手段主要包括改变政府购买水平、改变政府转移支付水平和改变税率。当经济增长持续放缓、失业率增加时，政府要实行扩张性财政政策，增加财政性支出，提高政府购买力，降低转移支付水平，减少税收，以刺激总需求增长，降低失业率，使经济尽快复苏。

当政府采用扩张性财政政策时，财政支出增加，财政收入相对减少，政府购买水平提高，从而导致社会需求增加；增加对道路、桥梁、港口基础设施等非竞争领域的投资，从而直接增加相关产业的投资，提高相关产业的需求，促进其他产业以乘数的方式发展；改变政府转移支付水平，如增加社会福利、增加为维持农产品价格对农民的拨款等，提高一部分人的收入水平，间接促进公司利润的增长；税率的调整直接影响公司的收益水平。

扩张性的财政政策将导致公司的市场需求扩大、现金流量增加，使公司的生产经营业绩上升，是增加价值的良好时机。紧缩性的财政政策对公司的影响正好与扩张性的财政政策的影响相反。

政府财政政策与货币政策的传导机制不同，财政政策是通过控制政府的财政收入与财政支出，经过企业的投入与产出来影响总需求的，这与通过调节信贷和货币供应量影响需求的货币政策具有明显的区别。财政政策传导过程比较长，因此对企业财务管理具有缓慢而持久的影响。

（4）理解中央银行实行的货币政策利息因素对企业理财的影响

利率是利息率的简称，是指用百分比表示的一定时期内利息额与本金的比率。它可以反映利息水平的大小和高低，也可以反映资金的"价格"和增值能力。

利率通常用年利率、月利率和日利率表示。按照中国人的习惯，无论是年率、月率还是日利率都用"厘"作单位，虽然都是"厘"，但是差别极大。年率的1"厘"是1%，月率的1"厘"是0.1%，日利率的1"厘"是0.01%。

利率对企业理财有着重要的影响。随着我国社会主义市场经济体制的逐步完善，放开利率管理体制，进一步推进利率市场化改革，使市场机制在利率形成方面的作用与经济改革的进程相匹配。因此，企业为了自身的生存和发展，必须关注利率的变化，加强利率风险管理。

利率对企业理财的影响主要体现在以下 3 个方面。

① 利率的调整通过影响投资者要求的必要报酬率（资本成本）影响企业理财。利率提高时，投资者要求的报酬率提高，融资成本提高，股票价格下跌，企业价值相对下降。此时，企业对投资机会必须要求更高的报酬率。利率下降时，投资者要求的必要报酬率下降，融资成本降低，股票价格上升，企业价值相对增长，是企业投资的良好时机。当企业预计未来利率上升时，一般通过发行长期固定利率债券进行融资；当企业预计未来利率下降时，一般发行短期债券进行融资，以降低企业的利息负担。

② 利率的调整影响货币供应量进而影响企业理财。当货币供应量增加时，企业筹集资金相对容易，证券市场价格上扬，在货币供应量增加的初期，是企业进行短期证券投资的良好时机。反之，当货币供应量下降时，企业筹集资金相对困难，证券市场价格也下降。

③ 中央银行在市场上公开买进证券时，对证券的需求增加，从而促进证券价格上涨，此时证券投资者增加，是企业发行股票、债券等进行融资的良好时机。

（5）汇率政策对企业理财的影响

汇率是指将一个国家的货币折算成另一个国家的货币的比率、比价或价格。

目前我国的人民币汇率制度是以市场供求为基础、单一的、有管理的浮动汇率制度，但从运行的效果看，管理稳定有余，浮动不足。

汇率是连接国内外商品、服务和金融市场的一条重要纽带，因此汇率波动对经济和投资活动都会带来很大的影响。

汇率的高低既影响资本的国际流动，也影响本国的进出口贸易。当汇率上升时，本币贬值，资本流出本国，证券市场价格下降，本国产品的竞争能力增强，出口企业受益，现金流量将会增加，但进口企业将多支付本币，发生损失。反之，汇率下跌时，则资本流入本国，本国的投资增加，证券的市场价格上升，本国产品的竞争能力减弱，出口企业受损，现金流量减少，但进口企业将多收回本币，发生收益。

思考讨论

通过下面的资料，联想人民币对美元的升值对我国经济的深远影响。

本币升值的灾难：日本的金融败战

1985 年 9 月，美国财长詹姆斯·贝克、日本藏相竹下登、前联邦德国财长接哈特·斯托登伯、英国财长奈杰尔·劳森和法国财长皮埃尔·贝格伯及五国中央银行行长在纽约广场饭店举行会议，为解决贸易不平衡问题就降低居高不下的美元汇率而达成协议。这就是著名的广场协议。广场协议后，日元兑美元的汇率大幅上升。

20 世纪 80 年代开始，由于日美两国间悬殊的利益差异，日本的机构投资者大量购买了具有高利贷性质的美国国债。所有这些投资都是以美元结算，结果广场协议给日本对外净资产带来的汇率差损约达 3.5 万亿日元。这些差损不仅来自人寿保险等机构和个人投资者，日本的出口商一直将自己在出口中获取的美元投资于美元债券，而这些债券到期偿还时，由于日元升值，美元贬值，他们得到的支付却比购买时的支出减少了 60%。

日本经济学家愤愤不平：在三次国际资本中心输出中，英国维多利亚时代的英镑输出是以英镑计值的；"二战"后美国资本输出是以美元计值的；而唯独 20 世纪 70 年代后的日本资本输出不是以日本的本币——日元计值的。这样，日元相对于美元的大幅升值使日本人陷入了痛苦不堪的境地！①

3. 微观经济环境分析

微观经济环境主要是指企业内部环境，即企业内部的物质、文化环境的总和。当我们进行微观经济环境分析时，就要对企业主体性质、产权结构、企业生产经营规模、技术条件、企业文化等因素进行重点分析论证。因为微观环境是组织内部的一种共享价值体系，包括企业的指导思想、经营理念和工作作风。

企业内部环境是有利于保证企业正常运行并实现企业利润目标的内部条件与内部氛围的总和，它由企业家精神、企业物质基础、企业组织结构、企业文化构成，四者相互联系、相互影响、相互作用，形成一个有机整体。其中，企业家精神是内部环境生发器，物质基础和组织结构构成企业内部硬环境，企业文化是企业内部的软环境。企业内部环境的形成是一个从低级到高级、从简单到复杂的演化过程。企业内部环境管理的目标就是为提高企业竞争力，实现企业利润目标，营造一个有利的内部条件与内部氛围。

在讲解微观环境时，对企业文化环境要有一个较深刻的理解。从管理学的角度，企业文化是指企业为取得在商品竞争中的地位，根据时代和民族文化传统的要求，在企业管理过程中形成的组织制度、规章制度及共同的文化观念、价值准则、生活信念和发展目标，以及由这些因素所形成的企业整体文化氛围，员工对这种文化氛围进行体会和认识之后所表现出来的行为等。

作为一种新的企业管理理论和方法的企业文化，也属于管理学所指的管理文化的范畴。它作为一种特殊的管理形态能在企业管理中发挥巨大的作用，在于它充分发挥了文化对管理全过程所发生的规范、指导、制约、控制功能。所以，在研究企业微观经济环境时，把企业文化的作用要放在重要的位置予以考虑。

---

① 吉川元吉．日本金融败战．北京：中国青年出版社，2000.

任务 1.2　法律环境分析

任务书

主任务	子任务	具体要求	完成步骤
法律环境分析	企业组织法规分析	① 理解公司治理结构 ② 了解公司组织法律范围及作用	① 确定企业所处的法律环境，重点考虑国家法规 ② 针对企业实际，选择有优势的地方法规 ③ 企业投资的税收优惠措施 ④ 纳税筹划的操作
	经营法律分析	① 了解经营法律法规范围及作用 ② 分析经营法律法规对企业的影响	
	税收法律法规	① 了解税收法律法规范围及作用 ② 掌握企业纳税筹划策略	
	金融法律法规	① 了解金融法律法规范围及作用 ② 分析我国金融体制改革的新趋势	

重视和加强法律风险防范是企业发展的重要保障，是提高企业资本运营效率的现实需求。随着我国社会主义市场经济的逐步完善及全球经济一体化进程的加快，企业的各种行为如并购、对外投资、签订合同和产销行为等都存在不同程度的法律风险。任何企业都要重视风险，防范风险，化解风险。法律风险一旦发生，企业自身将难以掌控，往往会带来相当严重的后果。财务管理的法律环境是指企业和外部发生经济关系时所应遵守的各种法律法规和规章。广义的法律规范包括各种法律、法规和制度。财务管理作为一种财会活动，其行为一方面要受到法律的约束，另一方面企业合法的财务活动也应受到法律保护。企业从事筹资、投资、资本运营、股利分配活动，必须遵循有关法律规定。影响企业运营管理的主要法规包括企业组织法、经营法律与税收制度、金融法律制度等。

1. 企业组织法规分析

企业的组织形式主要包括独资企业、合伙企业和公司制企业三种形式。企业组织必须依法成立，采用什么样的形式组建企业，必须遵循相关的法律规范，具体包括《中华人民共和国公司法》、《中华人民共和国全民所有制企业法》、《中华人民共和国中外合资经营企业法》、《中华人民共和国中外合作经营企业法》、《中华人民共和国外资企业法》、《中华人民共和国合伙企业法》、《中华人民共和国个人独资企业法》等。这些法律既是企业的组织法，也是企业的行为法。

在关于企业的组织法规中，规定了企业组织的主要特征、设立条件、设立程序、组织机构、组织变更和终止的条件和程序等，涉及企业的资本组织形式、企业筹资资本金的渠道、筹资方式、筹资期限、筹资条件、利润分配等诸多理财内容的规范，也涉及不同企业组织形式对财务决策的影响。例如，合伙制企业与独资企业要承担无限债务偿还责任，而公司制企业和有限的合伙企业，要承担有限责任。有限合伙人对合伙企业债务承担有限责任也不是绝对的，当出现法定情形时，有限合伙人也对合伙企业承担法律责任。修改后的合伙企业法规定：第三人有理由相信有限合伙为普通合伙人并与之交易的，该有限合伙人对该笔交易承担与合伙人同样的责任，即对该笔债务承担无限连带责任。

2. 经营法律与税收制度分析

企业经营法规是对企业经营行为所制定的法律规范，包括合同法、反垄断法、环境保护法、产品安全法等。我国现行税法规定的主要税种有增值税、消费税、营业税、资源税、企业所得税和个人所得税等。

我国现行的税收法规建立在 1994 年税制改革的框架下，当时是适应 1992 年提出的建立社会主义市场经济体制和 1993 年宏观调控形式及政府财政体制改革的需要建立起来的。

税法是由国家机关制定的调整税收征纳关系及其管理关系的法律规范的总称。我国税法的构成要素主要有：征税人、纳税义务人、征税对象、税目、税率、纳税环节、计税依据、纳税期限、纳税地点、减税免税、法律责任等。

我国目前税收领域的基本法缺位，没有类似美国的《国内收入法典》（*Internal Revenue Code*）等税收法律专门法典，也没有集中规定统领和适用各类税收单行法的《税收基本法》（如德国《租税通则》、日本《国税通则法》等）。目前只有《企业所得税法》（2007 年）、《个人所得税法》（1999 年、2005 年两次修订）、《税收征管法》（1995 年、2001 年两次修订）共三个税收法律。

国务院制定了《增值税暂行条例》（1993 年、2008 年）、《消费税暂行条例》（1993 年）、《营业税暂行条例》（1993 年）、《土地增值税暂行条例》（1993 年）、《资源税暂行条例》（1993 年）、《契税暂行条例》（1997 年）、《车辆购置税税暂行条例》（2000 年）、《关于外商投资企业和外国企业适用增值税、消费税、营业税等税收暂行条例的规定》（1993 年）八个暂行条例。

此外，还有国务院、地方人大及其常委会、国务院税收主管部门、地方政府制定的税收行政法规、地方性规定、税收部门规章、地方规章及国际税收协定等。

这些法规不仅影响企业的各项经营政策，而且也会影响企业的财务决策及实施效果，对企业投资、经营成本、预期收益均会产生重要影响。

3. 金融法律制度分析

金融法律制度是调整金融关系的法律总称。金融关系包括金融监管关系与金融交易关系。所谓"金融监管关系"，主要是指政府金融主管机关对金融机构、金融市场、金融产品及金融交易等监督管理的关系。所谓"金融交易关系"，主要是指在货币市场、证券市场、保险市场和外汇市场等各种金融市场、金融机构之间、金融机构与大众之间、大众之间进行的各种金融交易的关系。

在金融法总称下，可以将有关金融监管与金融交易关系的法律分为银行法、证券法、期货法、票据法、保险法、外汇管理法等具体类别。金融信托属于金融法的范畴，而普通的、一般性的信托属于民法范畴。

我国目前已经形成了以《中华人民共和国中国人民银行法》、《中华人民共和国商业银行法》、《中华人民共和国证券法》、《中华人民共和国保险法》等为核心的金融法律体系，奠定了金融机构依法经营和监管当局依法监管的基础，为企业融投资、进行财务决策提供了金融法律保证。

金融危机的出现，对我国大力推进金融体制改革提出了新的要求，金融衍生产品的发展和金融混业经营的趋势将对我国金融监管模式和金融法制提出新的挑战。此次国际金融危机虽未对我国的金融安全和金融体系造成大的影响，但从长远来看，探讨金融商品的横向统一规制、资本市场统合法立法问题具有重要意义。

任务 1.3　金融环境分析

任务书

主任务	子任务	具体要求	完成步骤
金融环境分析	金融市场分析	① 熟悉金融市场的分类 ② 掌握期货操作中的套期保值操作	① 分析国际整体金融环境对企业决策的影响 ② 分析金融政策对地方企业发展的影响 ③ 在金融环境下谋划企业筹资渠道和筹资方式
	金融机构分析	① 熟悉金融机构分类 ② 小额贷款公司的性质与操作	
	金融工具分析	① 了解金融工具的分类 ② 理解金融工具的性质	
	利率分析	① 了解利率的概念与种类 ② 分析利率的构成	

财务管理的金融环境主要包括金融市场、金融机构、金融工具和利率四个方面。金融系统包括金融市场和金融机构，金融市场是指交易各种金融产品的场所。狭义的金融市场是指直接融资市场，广义的金融市场也包括间接融资市场。直接融资市场是指获得资金时不需要中介，如股票市场和债券市场。间接融资主要是指依靠中介机构的融资。为间接融资提供服务的中介机构主要是指商业银行。

金融市场是市场经济体系的一个重要组成部分，如果没有金融市场，市场经济就不能称为一个完整的市场经济体系。无论是对政府进行宏观经济调节，还是对企业进行融通资金活动，金融市场都发挥着重要的作用。

1. 金融市场分析

可以从不同的角度对金融市场进行分类，具体如下。

① 按交易期限的不同，金融市场可分为短期资金市场和长期资金市场。

短期资金市场是指期限一般不超过一年的资金交易市场。因为短期有价证券易于变成货币或作为货币使用，所以也叫货币市场。

货币市场主要包括银行同业拆借市场、票据贴现市场、短期债券市场和债券回购市场四个子市场。主要的交易工具是：政府发行的国库券、商业票据、银行票据、可转让存单、回购协议、超过中央银行法定准备金的超额准备金存款等。

长期资金市场是指期限在一年以上的股票和债券交易市场。因为发行股票和债券主要用于固定资产等资本货物的购置，所以也叫资本市场。

资本市场包括债券市场、股票市场和中长期信贷市场，交易工具主要有股票、债券、抵押贷款等。

② 按交割时间的不同，金融市场可分为现货市场和期货市场。现货市场是指买卖双方成交后，当场或几天内买方付款、卖方交出证券的交易市场。期货市场是指买卖双方成交后，双方在约定的未来某一特定时日才交割的交易市场。

关键提示：

应重点掌握期货的套期保值功能在进出口业务中的操作过程。

例如，一家美国公司从日本进口电子设备，双方约定货款为 1.25 亿日元，45 天后支付。此时 1 美元＝120 日元。这家美国公司担心 45 天之后，日元兑美元汇率升值会加大公司进口商品的成本。因此，公司进入期货市场，购买了如下内容的期货合约，约定在 45 天之后按照 1 美元＝120 日元的汇率购买 1.25 亿日元。假设在交割日，日元兑美元的汇率上升到 1 美元＝115 日元，那么该公司在期货市场上将收入 1.25 亿÷115－1.25 亿÷120＝45 290 美元。同时，日元汇率的上升会导致公司在现货市场上的损失 1.25 亿÷115－1.25 亿÷120＝45 290 美元，两者抵消，该公司通过套期保值的方法规避了汇率风险。

---

③ 按交易性质的不同，金融市场可分为发行市场和流通市场。发行市场是指从事证券和股票等金融工具买卖的转让市场，也叫初级市场或一级市场。流通市场是指从事已上市的旧证券或票据等金融工具买卖的转让市场，也叫次级市场或二级市场。

④ 按交易直接对象的不同，金融市场可分为同业拆借市场、国债市场、企业债券市场、股票市场、金融期货市场等。

2. 金融机构分析

我国金融机构按其地位和功能大致可分为以下几种。

① 代表政府管理全国金融机构和金融活动的政策与监管机构。包括中国人民银行、中国银行业监督管理委员会、中国证券监督管理委员会和中国保险监督管理委员会。

② 国家外汇管理局是国务院直属、归口人民银行管理的、实施国家外汇管理的职能机构。

③ 由政府设立，以贯彻国家产业政策、区域发展政策为目的，不以营利为目的的政策

性机构，包括国家开发银行、中国农业发展银行及中国进出口银行三家政策性银行，以及金融资产管理公司和中国投资公司。

④ 以经营存款、放款，办理转账结算为主要业务，以营利为主要经营目标的商业银行。

⑤ 非银行金融机构，包括保险公司、城市和农村信用合作社、信托投资公司、证券交易所、证券公司、投资基金管理公司、财务公司、金融资产管理公司、金融控股公司、金融租赁公司；加入 WTO 后的外资金融机构等。

为了解决小企业融资难的问题，国家已经开始了小额贷款公司的试点。此类公司是企业法人，是银行外的金融机构，有独立的法人财产，享有法人财产权，以全部财产对其债务承担民事责任。小额贷款公司股东依法享有资产收益、参与重大决策和选择管理者等权利，以其认缴的出资额或认购的股份为限对公司承担责任。按规定，小额贷款公司应执行国家金融方针和政策，在法律、法规规定的范围内开展业务，自主经营，自负盈亏，自我约束，自担风险，其合法的经营活动受法律保护，不受任何单位和个人的干涉。

3. 金融工具分析

金融工具是在金融市场上资金供需双方进行金融交易时所使用的信用工具，它对于债权债务双方所应承担的义务与享有的权利均具有法律效力。金融工具是金融市场的基本构成要素，能够证明金融交易的金额、期限、价格等。从金融市场交易的角度来看，金融工具是金融市场上进行交易的主要对象，也是交易的工具，但从投资者的角度来看，金融工具则是他们的金融资产。

金融工具按照期限分类，可分为货币市场金融工具和资本市场金融工具两大类。货币市场金融工具有商业票据、短期债券、银行承兑汇票、可转让大额定期存单；资本市场金融工具主要有股票、长期债券。

金融工具一般具有如下属性。

① 流动性。流动性是指金融工具能够在短期内不致价值上遭受损失而转变为现金的属性。又称为货币性、变现力。流动性高的金融性资产的特征是：容易兑现、市场价格波动较小。

② 收益性。收益性是指持有金融工具具有获取收益能力的属性。

③ 风险性。风险性是指购买金融工具的本金遭到损失而不能恢复其原投资价格的可能性。

④ 偿还性。偿还性是指在金融市场上往往只交易货币资金的使用权，因此金融工具一般都具有偿还期限。

金融性资产的风险主要有违约风险和市场风险。违约风险是指证券的发行主体破产而导致的永远不能偿还的风险；市场风险是指由于投资的金融性资产的市场价格波动而产生的风险。

上述三种属性的关系是：资产的流动性与收益性呈反向变动，收益性与风险性相均衡，即流动性越强的资产，风险越小，其收益性就越低，反之亦然。

4. 利率分析

利率是金融市场上最主要的交易价格。按照不同的标准，利率可分为不同的种类。

① 按利率之间的变动关系，可分为基准利率和套算利率。

② 按利率与市场资金供求情况的关系，可分为固定利率和浮动利率。

③ 按利率形成机制的不同，可分为市场利率和法定利率。

金融市场的各个子市场都会形成自己的利率，如贴现市场利率、银行同业拆借市场利率等。这些利率高低不同，但是在市场机制的作用下，往往具有同方向变化的趋势。

利率通常由纯利率、通货膨胀补偿率和风险收益率三部分构成。利率的一般计算公式可表示如下。

$$利率 ＝ 纯利率 ＋ 通货膨胀补偿率 ＋ 风险收益率$$

纯利率是指没有风险和通货膨胀情况下的均衡点利率；通货膨胀补偿率是指由于持续的通货膨胀会不断降低货币的实际购买力，为补偿其购买力损失而要求提高的利率；风险收益率包括违约风险收益率、流动性风险收益率和期限风险收益率。其中，违约风险收益率是指为了弥补因债务人无法按时还本付息而带来的风险，由债权人要求提高的利率；流动性风险收益率是指为了弥补因债务人流动不好而带来的风险，由债权人要求提高的利率；期限风险收益率是指为了弥补因偿债期长而带来的风险，由债权人要求提高的利率。

任务 1.4　税务环境分析

任务书

主任务	子任务	具体要求	完成步骤
税务环境分析	税务环境分析	① 分析税收对企业现金流的影响 ② 理解税务问题在经营中的重要性 ③ 了解税务环境包括的范围	① 了解国家的税收政策及对企业的影响 ② 了解地方的税收政策及对企业的影响
	纳税筹划分析	① 掌握纳税筹划措施 ② 了解企业纳税筹划中的常见问题	③ 了解地方的节税环境及对企业的影响

国家税收是企业财务管理的重要外部环境。税收是国家为实现其职能，强制地、无偿地取得财政收入的一种手段，对任何企业决策都具有重要的影响。在投资决策中，税收是一个投资项目的现金流出量。计算项目各年的现金流出量必须要扣减这种现金流出量，这样才能正确反映投资产生的现金净流量，进而对投资项目进行估价；在筹资中，债务的利息具有抵消所得税的作用，确定企业资本结构也必须考虑税收的影响；股利分配比例和股利分配方式影响股东个人缴纳所得税的数额，进而可能对企业价值产生重要的影响。

税务问题是各个企业在决策中必须考虑的重要内容，它可能影响企业的组织结构，国家税与地方税应综合考虑。在商业决策中，包括本国经营决策和跨国经营决策，都必须对税务进行综合分析。跨国公司常常对投资国家或地区税务问题进行全面研究，确定公司内部价格转移政策和利润转移政策。另外，一个国家和地区吸引外部投资可以通过制定优惠的税收政策实现，我国深圳等沿海地区就是利用当地的优惠政策发展起来的。

为了实现财务管理的目标，就要建立有效的财务管理机制和运营环境，不同的国家和地区的税务环境往往有很大的差别，包括税种、税率、征税范围。

税负直接影响企业的现金流，有效的税务规划是公司财务决策的重要内容，因此纳税筹划就显得尤其重要，而税法的复杂性使得决策者在作出决策前应听取税务专家的建议。通过纳税筹划提高对税法的认识和理解，同时增强守法观念。在进行纳税筹划时，应充分注意到纳税筹划中涉及的避税、节税、减少涉税损失及递延纳税的概念与偷、漏税和抗税等行为的本质区别。

能 力 测 试

一、选择题

1. 宏观经济周期一般分为 4 个阶段，即（　　）。

　　A. 萧条阶段　　　　　B. 复苏阶段　　　　　C. 繁荣阶段　　　　D 衰退阶段

2. 如果消费者物价指数 CPI 升幅过大，表明通胀已经成为经济不稳定因素，央行会有紧缩（　　）的风险，从而造成经济前景不明朗。

　　A. 货币政策和财政政策　　　　　　　B. 货币政策

　　C. 财政政策　　　　　　　　　　　　D. 银行政策

3. （　　）是宏观经济发展的"晴雨表"。

　　A. 证券市场价格　　B. 房地产市场价格　　C. 资产价格　　　　D. 土地价格

4. 在经济运行周期处于衰退阶段，经济的发展从周期的顶峰逐步回落，可采取的措施有（　　）。

　　A. 停止扩张　　　　B. 出售闲置设备　　　C. 停产亏损产品　　D. 减少存货

5. 影响企业运营管理的主要法规包括（　　）。

　　A. 企业组织法　　　B. 经营法律　　　　　C. 税收制度　　　　D. 金融法律制度

6. 微观经济环境主要是指企业内部环境，即指企业内部的物质、文化环境的总和，包括企业主体性质、（　　）等因素，也称企业内部条件。

　　A. 产权结构　　　　B. 企业生产经营规模　C. 技术条件　　　　D. 企业文化

7. （　　）是用一个国家的货币折算成另一个国家的货币的比率、比价或价格。

　　A. 汇率　　　　　　B. 利率　　　　　　　C. 汇兑损益　　　　D. 利息

8. 我国金融机构按其地位和功能大致可分为：代表政府管理全国金融机构和金融活动

的政策与监管机构，包括（　　　）

A. 中国人民银行　　　　　　　　B. 中国银行业监督管理委员会

C. 中国证券监督管理委员会　　　D. 中国保险监督管理委员会

9. 金融性资产是指现金和有价证券等可以进入金融市场交易的资产，具有（　　　）属性。

A. 流动性　　　　B. 收益性　　　　C. 风险性　　　　D. 可交易性

10. 为了实现财务管理的目标，就要建立有效的财务管理机制和运营环境，不同的国家和地区的税务环境往往有很大的差别，包括（　　　）

A. 税种　　　　B. 税率　　　　C. 征税范围　　　　D. 土地税

二、问答题

1. 请问我国政府根据当前的经济形势采用了怎样的调控措施？预测调控政策将对我国宏观经济带来什么样的影响？

2. 对某企业进行调查，针对该企业技改投资项目，撰写一篇投资价值分析报告。调查清单见表 3-1，书中案例企业资料供参考。

表 3-1　企业尽职调查清单

发行人基本情况	设立情况	1. 公司设立申请书（红头文件）
		2. 国务院授权部门或省级人民政府（或相关职能部门）关于股份（或有限）公司设立的批准文件
		3. 公司设立时的验资报告
		4. 召开创立大会（或股东会）的通知
		5. 创立大会（或股东会）会议记录，包括：审议发起人（或负责人）关于公司筹办情况的报告；通过公司章程的情况；选举董事会、监事会成员的情况；对公司的设立费用进行审核的情况；对发起人用于抵作股款的财产的作价进行审核的情况
		6. 创立大会（或股东会）决议
		7. 第一届董事会会议记录及决议
		8. 第一届监事会会议记录及决议
		9. 公司章程
		10. 法定代表人、董事、监事、高级管理人员的身份证明及简历
		11. 办理公司登记注册事项授权书
		12. 公司登记申请书
		13. 公司住所证明
		14. 公司成立时的营业执照
		15. 公司成立时的组织结构图

续表

独立性情况	业务与技术情况	1. 公司业务流程及独立性，请提供公司的业务流程图（包括产供销系统情况（电子版））
		2. 生产流程及工艺，请提供公司生产流程图（电子版）
	机构情况	1. 公司董事会（执行董事）关于设置公司各机构部门的决议文件
		2. 各机构部门的职能（电子版）
		3. 请按照管理关系绘制组织结构图（电子版）
	人员情况	1. 高管人员任职情况及任职资格
		2. 请提供近三年以来公司聘任、解聘董事、监事的股东大会决议，聘任、解聘总经理、副总经理、财务总监、董事会秘书的董事会决议
	财务情况	1. 请公司提供开立基本账户的银行资料文件
		2. 公司的税务登记
组织结构与内部控制	公司章程及其规范运行情况	1. 公司章程情况
		2. 请提供公司章程（电子版）及最新营业执照。
	组织结构和三会运作情况	1. 公司"三会"运作情况。请提供公司近三年以来的"三会"的所有记录，包括会议名称、会议通知、审议的议案、会议记录与决议等情况（电子版）。
		2. 内部控制环境。请提供公司管理规章制度；"三会"议事规则、董事会专业委员会议事规则、董事会秘书制度、总经理工作制度、内部审计制度、关联交易制度、信息披露制度
财务情况	财务报告及相关财务资料	1. 请提供近三年的原始财务报告（报当地政府财政部门或税务局的财务报告）（复印件和电子版）；请提供近三年度的审计报告（复印件和电子版）
		2. 评估报告。请提供公司历次评估报告（复印件和电子版）
		3. 内控鉴证报告。请提供注册会计师关于公司内部控制的鉴证报告（如有）
		4. 固定资产、无形资产。请提供公司无形资产（土地使用权）的有关出让协议、证书、土地评估报告（复印件）
		5. 纳税情况。请提供公司最近两年某一期的所得税纳税申报表、完税凭证（附统计明细表）；请提供公司所得税减免的政府批文及相关政策文件；请提供公司近三年所取得补贴收入的政府批文、银行收款凭证、入账凭证（复印件）

三、案例分析题

如果在某一特定时期猪肉格价上涨 26%，蛋类价格上涨 37%，也就是说你咬一口肉就多付 26% 的钱，多吃一口蛋就多付 37% 的钱。若情况没有改善的迹象，我们每一个老百姓吃饭的花费平均增加了 50%，也就是说，你吃个早饭要多付 50% 的钱，吃个午饭要多付 50% 的钱，吃个晚饭要多付 50% 的钱。

根据这一案例，分析这个 50% 的吃饭费用的上升没有反映在 CPI 里面，为什么？通货膨胀是怎样产生的？

项目二

财务预测

【能力目标】

● 能够根据销售情况选择适当的预测方法，对计划期资金需要量进行预测；

● 能够用现金收支法、净利润调整法预测现金流量；

● 能够用量本利分析法、比例分析法、上加法预测目标利润。

【知识目标】

● 掌握销售百分比法、线性回归法和高低点法的应用；

● 学会现金流入量、流出量及现金净流量的计算；

● 学会如何把会计利润调整为现金流量；

● 学会盈亏临界点的计算，以及销售利润率、资金利润率、成本利润率、利润增长率的计算。

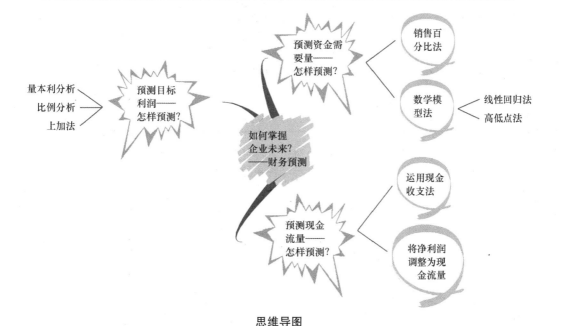

思维导图

财务预测是根据企业财务活动的历史资料，考虑现实的要求和条件，对企业未来的财务活动和财务成果作出科学的预计和测算。财务预测的作用之一在于它是融资计划的前提。企业要对外提供产品和服务，必须拥有一定的资产。销售增加时，会相应增加流动资产，也可能需增加固定资产。为取得扩大销售所需增加的资产，企业要筹措资金，筹措多少合适呢？保证偿债能力的现金流量又怎样预测呢？

工作过程

资料一：在项目一中，对立达公司的扩建项目、资金现状及计划实现年销售收入情况已有所了解，该扩建项目建设期 1 年，投产后第 1 年生产能力达到 80%，可实现销售收入 55 961 万元，投产后第 2 年生产能力达到 100%，可实现销售收入 69 951 万元，净利润为 5 119 万元，提取的法定盈余公积金和公益金将分别为 512 万元、256 万元。向投资者分配的股利为 2 457 万元，由于销量扩大，需再融资。近几年来，资产负债表中有些项目会随销售额的变化成同比例变化，且比较稳定，这些项目为敏感项目（表中打"√"的项目）。投产后第 1 年，即 20××年 12 月 31 日的资产负债表如表 4 - 1 所示。

表 4 - 1 资产负债表

编制单位：立达公司　　　　　　　　20××年 12 月 31 日　　　　　　　　单位：万元

资　　产		负债与所有者权益	
货币资金（√）	1 000	应付费用（√）	6 041.57
应收账款（√）	9 086	应付账款（√）	14 000
存货（√）	20 200	短期借款	10 035
固定资产净值	28 481	长期借款	11 648
		实收资本	13 200.43
		留存收益	3 842
资产合计	58 767	负债与所有者权益合计	58 767

资料二：立达公司扩建项目后，通过对近几年主要产品烧碱及聚氯乙烯的产销量与资金需要量进行测算，发现二者之间的关系接近于线性关系，可表示为

$$y = a + bx$$

式中：y 是资金需要量；x 是产销量；a 是不变资金；b 是单位产销量所需变动资金。

由远及近采集连续五年的有关数据如表 4 - 2 所示。

表 4-2 产销量与资金需要量统计表

年份	产销量 x/万吨	资金需要量 y/万元
1	18	180
2	28	250
3	34	310
4	35	320
5	40	360

资料三：随着产销量的不断增加，资金周转显得更加重要。立达公司计划在下一年（即第 6 年）实现产销量 48 万吨，为了保证资金能正常运转，有必要对下一年（即第 6 年）的 6—12 月各月现金流量进行预测。该公司现金流入主要是产品的销售收入。通过对近几年的销售业务进行分析，一般情况下，货款的 60% 能在当月收回，另 40% 要在下月收回。若该年 6—12 月各月的销售额都能预测（5—12 月销售额总计 46 680 万元），要求进一步预测各月的现金流入量，完成表 4-3。

表 4-3 现金流入量预测表 单位：万元

收款情况	5 月	6 月	7 月	8 月	9 月	10 月	11 月	12 月
预测销售额 当月收回货款 60% 次月收回另外 40%	5 000	4 950	5 200	5 500	6 100	6 400	6 600	6 930
现金流入量								

接着对立达公司该年 6—12 月的现金流出量进行预测。该公司现金流出主要是材料采购、职工工资及其他费用。材料采购款当月支付 60%，另外的 40% 要在下月支付。根据该公司有关资料完成表 4-4。

表 4-4 现金流出量预测表 单位：万元

付款情况	5 月	6 月	7 月	8 月	9 月	10 月	11 月	12 月
购进材料款 当月付款（60%） 次月付款（40%）	4 300 —	4 400	4 530	4 590	5 500	5 700	5 850	6 200
本月工资	550	550	550	550	560	560	570	570
其他费用	—	120	120	130	130	130	140	140
现金流出量	—							

根据表 4-3 和表 4-4，预测立达公司现金净流量，并根据现金库存需求，完成表 4-5。

表 4-5 现金流量规划表 单位：万元

收支项目	5月	6月	7月	8月	9月	10月	11月	12月
现金流入量								
现金流出量								
净流量			-48	134	34	-30	20	28
月初现金额			60					
月末现金额								
现金储备			30	30	30	30	30	30
需增加的借款								
需归还的借款或投资								

要求：

（1）把同学们划分成几个小组，每小组 5～8 人，各小组分析立达公司的规模、财务状况、到目前为止资产情况及销售情况，并分析这些方面对财务活动的影响。

（2）根据资料一，用销售百分比法预测投产后第 2 年的资金需要量，并分析确定外部筹资额。

（3）各小组根据资料二选择适当的资金预测方法，预测下一年（即第 6 年）当产销量为 48 万吨时的资金需要量。

（4）根据资料三，各小组在销售预测、资金需要量及对外筹资额测算等的基础上，分析公司现金流量。

（5）每组派代表阐述本组对以上四个方面的分析过程，最后由大家评出各方面分析较好的组别。

（6）把资金需要量预测、现金流量预测的结果提交给立达公司董事会。

任务 2.1 资金需要量预测

任务书

主任务	子任务	具体要求	完成步骤
资金需要量预测	运用销售百分比法预测	① 运用销售百分比法的假设条件是什么 ② 销售百分比法的计算步骤怎样	① 明确预测对象和目的 ② 搜集和整理资料，搜集公司过去几年的资产情况、销售情况 ③ 再根据计划年度的销售预测数额，选择预测方法 ④ 通过计算，确定计划年度资金需要量，进而确定外部筹资额
	运用线性回归分析法预测	① 能够搜集到过去几年销售量和资金占用情况的资料 ② 能够做简单的统计计算 ③ 掌握线性回归分析法的计算过程	
	运用高低点法预测	① 能够搜集到过去几年销售量和资金占用情况的资料 ② 掌握高低点法的计算过程 ③ 比较高低点法与线性回归分析法的异同点	

企业要生存、发展，就要有筹资活动，但所筹资金不是越多越好，也不是越少越好，必须要有一个合理的数量界限，也就是需要采用科学的方法预测资金需要量。常用的方法有销售百分比法和数学模型法。

1. 运用销售百分比法预测

销售百分比法是指根据资产负债表中有关项目与销售收入之间的依存关系，确定资产、负债和所有者权益的有关项目占销售收入的百分比，再按照计划期销售收入的增长情况来预测资金需要量的一种方法。这种方法一般要借助于预计利润表和预计资产负债表。

> **关键提示：**
>
> 应用这一方法有两个基本假定条件：一是假定资产负债表中各相关项目与销售收入的比例已知且不变；二是假定未来的销售收入可通过预测获得。

销售百分比法的计算步骤如下。

① 分析基期资产负债表各个项目与销售收入之间的依存关系，划分敏感项目和非敏感项目。在资产负债表中，有一些项目金额会因销售额的增长而增加，这些项目称为敏感项目。敏感项目包括敏感资产项目，如库存现金、应收账款、存货等；还包括敏感负债项目，如应付账款、应付费用和其他应付款等。而对外投资、短期借款、长期负债、实收资本等项目，其金额一般不会随销售额的增长而增加，因此称它们为非敏感项目。另外，在生产能力范围内，增加销售量一般不需要增加固定资产，如果在生产能力已经饱和的情况下继续增加产销量，可能需增加固定资产投资额，因此固定资产项目既可能是非敏感项目，也可能是敏感项目。

【例题 4-1】新华公司 20××年 12 月 31 日的资产负债表如表 4-6 所示。

表 4-6　资产负债表

编制单位：新华公司　　　　　　　　　20××年 12 月 31 日　　　　　　　　　单位：元

资　产		负债与所有者权益	
库存现金（√）	6 000	应付费用（√）	8 000
应收账款（√）	15 000	应付账款（√）	7 000
存货（√）	30 000	短期借款	30 000
固定资产净值	40 000	公司债券	15 000
		实收资本	21 000
		留存收益	10 000
资产合计	91 000	负债与所有者权益合计	91 000

假定该公司 20××年度销售收入为 100 000 元，生产能力尚有剩余。

② 计算基期敏感项目与销售收入的百分比，确定需要增加的资金。

某敏感项目销售百分比＝该敏感项目金额/销售收入×100%，计算结果如表 4-7 所示。

表 4-7 企业销售百分比

资产	销售百分比/%	负债与所有者权益	销售百分比/%
库存现金	6	应付费用	8
应收账款	15	应付账款	7
存货	30	短期借款	不变动
固定资产净值	不变动	公司债券	不变动
		实收资本	不变动
		留存收益	不变动
合计	51	合计	15

由表 4-7 可以看出，销售收入每增加 100 元，必须增加 51 元的资金，但同时由于负债自然增加 15 元，因此企业还应取得 36 元的资金（（51%－15%）×100＝36（元））。

③ 确定计划年度需要增加的资金数额。

$$计划年度需要增加的资金数额 = 增加的资产 - 增加的负债 \qquad (4-1)$$
$$增加的资产 = 增量收入 \times 基期各敏感资产占基期销售额百分比之和 \qquad (4-2)$$
$$增加的负债 = 增量收入 \times 基期各敏感负债占基期销售额百分比之和 \qquad (4-3)$$

如果下一年新华公司销售收入提高到 120 000 元，则需要增加的资金数额为

$$(120\,000 - 100\,000) \times (51\% - 15\%) = 7\,200(元)$$

④ 确定计划期（预测期）外部筹资额。

$$预测期外部筹资额 = 预测期需要增加的资金数额 - 预测期内部筹资额 \qquad (4-6)$$

若该公司净利润的 60% 将分配给投资者，销售净利率为 10%，则

$$下一年留存收益 = 120\,000 \times 10\% \times (1 - 60\%) = 4\,800（元）$$
$$外部筹资额 = 7\,200 - 4\,800 = 2\,400（元）$$

思考讨论 1

该公司的资金需要量是不是可以这样预测呢？

$$计划年度需外部筹资的数额 = 预计资产总额 - 预计负债总额 - 预计所有者权益总额$$
$$(4-4)$$

式中各项数据借助预计利润表和预计资产负债表的资料，预计资产总额、负债总额可在表中直接找到。

$$预计所有者权益 = 基期所有者权益 + 预测期增加的留存收益（预测期内部筹资额）$$
$$= 基期所有者权益 + 预测期销售收入 \times 预计销售净利率 \times$$
$$预计收益留存率 \qquad (4-5)$$

思考讨论 2

若新华公司的生产能力已经饱和，其他条件不变，应如何确定外部筹资额？

2. 运用数学模型法预测

数学模型法具体又包括两种：线性回归分析法和高低点法。

1）线性回归分析法

线性回归分析法是在成本性态分析的基础上，假定资金需要量与产销量之间存在线性关系并建立数学模型，根据历史有关资料，运用回归直线方程确定参数，从而预测计划期资金需要量的一种方法。其预测的数学模型为

$$y = a + bx$$

式中：y 是资金需要量；x 是产销量；a 是不变资金；b 是单位产销量所需变动资金。

从上式中可以看出，只需求出 a 和 b，就可预测一定产销量下的资金需求量。求 a 和 b 的方程组为

$$\begin{cases} \sum y = na + b \sum x & \text{（}n\text{ 是给定的期数）} \\ \sum xy = a \sum x + b \sum x^2 \end{cases}$$

如何求出 a、b 的值？如何预测资金需要量 y 呢？

关键提示：

运用线性回归分析法必须注意以下几个问题：一是资金需要量与产销量之间线性关系的确定应符合实际情况；二是确定 a、b 的值，应利用预测年度前连续若干年的历史资料，一般要有 3 年以上的资料；三是应考虑价格等因素的变动情况。

【**例题 4-2**】华安公司 2008—2012 年度产销量与资金需要量资料见表 4-8，若 2013 年预计产销量为 420 万件，试预测 2013 年资金需要量。

表 4-8 产销量与资金需要量统计表

年份	产销量 x/万件	资金需要量 y/万元
2008	360	300
2009	330	285
2010	300	270
2011	360	300
2012	390	315

① 首先根据表 4-8 整理出表 4-9。

表 4-9　资金需要量回归分析计算表

年份	产销量 x/万件	资金需要量 y/万元	xy	x^2
2008	360	300	108 000	129 600
2009	330	285	94 050	108 900
2010	300	270	81 000	90 000
2011	360	300	108 000	129 600
2012	390	315	122 850	152 100
$n=5$	$\sum x = 1\,740$	$\sum y = 1\,470$	$\sum xy = 513\,900$	$\sum x^2 = 610\,200$

② 将表 4-8 中的数据代入上述方程组得

$$\begin{cases} 1\,470 = 5a + 1\,740b \\ 513\,900 = 1\,740a + 610\,200b \end{cases}$$

求得 a、b 的值为

$$a = 120, \quad b = 0.5$$

③ 把 $a=120$，$b=0.5$ 代入 $y=a+bx$，得回归直线方程为

$$y = 120 + 0.5x$$

④ 2013 年度预计产销量为 420 万件时，年度资金需要量为

$$y = 120 + 0.5 \times 420 = 330 (万元)$$

2）高低点法

采用高低点法预测资金需要量的数学模型仍然为

$$y = a + bx$$

所谓高低点法，是指根据企业一定期间资金需要量的历史资料，选用最高产（销）量与最低产（销）量及其相对应的资金需要量，计算出不变资金 a 和单位变动资金 b，从而预测资金需要量的一种方法。其计算公式为

$$b = \frac{最高产（销）量对应的资金需要量 - 最低产（销）量对应的资金需要量}{最高产（销）量 - 最低产（销）量} \tag{4-7}$$

$$a = 最高产（销）量对应的资金需要量 - b \times 最高产（销）量$$

或　　　　$$= 最低产（销）量对应的资金需要量 - b \times 最低产（销）量 \tag{4-8}$$

【例题 4-3】沿用例题 4-2 的资料,用高低点法预测资金需要量。

解

$$b = \frac{315-270}{390-300} = \frac{45}{90} = 0.5$$

$$a = 315 - b \times 390 = 315 - 0.5 \times 390 = 120$$

$$或 = 270 - b \times 300 = 270 - 0.5 \times 300 = 120$$

把 a、b 的值代入 $y = a + bx$ 得

$$y = 120 + 0.5x$$

若 2013 年度预计产销量为 420 万件,则年度资金需要量为

$$y = 120 + 0.5 \times 420 = 330 (万元)$$

任务 2.2　现金流量预测

任务书

主任务	子任务	具体要求	完成步骤
现金流量预测	运用现金收支法预测	① 理解什么是现金收支法 ② 了解现金收支法的特点 ③ 掌握现金收支法预测现金流量的主要步骤 ④ 能够编制现金流量预测表	① 编制现金流入量、流出量预测表。 ② 编制现金流量规划表 ③ 在净利润调整法下,将权责发生制下的利润调整为收付实现制下的收益。
	运用净利润调整法预测	① 弄清权责发生制和收付实现制的区别 ② 学会如何把税前会计账面收益调整为税前现金收益	

现金流量预测是指根据业务预算、资本预算、利润预测、筹资计划及现金收支的历史资料等内容所作的一种预测。它的目的是合理规划现金收支,并且协调现金收支与筹资、投资、经营等活动的关系,保持现金收支平衡和偿债能力。

现金流量预测的方法主要有现金收支法和净利润调整法。

1. 运用现金收支法预测

1) 现金收支法的定义

现金收支法是指将计划期全部可能发生的现金收支分类列出,并分别测算,进而确定现金余缺的情况。用这种方法编制的现金预测因需要详细的业务资料,所以较适用于短期现金预测。

2）现金收支法预测现金流量的步骤

（1）预测企业在一定时期内的现金流入量

现金流入是指经营、投资等活动预计可收到的现金，如销售业务、其他业务、营业外的现金收入、长期资产变现等。上述各项中销售业务现金收入是主要的现金来源，可根据销售预测或预算、赊销比例、信用期限等资料测算确定。其他现金流入项目，如接受投资、贷款现金流入、现金性投资收益等一般比较稳定，可根据上期数据分析确定。

【例题4-4】宏达公司需预测上半年现金流入量，该公司现金流入主要是销售收入。根据历史资料分析，该公司从销售日起在一个月内收回货款占销售应收账款总额的70%，剩下的30%要在下个月收回。试根据该公司上半年的预计销售收入预测其现金流入量。

解　预测现金流入量计算表如表4-10所示。

表4-10　现金流入量预测表　　　　　　　　单位：万元

收款情况	11月	12月	1月	2月	3月	4月	5月	6月
预测销售额	200	220	280	300	350	360	380	400
第1个月收回款项（70%）		140	154	196	210	245	252	266
第2个月收回款项（30%）		—	60	66	84	90	105	108
现金流入量		140	214	262	294	335	357	374

（2）预测企业在一定时期内的现金流出量

现金流出是指计划期经营、投资活动预计支付的现金，如购买材料、支付人工费用、制造费用、管理费用、销售费用等付出的现金。在预测现金流出量时，主要预测存货采购流出的现金、支付人工费用流出现金和其他费用支出所需现金流出等。

【例题4-5】宏达公司需预测上半年现金流出量，该公司现金流出主要是材料采购、工资和其他费用。根据历史资料分析，该公司材料采购款当月支付60%，剩下的40%要在下个月支付。试根据该公司有关资料编制上半年现金流出量预测表。

解　预测现金流出量情况如表4-11所示。

表4-11　现金流出量预测表　　　　　　　　单位：万元

付款情况	11月	12月	1月	2月	3月	4月	5月	6月
购进材料款	180	200	250	230	300	300	350	380
当月付款（60%）	108	120	150	138	180	180	210	228
次月付款（40%）	—	72	80	100	92	120	120	140
本月工资	10	10	10	11	11	11	12	12
其他费用		12	13	14	14	16	17	18
现金流出量	—	214	253	263	297	327	359	398

（3）预测企业现金净流量

对企业现金流入量与流出量差额进行控制和分析，确定各计划期现金不足（或多余）时，便可通过借款保证现金需求（或归还借款或进行短期投资）。

【例题 4-6】根据宏达公司上半年现金流入量、现金流出量数据，假设该企业预计需要 15 万元现金作为最低库存定额，且该企业目前有短期借款 6 万元，根据企业现状超储现金不准备在短期内投资，利用上述方法作现金流量规划，具体如表 4-12 所示。

表 4-12　现金流量规划表　　　　单位：万元

收支项目	11 月	12 月	1 月	2 月	3 月	4 月	5 月	6 月
现金流入量			214	262	294	335	357	374
现金流出量			253	263	297	327	359	398
净流量			－39	－1	－3	8	－2	－24
月初现金额			60	15	15	15	19	17
月末现金额			21	14	12	23	17	－7
最低现金储备			15	15	15	15	15	15
需增加的借款				1	3			22
需归还的借款或投资			6			4		

关键提示：

现金收支法最适用于现金流转不是很稳定的企业。用这种方法进行预测，能够直接与现金收支的实际情况进行比较，从而控制和分析现金预算执行情况。

2. 运用净利润调整法预测

1）净利润调整法的定义

净利润调整法是指对企业的净利润按实际收付现金进行调整，然后确定企业的现金流量的一种方法。

2）净利润调整法预测现金流量的步骤

① 先将按权责发生制确定的企业的税前利润调整为按现金收付实现制确定的税前利润，然后再按一定方法调整为税后净利润。

② 将税后净利润加减与预测期净利润无关的现金收付额，然后调整为预测期的现金余额的增加额。

③ 利用预测期初调整数与期末调整数，确定企业一定时期内的现金存量，并随时进行调整，即用预测期内现金余额的增加额加上期初现金余额，减去期末现金余额，再扣除发放现金股利的支出，就得出现金余额。如果现金余额是正数，则可用于扩大投资；若为负数，则应筹集资金，以保证现金流量平衡。

【例题 4-7】宏达公司运用净利润调整法预测 1—3 月份现金流量，根据该公司收益和现金流量的有关数据，通过编制净利润调整现金流量表来预测 1—3 月份现金流量，具体如表 4-13 所示。

表 4-13 净利润调整现金流量表 单位：万元

项目	1月	2月	3月
一、税前会计利润	3 000	3 200	3 600
加：折旧	500	500	700
坏账准备	40	42	50
无形资产摊销等项目	80	80	80
减：销售额超过账款回收			9 000
二、税前现金净利润	3 620	3 822	−4 570
减：纳税支出			5 000
三、税后现金净利润	3 620	3 822	−9 570
加：存货减少数		4 500	19 400
出售证券收入		4 500	
出售固定资产			
减：存货增加数	9 000		
偿还借款			
购置固定资产			
购买证券等			19 500
四、预算期内现金增加额	−5 380	12 822	−9 670
加：期初现金余额	26 000	20 620	33 442
期末金额	20 620	33 442	23 772
减：需要最低现金	20 000	20 000	20 000
五、现金溢余（短缺）数	620	13 442	3 772

通过对净利润进行调整，最终得到现金溢余或短缺数，从而可以合理安排企业现金收支。

任务 2.3 目标利润预测

任务书

主任务	子任务	具体要求	完成步骤
目标利润预测	运用量本利分析法预测	① 确定盈亏临界点 ② 分析量本利之间的关系 ③ 分析销量、成本、单价等因素变动对利润的影响	① 根据销量、成本、单价等的情况及量本利方程式，计算目标利润 ② 根据预测的销售收入、成本状况、资金占用水平及基期的利润和一些相关比率，计算目标利润 ③ 根据留存收益、股利支付率及所得税水平，计算目标利润
	运用比例分析法预测	① 计算销售利润率、资金利润率、成本利润率及利润增长率 ② 根据预测的销售收入、成本状况、资金占用水平及基期的利润和一些相关比率，确定目标利润	
	运用上加法预测	① 分析留存收益的内容和构成 ② 根据股利支付率及留存收益，确定净利润 ③ 根据目标净利润确定目标利润	

目标利润是企业未来一定时期必须经过努力才能够达到的利润水平，它是企业经营目标的重要组成部分。目标利润预测要在了解企业过去和现在的生产经营状况及所处经济环境的基础上，运用一定的科学方法，对影响利润的各种因素进行分析，测算出企业未来的利润水平。目标利润的预测方法很多，这里主要介绍常用的量本利分析法、比例分析法和上加法。

1. 运用量本利分析法预测目标利润

量本利分析法全称为"业务量（产销量）—成本—利润分析法"，也称损益平衡分析法，它是根据业务量、成本、利润三者之间的变化关系，分析有关产品的产销数量、销售价格、变动成本和固定成本的变化对利润的影响，来计算企业目标利润的一种方法。

量本利分析法预测目标利润的计算公式为

$$目标利润 = 预计销售收入 - 变动成本总额 - 固定成本总额$$
$$= 销售单价 \times 销售量 - 单位变动成本 \times 销售量 - 固定成本总额$$
$$= 销售量 \times (销售单价 - 单位变动成本) - 固定成本总额 \qquad (4-9)$$

关键提示：
　　这里的利润是未扣除利息和所得税以前的利润，即息税前利润（EBIT）。

这个方程式明确地表达了量本利之间的数量关系，在上述相关的五个变量中，给定其中的四个，便可求出另一个变量的值。下面给出两个特例。

（1）盈亏临界点（即保本点）预测

盈亏临界点是指使企业处于不盈不亏状态下的产品销售量或销售额，亦即企业利润等于零时的产品销售量或销售额。

在公式（4-9）中，令目标利润等于零，此时的销售量即为盈亏临界点销售量。

$$盈亏临界点销售量 = \frac{固定成本}{销售单价 - 单位变动成本} = \frac{固定成本}{单位边际贡献} \qquad (4-10)$$
$$盈亏临界点销售额 = 盈亏临界点销售量 \times 销售单价 \qquad (4-11)$$

【例题 4-8】某企业生产甲产品，其单位变动成本为 11 元，固定成本总额为 25 000元，根据市场预测单位售价为 16 元。要求预测该产品的盈亏临界点销售量、销售额。

分析：在量本利方程式中，当目标利润等于零时所对应的销售量即为盈亏临界点销售量。

$$盈亏临界点销售量 = \frac{固定成本}{销售单价 - 单位变动成本} = \frac{25\,000}{16 - 11} = 5\,000(件)$$
$$盈亏临界点销售额 = 盈亏临界点销售量 \times 销售单价 = 5\,000 \times 16 = 80\,000(元)$$

（2）销售利润预测

在公式（4-9）中，若销售量、单价、单位变动成本、固定成本都已知，则可预测出销售利润。

$$销售利润 = 预计销售量 \times （销售单价 - 单位变动成本）- 固定成本总额 \quad （4-12）$$

【例题4-9】 某企业根据市场调查分析，预测出计划期间乙产品的销量为80 000件，销售单价为10元，单位变动成本为6元，固定成本总额为15 000元。要求预测出计划期间乙产品可实现的销售利润。

$$\begin{aligned}销售利润 &= 预计销售量 \times （销售单价 - 单位变动成本）- 固定成本总额 \\ &= 80\,000 \times （10-6）- 15\,000 = 320\,000 - 15\,000 = 305\,000（元）\end{aligned}$$

（3）有关因素变动对利润的影响

各有关因素变动对利润的影响计算公式为

$$计划期利润 = 基期利润 \pm 计划期各种因素的变动而增加或减少的利润 \quad （4-13）$$

由该公式可以看出，必须对影响利润的各种因素进行测算，如产品销售量、销售价格、单位变动成本和固定成本的变化等，然后将变化了的各种因素代入量本利方程式，测算出它们对利润的影响结果。通常，销售量的增加与销售价格的提高，都会增加利润；单位变动成本和固定成本的增加，都会使利润减少。下面举例说明各项因素的变化对利润的影响。

【例题4-10】 某企业去年A产品的销量为45 000件，销售单价为20元，该产品单位变动成本为14元，固定成本为75 000元，该年度的利润总额为195 000元。经调查，本年度A产品的预计销量为50 000件，单价为19元。该企业改进技术后，预测单位变动成本将降至12元，但固定成本会增加到85 000元。要求计算各因素的变化对利润的影响。

根据所给资料，测算各因素变化对利润的影响如下。

（1）销量的增加对利润的影响

$$（50\,000 - 45\,000）\times 20 - （50\,000 - 45\,000）\times 14 = 30\,000（元）$$

（2）单价的降低对利润的影响

$$（19 - 20）\times 50\,000 = -50\,000（元）$$

（3）单位变动成本降低对利润的影响

$$14 \times 50\,000 - 12 \times 50\,000 = 100\,000（元）$$

（4）固定成本的增加对利润的影响

$$75\,000 - 85\,000 = -10\,000（元）$$

以上各种因素对利润的综合影响为

$$30\,000 - 50\,000 + 100\,000 - 10\,000 = 70\,000（元）$$

计划年度企业利润为

$$计划年度预计利润总额 = 195\,000 + 70\,000 = 265\,000(元)$$

2. 运用比例分析法预测目标利润

比例分析法就是根据历史上企业利润与有关财务指标的比例关系，通过取得相关比率来预测未来某一时期利润的方法。常用的比例有销售利润率、资金利润率、成本利润率和利润增长率等。

（1）销售利润率法

销售利润率是利润与销售收入净额的比值。利用这一比率预测利润应具备两个条件：一是销售预测准确，二是销售利润率指标较为稳定，能够反映企业未来经营趋势。其计算公式为

$$目标利润 = 计划期预计产品销售收入净额 \times 基期销售利润率 \qquad (4-14)$$

【例题 4-11】华安公司 20×× 年销售利润率为 5%，预计下一年产品的销售收入净额为 2 500 万元，预测下一年该公司的目标利润。

$$该公司目标利润 = 2\,500 \times 5\% = 125(万元)$$

（2）资金利润率法

资金利润率是利润与资金平均占用额的比值。资金利润率法是根据企业投入资金数额和预期报酬情况来预测目标利润的一种方法。其计算公式为

$$目标利润 = 预计资金占用额 \times 预期资金利润率 \qquad (4-15)$$

【例题 4-12】华安公司 20×× 年年底计划下一年度总投资 600 万元，预期资金利润率为 10%，预测计划期的目标利润为

$$目标利润 = 600 \times 10\% = 60(万元)$$

（3）成本利润率法

成本利润率是利润与成本的比值，对于不可比产品的目标销售利润，可以按成本利润率计算。其计算公式为

$$不可比产品目标销售利润 = 计划年度不可比产品成本总额 \times 不可比产品应销比例 \times$$
$$不可比产品预计成本利润率 \qquad (4-16)$$

【例题 4-13】华安公司计划年度生产一种新产品，计划成本总额为 500 000 元，预计应销比例为 90%，预计成本利润率为 10%，不可比产品目标销售利润计算如下。

$$不可比产品目标销售利润 = 500\,000 \times 90\% \times 10\% = 45\,000(元)$$

（4）利润增长率法

利润增长率法是在上年实际利润的基础上，根据过去连续若干年（通常为近两年）利润增长率的变动趋势与幅度，并考虑到预测期可能发生的变动情况，确定预计利润增长率，从而求得目标利润的方法。其计算公式为

$$目标利润 = 上年实际利润总额 \times (1 + 预计利润增长率) \qquad (4-17)$$

【例题 4-14】华安公司 20×× 年实际利润总额为 80 万元，预计年利润增长率为 5%，预测下一年该公司的目标利润。

$$目标利润 = 80 \times (1 + 5\%) = 84(万元)$$

用比例分析法预测未来的目标利润简便易行，所以这种方法被广泛使用。但这种方法只适用于产品销售结构比较简单、销售价格和成本比较稳定，且用于预测的各种比率变动不大的企业。

3. 运用上加法预测目标利润

上加法是指根据企业自身发展、不断积累及努力提高股利支付率等需要，匡算企业税后利润，倒算出目标利润的方法。其计算公式为

$$预计税后利润 = \frac{应付利润 + 未分配利润}{1 - 公积金与公益金提取率} \qquad (4-18)$$

$$目标利润（税前） = \frac{预计税后利润}{1 - 所得税税率} \qquad (4-19)$$

【例题 4-15】某公司提取法定盈余公积金和公益金的比率分别是净利润的 10% 和 5%，计划按投资额的 12% 向投资者分配利润，并确定未分配利润为 40 万元，该公司的实收资本为 1 800 万元，所得税税率为 25%，根据这些情况预测目标利润。

解　该公司分配利润额 = 1 800 × 12% = 216(万元)

　　　税后利润 = (216 + 40) ÷ (1 - 10% - 5%) = 301.18(万元)

　　　目标利润 = 301.18 ÷ (1 - 25%) = 401.57(万元)

能 力 测 试

一、计算题

1. 立华企业用销售百分比法预测下一年的资金需要量，该企业当年实际销售收入为 30 000 万元，资产负债表及其敏感项目（打"√"的各项为敏感项目）与销售收入的百分比如表 4-14 所示。预计下一年销售收入为 36 000 万元，利润为 1 080 万元。该企业所得税税率为 25%，预计股利支付率为 50%。试编制下一年预计资产负债表并预测外部筹资额。

表 4-14 当年实际资产负债表 单位:万元

项目	金额	占销售收入的百分比/%
资产:		
现金(√)	150	
应收账款(√)	4 800	
存货(√)	5 220	
预付费用	20	
固定资产净值	570	
资产总额	10 760	
负债及所有者权益:		
应付票据	1 000	
应付账款(√)	5 280	
应付费用(√)	210	
长期负债	110	
负债合计	6 600	
实收资本	2 500	
留用利润	1 660	
所有者权益合计	4 160	
负债及所有者权益总额	10 760	

2. 某公司 2009—2013 年的产销量与资金需要量的有关数据如表 4-15 所示。预计 2014 年的产销量将达 23 万件,请用线性回归分析法预测 2014 年的资金需要量。

表 4-15 某公司 2009—2013 年的有关数据

年度	产销量 x/万件	资金需要量 y/万元
2009 年	18	1 500
2010 年	16.5	1 425
2011 年	15	1 350
2012 年	19.5	1 560
2013 年	21	1 650

3. 某公司根据历史资料统计得知,销售货款第一个月能收回 70%,第二个月能收回 30%;当月进货款第一个月支付 60%,第二个月支付 40%。请根据表 4-16 和表 4-17 提供的相关资料预测该公司上半年的现金流入量、现金流出量及现金净流量,并对净流量提出处理意见。

表4-16 现金流入量预测表　　　　　　　　　　　　　单位：万元

收款情况	11月	12月	1月	2月	3月	4月	5月	6月
预计销售额	300	400	400	350	300	380	400	420
第一月收回								
第二月收回								
现金流入量								

表4-17 现金流出量预测表　　　　　　　　　　　　　单位：万元

付款情况	11月	12月	1月	2月	3月	4月	5月	6月
预计进货额	320	400	300	300	280	320	340	360
第一月付款								
第二月付款								
本月工资	20	20	25	25	25	30	30	30
其他支出		10	11	12	13	13	14	15
现金流出量								

4. 某公司20××年预计销售收入为8 000万元，变动成本率为60%，销售税金率为5%，全年应负担的固定成本800万元。试预测20××年的目标利润。

5. 某公司20××年有关预测数据如表4-18所示，请预测该公司的目标利润。

表4-18 预测的数据

指标	数据	指标	数据	指标	数据
销售收入	6 000	资金占用额	4 000	上年利润	400
销售利润率	6%	资金利润率	15%	利润增长率	15%
目标利润		目标利润		目标利润	

二、案例分析题

【案例一】[①]

华凯企业只生产一种产品，上年的销售量为10 000件，单价为120件，单位变动成本为100元，固定成本为100 000元。要求计算并回答下列互不相关的问题。

（1）如果计划年度保证经营该产品不亏损，应把有关因素的变动控制在什么范围（在考虑某一因素变动时，假设其他的因素不变）？

（2）假设该企业拟实现300 000元的目标利润，可通过降价10%来扩大销量实现目标利润，但由于受生产能力的限制，销售量只能达到所需销售量的40%。为此，还需在降低单位变动成本上下工夫，但分析人员认为经过努力单位变动成本只能降至90元，因此还需要进一步压缩固定成本支出。针对上述现状，你认为应该如何去落实目标利润。

① 资料来源：注册会计师2005年全国统一考试应试指南．北京：人民出版社．

【案例二】①

红光乐器厂是一家有着五十多年历史的乐器厂，该厂一直生产小提琴和二胡。由于该厂规模较小，生产人员少，所以产量也较小，而销路一直没有问题。

为了生产小提琴和二胡，红光乐器厂设置了两个车间：一车间生产小提琴，二车间生产二胡。生产费用按车间划分，企业管理费用按固定比例分配给两个车间。生产乐器的工人可以按照生产任务的多少在两个车间调动。每加工一把小提琴需要30个小时，二胡需35个小时。小提琴年最大产量为1 000把，二胡为600把，但该厂从来没有达到这一产量。2007年该厂有关生产和销售的资料如表4-19所示。

表4-19 2007年红光乐器厂生产和销售情况表

项　　目	小提琴	二胡	合　　计
生产和销售量/把	800	500	
销售收入/元	600 000	600 000	1 200 000
销售成本/元			
原材料	280 000	200 000	480 000
工资	72 000	90 000	162 000
其他费用	72 000	150 000	222 000
小计	424 000	440 000	864 000
利润	176 000	160 000	336 000
销售利润率	29.33%	26.67%	28%

该厂厂长在看过表4-19的资料后认为，小提琴的利润比二胡的利润要高，所以厂长决定在下年度多生产小提琴100把，二胡减产100把，从二车间抽调一部分人支援一车间生产，其他情况不变。2008年年末，有关生产和销售情况如表4-20所示。

表4-20 2008年年末红光乐器厂生产和销售情况表

	小提琴	二胡	合　　计
生产和销售量/把	900	400	
销售收入/元	675 000	480 000	1 155 000
销售成本/元			
原材料	315 000	160 000	475 000
工资	81 000	72 000	153 000
其他费用	78 000	144 000	222 000
小计	474 000	376 000	850 000
利润	201 000	104 000	305 000
销售利润率	29.77%	21.67%	26.41%

① 资料来源：单祖明. 管理会计学习指导、习题与案例. 北京：高等教育出版社，2007.

对于这一结果，厂长感到非常吃惊，这两年的耗用水平并没有变化，为什么多生产了利润高的小提琴，总利润反而下降了呢？他要求财务科长马上分析利润下降的原因，并帮助制定下年度的生产计划，预计下年度的利润。

问题：（1）用高低点法分解混合成本。

（2）分别计算小提琴和二胡的单位边际贡献。

（3）根据案例，计算 2009 年的预计最大生产能力下的总利润。

项目三

资金成本与资本结构分析

【能力目标】
- 能根据个别资金成本的计算结果，选择适当的筹资方式；
- 能根据综合资金成本的计算或每股利润无差别点的计算，进行最佳资本结构决策；
- 能够理解财务杠杆效应，并以此确定最优筹资方案。

【知识目标】
- 掌握资金成本通用的计算公式，理解杠杆及资本结构的含义；
- 学会个别资金成本、综合资金成本的计算；学会经营杠杆、财务杠杆、复合杠杆系数的计算方法；
- 学会每股利润无差别点的计算及普通股每股利润的计算。

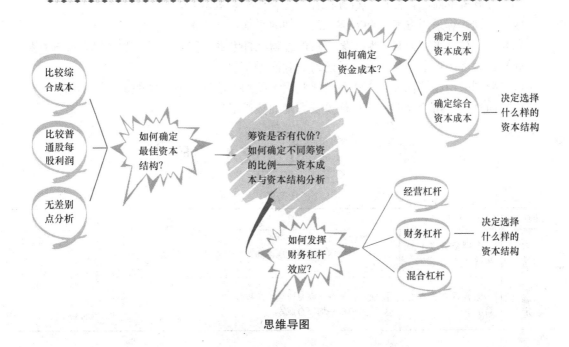

思维导图

资金是企业经营活动的基本要素，是企业创建和生存发展的必要条件。企业从创建到生存发展的整个过程都需要筹集资金。而所筹集的资金都是有代价的，它们各自的成本怎样计算？在一个企业里，债务资金和权益资金各占多大比例合适呢？

工作过程

立达公司原来有资金 20 000 万元，其中长期借款 14 000 万元，年利率 10%，权益资金 6 000 万元，其中普通股 2 000 万股，每股面值 2 元，而目前市场价格是 20 元/股，留存收益 2 000 万元。该普通股去年获股利 2 元/股，估计以后每年以 5% 的增长率增长。今年该公司销售收入为 10 000 万元，变动成本为 5 000 万元，固定成本为 1 000 万元。产销量因不断增加，融资数额常常发生变化，现该公司计划再融资 1 000 万元扩大经营规模，其年销售收入将增加 2 000 万元，变动成本率不变，仍为 50%，固定成本增加 200 万元，目标利润为 7 800 万元。现有两个筹资方案可供选择：方案一——再发行 40 万股普通股，每股市价为 25 元，其他条件不变；方案二——新增长期借款 1 000 万元，年利率 12%，股价下降到 19 元，其他条件不变。所得税税率为 25%。

要求：

（1）把同学分成几组，各组对立达公司目前的资金总额及其组成、风险偏好、承担风险能力、信誉进行分析。

（2）确定公司筹资前加权平均资金成本。

（3）计算筹资前经营杠杆、财务杠杆和复合杠杆系数。

（4）分别计算采用方案一和方案二后的加权平均资金成本。

（5）分别计算采用方案一和方案二后的经营杠杆系数、财务杠杆系数和复合杠杆系数。

（6）计算采用方案一和方案二后的每股利润无差别点。

（7）分别采用比较资金成本法和每股利润无差别点法确定该公司的最佳资本结构。

（8）向立达公司董事会提交最优筹资方案的分析报告。

任务 3.1　资金成本的确定

任务书

主任务	子任务	具体要求	完成步骤
资金成本的确定	个别资金成本的确定	① 计算银行借款成本、债券成本 ② 优先股成本、普通股成本和留存收益成本的计算方法	① 计算出个别筹资方式下的资金成本 ② 计算出各种资金占总资金的比重（权数） ③ 按综合资金成本的计算公式计算综合资金成本
	综合资金成本的确定	① 确定各种资金在总资金中的权数 ② 计算加权平均资金成本	

关键提示：

　　资金成本是企业筹资管理的主要依据，也是影响资本结构的重要因素，这里着重从企业长期资本的角度介绍资金成本的计算。

1. 资金成本的内容及其计算

1）资金成本的内容

资金成本是指企业为筹集和使用资金而付出的代价，包括用资费用和筹资费用两部分。

（1）用资费用

用资费用是指企业在投资、生产经营过程中因使用资金而支付的费用。如向股东支付的股利、向债权人支付的利息等，这是资金成本的主要内容。

（2）筹资费用

筹资费用是指企业在筹措资金过程中为获取资金而支付的费用，如股票、债券的发行费、向银行支付的借款手续费等。它通常是在筹资开始时一次性支付，而在使用资金的过程中不再发生。

2）资金成本的表示方法

资金成本可以用绝对数表示，也可以用相对数表示，但在财务管理中一般采用相对数表示，因为相对数有利于不同筹资规模资金成本的比较。其计算公式为

$$资金成本 = \frac{年用资费用}{筹资总额 - 筹资费用} \times 100\% \tag{5-1}$$

关键提示：

　　在不同的筹资方式下，筹集资金所发生的筹资费用的多少是不可比的。例如银行借款筹资，筹资费用很少，而发行股票、债券的筹资费用就很多。若把筹资费用纳入到资金成本计算公式的分子中，比较全部资金成本的代价不科学；另外，比较不同筹资方式筹资代价高低时，主要侧重于资金筹集到位后，在实际使用和占用中的代价有多大。所以，公式中分子、分母表示的是在后一个阶段所发生的每年资金占用费与真正投入使用的筹资金额之间的比例。

3）资金成本的作用

① 资金成本是限制企业筹资总额的一个重要因素。若企业的筹资总额不断增加，那么资金成本就会不断发生变化。当筹资额很大时，每增加一单位的筹资额所增加的资金成本就会很高。当这一资金成本超过企业的承受能力时，企业就不宜再增加筹资额了。

② 资金成本是企业选择资金来源的基本依据。企业的资金可来源于多种渠道，各种渠道的资金来源其成本不同。总体来讲，所有者权益资金的成本要高于负债资金成本。企业究

竟选用哪种来源，首先要考虑的因素就是资金成本的高低。

③ 资金成本是企业选用筹资方式的依据。

④ 资金成本是确定最优资本结构的主要参数。

2. 资金成本的确定

> **关键提示：**
>
> 由于短期资金来源没有或很少有资金成本，因此重点计算长期资金成本。

1）个别资金成本

个别资金成本是指各种筹资方式的成本，主要包括银行借款资金成本、债券资金成本、优先股资金成本、普通股资金成本和留存收益资金成本。其中，前两者统称为负债资金成本，后三者统称为权益资金成本。

（1）银行借款资金成本的计算

银行借款资金成本是指借款利息和筹资费用。由于借款利息一般在所得税前支付，可以起到抵税作用，抵税额为"年利息×所得税税率"，银行借款实际负担的利息额为"年利息×（1−所得税税率）"，因此一次还本、分期付息借款的成本为

$$银行借款资金成本 = \frac{年利息 \times (1 - 所得税税率)}{借款筹资额 \times (1 - 筹资费率)} \times 100\% \qquad (5-2)$$

$$年利息 = 借款筹资额 \times 借款年利率 \qquad (5-3)$$

【例题 5-1】 立信公司从银行取得一笔期限为 3 年的长期借款 1 000 万元，手续费率为 0.1%，年利率为 6%，每年结息一次，到期还本，所得税税率为 25%，则该笔借款的资金成本为

$$银行借款资金成本 = \frac{1\,000 \times 6\% \times (1 - 25\%)}{1\,000 \times (1 - 0.1\%)} \times 100\% = 4.5\%$$

由于银行借款的手续费很低，公式中的筹资费用常常忽略不计，此时该公式可简化为

$$银行借款资金成本 = 借款利率 \times (1 - 所得税税率) \qquad (5-4)$$

上例可以简化为

$$银行借款资金成本 = 6\% \times (1 - 25\%) = 4.5\%$$

（2）债券资金成本的计算

债券资金成本主要是指债券利息和筹资费用。债券利息的处理与银行借款利息的处理相同，同样具有抵税作用。但债券的筹资费用一般较高，它主要包括债券申请发行的手续费、印刷费、债券注册费等。其计算公式为

$$债券资金成本 = \frac{年利息 \times (1 - 所得税税率)}{债券筹资额 \times (1 - 筹资费用率)} \times 100\% \qquad (5-5)$$

关键提示：
　　债券筹资额是指债券实际的发行价格。

【例题 5-2】立信公司发行一批 3 年期的债券，其面值为 1 000 万元，票面利率为 8%，筹资费用率为 5%，所得税税率为 25%，每年付息一次，发行价为 1 100 万元，则该债券资金成本为

$$债券资金成本 = \frac{1\,000 \times 8\% \times (1 - 25\%)}{1\,100 \times (1 - 5\%)} \times 100\% = 5.74\%$$

若上例中债券按面值发行，其他条件不变，则该债券的资金成本为

$$债券资金成本 = \frac{1\,000 \times 8\% \times (1 - 25\%)}{1\,000 \times (1 - 5\%)} \times 100\% = 6.32\%$$

思考讨论
　　想一想：例 5-2 中若债券按 950 万元折价发行，其他条件不变，则该债券的资金成本应如何计算呢？

（3）优先股资金成本的计算

企业发行优先股，既要支付筹资费用，又要定期支付股利，但股利在税后支付，不具有抵税作用。其计算公式为

$$优先股资金成本 = \frac{优先股年股利}{发行优先股总额 \times (1 - 筹资费率)} \times 100\% \qquad (5-6)$$

【例题 5-3】立信公司按面值发行 200 万元的优先股股票，筹资费率为 5%，每年支付 10% 的股利，则该优先股资金成本为

$$优先股资金成本 = \frac{200 \times 10\%}{200 \times (1 - 5\%)} \times 100\% = 10.53\%$$

（4）普通股资金成本的计算

普通股筹资，其用资费用（即股利）不确定，所以普通股资金成本很难预先准确地计算，在这里介绍三种模型来计算普通股的资金成本。

第一种是股利折现模型。关于普通股可以从两个方面来理解，对于筹资方，考虑的是资金成本；对于投资方，考虑的是投资报酬率，因此普通股筹资的资金成本就是普通股投资的必要报酬率。

股利折现模型的基本形式是

$$P_0 = \sum_{t=1}^{\infty} \frac{D_t}{(1+K_c)^t} \qquad (5-7)$$

式中，P_0 是普通股净额（发行价格扣除发行费用），D_t 普通股第 t 年的股利，K_c 普通股投资必要收益率，即普通股资金成本。

运用上式测算普通股资金成本，应根据具体的股利政策而有所不同。

① 长期采用固定股利政策。即每年分派的股利都相等，在意义上相当于永续年金，由此推导得出

$$普通股资金成本 = \frac{每年固定股利}{普通股筹资金额 \times (1 - 筹资费率)} \times 100\% \qquad (5-8)$$

【例题 5-4】立信公司拟发行一批普通股，每股发行价为 16 元，发行费用为 3 元/股，预计每年分派现金股利为 1.3 元/股，则该普通股资金成本为

$$普通股资金成本 = \frac{1.3}{16 - 3} \times 100\% = 10\%$$

② 长期采用股利固定增长政策。由股利折现模型可推导出

$$普通股资金成本 = \frac{第一年预期股利}{普通股筹资金额 \times (1 - 筹资费率)} \times 100\% + 股利固定增长率$$

$$(5-9)$$

【例题 5-5】立信公司准备增发普通股，每股发行价为 15 元，筹资费用率为 20%，预计第一年分派现金股利每股 1.2 元，以后每年以 4% 的速度增长，则该普通股资金成本为

$$普通股资金成本 = \frac{1.2}{15 \times (1 - 20\%)} \times 100\% + 4\% = 14\%$$

第二种是资本资产定价模型。采用资本资产定价模型计算普通股资金成本的公式为

$$K_c = R_f + \beta \cdot (R_m - R_f) \qquad (5-10)$$

式中，K_c 为普通股资金成本，R_m 是市场投资组合的期望收益率，R_f 是无风险利率，β 是某公司股票收益相对于市场投资组合期望收益率的变动幅度。

关键提示：

　　运用资本资产定价模型计算普通股资金成本的前提是不考虑筹资费用，在这种情况下，投资者所要求的投资报酬率也就是筹资方的资金成本率。这是同一问题的两个方面，投资者所要求的报酬率包括两部分：一部分是无风险报酬率（一般用同期国库券利率表示），另一部分是风险报酬率。

【例题5-6】立信公司普通资金股股票的 β 值为1.2，无风险利率为5%，市场投资组合的期望收益率为12%，则该普通股资金成本为

$$普通股资金成本 = 5\% + 1.2 \times (12\% - 5\%) = 13.4\%$$

第三种是无风险利率加风险溢价模型。其可表示为

$$K_c = R_f + R_p \tag{5-11}$$

式中，R_f 是无风险利率，一般用同期国库券收益率表示；R_p 是风险溢价。

该模型认为普通股股东承担的风险最大，要求的报酬应最高，而从筹资方角度来说，普通股的资金成本也应是最高的。

【例题5-7】立信公司普通股无风险利率为5%，估计风险溢价为7%，则该普通股筹资的资金成本为

$$普通股资金成本 = 5\% + 7\% = 12\%$$

（5）留存收益资金成本的计算

留存收益来源于企业税后利润，属于普通股股东所有，其成本计算应与普通股相同，二者的唯一差别是留存收益筹资没有筹资费用。

【例题5-8】立信公司按面值发行普通股，发行价为1 000万元，预计第一年支付股利率为10%，以后每年股利增长率为3%，筹资费用率为2%，试计算该公司留存收益资金成本。

$$留存收益资金成本 = \frac{1\ 000 \times 10\%}{1\ 000} \times 100\% + 3\% = 13\%$$

2）综合资金成本的确定

一个企业的全部资金来源，不可能是采用单一的筹资方式取得的，往往需要通过多种方式筹集所需资金。因此，企业总的资金成本也就不能由单一资金成本决定，而是需要计算综合资金成本。

什么是综合资金成本呢？综合资金成本是指分别以各种资金成本为基础，以各种资金占全部资金的比重为权数计算出来的资金成本。它是综合反映资金成本总体水平的一项重要指标，又称为加权平均资金成本。

综合资金成本是由个别资金成本和各种长期资金占筹资总额的比例这两个因素决定的。其计算公式为

$$K_w = \sum_{j=1}^{n} W_j K_j \tag{5-12}$$

式中：K_w——综合资金成本率，即加权平均资金成本率；

W_j——第 j 种个别资金占全部资金的比重，即权重；

K_j——第 j 种个别资金成本率。

【例题 5-9】 立信公司现拟筹资 10 000 万元（账面价值），其中长期借款 1 500 万元、债券 2 500 万元、优先股 1 000 万元、普通股 3 500 万元、留存收益 1 500 万元，其资金成本率分别为 5%、6%、12%、17%、15%，试计算该企业的综合资金成本。

解 （1）计算各种资金占全部资金的比重

$$长期借款所占比重 = \frac{1\,500}{10\,000} = 0.15$$

$$债券所占比重 = \frac{2\,500}{10\,000} = 0.25$$

$$优先股所占比重 = \frac{1\,000}{10\,000} = 0.1$$

$$普通股所占比重 = \frac{3\,500}{10\,000} = 0.35$$

$$留存收益所占比重 = \frac{1\,500}{10\,000} = 0.15$$

（2）计算综合资金成本

$$综合资金成本 = 0.15 \times 5\% + 0.25 \times 6\% + 0.1 \times 12\% + 0.35 \times 17\% + 0.15 \times 15\% = 11.65\%$$

在测算综合资金成本时，企业各种资金在总资金中所占的比重取决于各种资金价值的确定。各种资金价值的确定有 3 种形式：账面价值、市场价值和目标价值。该例中的资金价值是根据账面价值确定的。

相关知识

按账面价值、市场价值和目标价值确定资金比重时，各自的特点是什么呢？

使用账面价值易于从资产负债表中获取有关资料，但是账面价值是按历史成本计价，只反映过去的价值，不代表实际价值。如果企业股票、债券市价严重脱离其账面价值，测算的综合资金成本就会偏离实际情况，可能因此而作出错误的筹资决策。

按市场价值确定资金比重，是指以股票、债券的现行市场价格确定其资金比重。在此基础上计算出来的综合资金成本能够反映目前的实际情况，但由于证券市场价格经常变动，所以按市场价值确定资金比重意义不大。

按目标价值确定资金比重，是指以股票、债券等预计的目标市场价值确定其资金比重。它能够反映企业期望的资本结构，由此测算出的加权平均资金成本更适用于企业筹措新资金。但是股票、债券等未来的目标市场价值难以合理估计，按目标价值权数计算综合资金成本困难较大。

综上所述，为了计算方便，在确定权数时，常常采用资金的账面价值计算。

任务 3.2　财务杠杆的运用

任务书

主任务	子任务	具体要求	完成步骤
财务杠杆的运用	运用经营杠杆	① 确定经营杠杆系数 ② 确定经营杠杆与经营风险的关系 ③ 采用恰当方法控制经营风险	① 计算经营杠杆系数、财务杠杆系数及复合杠杆系数 ② 分析三种杠杆与对应风险的关系，寻求降低风险的途径 ③ 根据财务杠杆与财务风险的关系，选择最佳资本结构
	运用财务杠杆	① 确定财务杠杆系数 ② 确定财务杠杆与财务风险的关系 ③ 采用恰当方法控制财务风险	
	运用复合杠杆	① 确定复合杠杆系数 ② 确定复合杠杆与复合风险的关系	

　　自然界中的杠杆效应，是指人们通过利用杠杆（有固定的支点），可以用较小的力量移动较重的物体。财务管理中也存在着类似的杠杆效应，表现为：由于特定费用（如固定成本或固定财务费用）的存在而导致的，当某一财务量以较小幅度变动时，另一财务变量会以较大幅度变动。财务管理中的杠杆效应有 3 种形式：经营杠杆、财务杠杆和复合杠杆。了解杠杆原理，有助于企业合理规避风险。企业的风险可划分为经营风险和财务风险，杠杆效应的强弱，可用杠杆系数来衡量。

相关知识

1. 什么是经营风险和财务风险呢？

　　经营风险是指企业因经营上的原因而导致利润变动的风险。影响企业经营风险的主要因素有：市场需求、产品售价、成本水平、调整价格的能力、固定成本的比重等。

　　财务风险，也称筹资风险，主要是指企业在经营活动过程中筹集债务资金引发的风险。

2. 什么是成本习性、边际贡献与息税前利润？

　　成本习性是指成本总额与业务量之间在数量上的依存关系。成本按习性分类，把全部成本可分为固定成本、变动成本和混合成本。

　　（1）固定成本

　　固定成本是指其总额在一定时期和一定业务量（销量或产量）范围内不随业务量的变动而变动的那部分成本，如直线法计提的折旧费、租金等。它有如下两个特点：一是在一定范围内总额不变；二是单位固定成本将随业务量的增加而逐渐减少。

固定成本还可进一步分为约束性固定成本和酌量性固定成本两类。

约束性固定成本属于企业"经营能力"成本，是企业为维持一定的业务量所必须负担的最低成本，如厂房、机器设备折旧费、长期租赁费等。企业的经营能力一经形成，在短期内很难有重大改变，因而这部分成本具有很大的约束性。

注意：降低约束性固定成本只能从合理利用经营能力入手。约束性固定成本总额不能随意去改变，改变会影响正常经营，但可以通过充分利用生产能力、增加产销量，来降低单位固定成本。

酌量性固定成本属于企业"经营方针"成本，是企业根据经营方针确定的一定时期（通常为一年）的成本，如广告费、开发费、职工培训费等。

（2）变动成本

变动成本是指其总额在一定时期和一定业务量范围内随业务量成正比例变动的那部分成本，如直接材料、计件工资等。它具有下列特点：一是总额随业务量成正比变动；二是单位变动成本保持不变。

（3）混合成本

有些成本虽然也随业务量的变动而变动，但不成同比例变动，不能简单地归入固定成本或变动成本，这类成本称为混合成本。而混合成本又可以按一定方法分解成变动成本和固定成本。因此，总成本习性模型可表示为

$$Y = a + bx \tag{5-13}$$

式中，y 为总成本，a 为固定成本，b 为单位变动成本，x 为业务量（产销量，本书中假定产量等于销量）

显然，a、b 为常数，只要 a、b 已知，即可进行成本预测。

3. 边际贡献及其计算

边际贡献是指销售收入减去变动成本后的余额。其计算公式为

$$M = px - bx = (p - b)x = mx \tag{5-14}$$

式中，M 为边际贡献总额，p 为单价，m 为单位边际贡献

4. 息税前利润及其计算

息税前利润（表示成 EBIT）是指支付利息和缴纳所得税前的利润。其计算公式为

$$EBIT = px - bx - a = M - a \tag{5-15}$$

另外，息税前利润也可以用利润总额加上利息费用求得。

1. 经营杠杆效应

经营杠杆的实质是指固定成本对息税前利润的影响。这是因为固定成本总额在一定业务量范围内不随业务量的变化而变化，但是随着业务量的增加，单位产品所负担的固定成本会相应减少，从而提高单位产品利润，并使息税前利润增长率大于业务量增长率；反之，业务量减少，会使单位产品固定成本升高，从而降低单位产品利润，并使息税前利润下降率大于业务量的下降率。这种由于存在固定成本而使息税前利润变动率大于业务量变动率的规律，称为经营杠杆效应。经营杠杆作用的大小一般用经营杠杆系数来表示。

1）计算经营杠杆系数

经营杠杆系数是企业息税前利润变动率与销售额（或销售量）变动率之间的比率。其定义上的计算公式为

$$\text{经营杠杆系数（DOL）} = \frac{\dfrac{\Delta \text{EBIT}}{\text{EBIT}}}{\dfrac{\Delta S}{S}} \tag{5-16}$$

式中，DOL 是经营杠杆系数，ΔEBIT 是息税前利润变动额，EBIT 是基期息税前利润，ΔS 是销售收入变动额，S 是基期销售收入。

上述公式需要同时已知变动前后两期的资料，计算起来比较麻烦，为了便于应用，上式可简化为

$$\text{DOL} = \frac{M}{\text{EBIT}} = \frac{M}{M-a} \tag{5-17}$$

注意：公式中的 M、EBIT 及 a 都是基期值。

【例题 5-10】立信公司本年销售甲产品 5 000 件，单价为 100 元，单位变动成本为 75 元，固定成本总额为 65 000 元。预计下一年度销售量将增长 7.2%，固定成本将保持不变，具体分析资料如表 5-1 所示。试计算该企业下一年的经营杠杆系数。

表 5-1　经营杠杆系数计算分析表　　　　　　　　　　单位：元

项目	本年度	下一年度
销售收入	500 000	536 000
变动成本	375 000	402 000
边际贡献	125 000	134 000
固定成本	65 000	65 000
息税前利润	60 000	69 000

解 方法一 根据定义公式分析有

$$息税前利润变动率 = \frac{69\,000 - 60\,000}{60\,000} \times 100\% = 15\%$$

$$销售收入变动率 = \frac{536\,000 - 500\,000}{500\,000} \times 100\% = 7.2\%$$

计算下一年经营杠杆系数为

$$DOL = \frac{15\%}{7.2\%} = 2.083$$

方法二：根据简化公式得

$$DOL = \frac{M}{M-a} = \frac{125\,000}{125\,000 - 65\,000} = 2.083$$

上述计算结果表明立信公司的销售收入每增长1%，息税前利润（EBIT）将增长1%×2.083=2.083%。如果立达公司下一年销售收入增长7.2%，则其息税前利润（EBIT）将增长7.2%×2.083=15%；反之，若销售收入下降1%，则其息税前利润（EBIT）将下降1%×2.083=2.083%。

2）经营杠杆与经营风险的关系

引起企业经营风险的主要原因是市场需求和成本等因素的不确定性。经营杠杆本身并不是利润不稳定的根源，但是经营杠杆扩大了市场和生产等不确定因素对利润变动的影响。通过上述计算可以看出，经营杠杆系数越大，利润变动幅度越大，企业的经营风险就越大。具体表述如下。

① 一般在固定成本不变的情况下，销售额越大，经营杠杆系数越小，经营风险也就越小；反之，销售额越小，经营杠杆系数越大，经营风险也就越大。

② 一般来说，在其他条件相同的情况下，固定成本越高，经营杠杆系数越大，经营风险就越大。如果经营性固定成本为零，则经营杠杆系数为1，息税前利润变动率将恒等于产销量变动率，企业就没有经营风险了。

③ 在销售收入一定的情况下，影响经营杠杆的因素主要是固定成本和变动成本的金额。固定成本或变动成本增加都会引起经营杠杆系数增加。这些研究结果说明，在固定成本一定的情况下，公司应采取多种方式增加销售额，这样利润就会以经营杠杆系数的倍数增加，从而赢得"正杠杆利益"；否则，一旦销售额减少时，利润将下降得更快，形成"负杠杆利益"。

◆思考讨论

例题5-10中，若立信公司的固定成本上升到90 000元，其他条件均不变，经营杠杆系数将发生怎样的变化？

3）控制经营风险的途径

企业一般可以通过增加销售量、降低产品单位变动成本、降低固定成本比重等措施使经营杠杆系数下降，从而降低经营风险。

2. 财务杠杆效应

企业在生产经营过程中，不论利润多少，债务利息、融资租赁的租金等财务费用是不变的，当息税前利润增大时，每一元利润所负担的财务费用就会相对减少，从而使投资者收益有更大幅度的提高，这种固定性财务费用对投资者收益的影响称作财务杠杆效应。财务杠杆作用的大小通常用财务杠杆系数表示。

1）财务杠杆系数的计算

财务杠杆系数是指普通股每股收益的变动率相对于息税前利润（EBIT）变动率的倍数。用公式表示为

$$DFL = \frac{\frac{\Delta EPS}{EPS}}{\frac{\Delta EBIT}{EBIT}} \tag{5-18}$$

式中，DFL 为财务杠杆系数，ΔEPS 是普通股每股收益变动额，EPS 是基期普通股每股收益。

公式（5-18）需要已知变动前后两期的资料，它可简化为

$$DFL = \frac{EBIT}{EBIT - I - \frac{d}{1-T}} \tag{5-19}$$

式中，I 是债务利息，d 是优先股股利，T 是所得税税率。

如果企业没用发行优先股，其财务杠杆系数的计算公式为

$$DFL = \frac{EBIT}{EBIT - I} \tag{5-20}$$

注意：上述公式中的 EBIT、I、d、T 均为基期数值，而 DFL 反映的却是下一期的情况。

【例题 5-11】立信公司本年度预计需要 400 000 元资金，现有两个方案可供选择：方案甲——发行 40 000 股普通股，每股面值 10 元；方案乙——负债筹资 150 000 元，年利率为 8%，发行普通股 25 000 股，每股面值 10 元，普通股筹资共 250 000 元。若本年度 EBIT 为 60 000元，所得税税率为 25%，预计下年度 EBIT 将增长 15%，具体数据见表 5-2。试计算财务杠杆系数。

表 5-2 立信公司筹资方案及每股收益计算分析表   单位：元

时间	项目	方案甲	方案乙
本年度	普通股股数/股	40 000	25 000
	普通股股本/(10 元/股)	400 000	250 000
	债务（利率 8%）	0	150 000
	资金总额	400 000	400 000
	息税前利润	60 000	60 000
	债务利息	0	12 000
	税前利润	60 000	48 000
	所得税	15 000	12 000
	税后净利	45 000	36 000
	每股收益/(元/股)	1.125	1.44
下一年度	息税前利润增长率	15%	15%
	增长后息税前利润	69 000	69 000
	债务利息	0	12 000
	税前利润	69 000	57 000
	所得税	17 250	14 250
	税后净利	51 750	42 750
	每股收益/(元/股)	1.293 75	1.71
	每股收益增长额	0.168 75	0.27
	每股收益增长率	15%	18.75%

说明：表中，甲方案普通股每股收益增长率=$(1.293\ 75-1.125)/1.125×100\%=15\%$；乙方案普通股每股收益增长率=$(1.71-1.44)/1.44×100\%=18.75\%$。

解 **方法一** 分析：甲、乙两个方案本年度、下年度的有关数据在表 5-2 中都已给出，进而得出了每股收益变动率、EBIT 变动率，把它们代入定义公式得

$$DFL_{甲} = \frac{\dfrac{\Delta EPS}{EPS}}{\dfrac{\Delta EBIT}{EBIT}} = \frac{15\%}{15\%} = 1$$

$$DFL_{乙} = \frac{18.75\%}{15\%} = 1.25$$

方法二 分析：采用简化的公式计算财务杠杆系数，公式中的 EBIT 和 I 都是基期的，在本例中指本年度的数据，把它们代入公式

$$DFL_{甲} = \frac{EBIT}{EBIT - I} = \frac{60\ 000}{60\ 000 - 0} = 1$$

$$DFL_{乙} = \frac{60\ 000}{60\ 000 - 12\ 000} = 1.25$$

本例中两个方案的资金总额均相等，EBIT 相等，EBIT 增长的幅度也相等，所不同的是乙方案有负债，而甲方案没有。当 EBIT 增长 15% 时，甲方案的 EPS 也增长 15%，因其

没有举债，财务杠杆系数等于1；乙方案 EPS 的增长幅度是 18.75%，大于 EBIT 的增幅，这是因为它借入了资金，这就是财务杠杆效应。

思考讨论

若上例中增加了丙方案，其负债筹资额为 200 000 元，其他条件均不变，计算其财务杠杆系数。

2）财务杠杆与财务风险的关系

从上述的计算可以看出，在资金总额、息税前利润相同的情况下，负债比率越高，财务杠杆系数越大，普通股每股收益波动越大，财务风险就越大；反之，负债比率越低，财务杠杆系数越小，普通股每股收益波动越小，财务风险就越小。若企业没有负债，财务杠杆系数将等于1，即普通股每股收益变动率等于息税前利润变动率，企业不存在财务杠杆效应，此时也就没有财务风险了。

3）控制财务风险的途径

负债比率是可以控制的，企业应兼顾负债可能带来的财务杠杆利益和相应的财务风险，适度负债，使财务杠杆利益抵消风险增大所带来的不利影响。

3. 复合杠杆效应

复合杠杆又称综合杠杆，是由经营杠杆和财务杠杆共同作用形成的。如前所述，由于固定性经营成本的存在会产生经营杠杆效应，即销售量的变动会引起息税前利润更大幅度的变动；同样，由于固定财务费用会产生财务杠杆效应，使得息税前利润的变动会引起普通股每股收益更大幅度的变动。如果两种杠杆共同起作用，那么产销业务量稍有变动，就会引起每股收益更大幅度的变动。这就是复合杠杆效应。

1）复合杠杆系数的计算

复合杠杆效应的大小用复合杠杆系数（DCL）来衡量，它是指普通股每股收益变动率与产销业务额（S）变动率或产销业务量（Q）变动率的比率，在数值上它也等于经营杠杆系数与财务杠杆系数的乘积。

其定义公式为

$$\text{DCL} = \frac{\dfrac{\Delta \text{EPS}}{\text{EPS}}}{\dfrac{\Delta S}{S}} = \frac{\dfrac{\Delta \text{EPS}}{\text{EPS}}}{\dfrac{\Delta Q}{Q}} \tag{5-21}$$

其简化的公式为

$$\text{DCL} = \text{DOL} \times \text{DFL} = \frac{M}{\text{EBIT} - I - \dfrac{d}{1-T}} \tag{5-22}$$

当企业没有优先股时

$$DCL = \frac{M}{EBIT - I} \tag{5-23}$$

注意：上述公式中的 M、EBIT、I、d、T 均为基期数值。

【例题 5-12】某企业只生产和销售 A 产品，其单位变动成本为 4 元，固定成本总额为 10 000 元。假定该企业本年度 A 产品销售量为 10 000 件，每件售价为 6 元；按市场预测下一年 A 产品的销售数量将增长 10%。所得税税率为 25%。

要求：（1）计算本年该企业的边际贡献总额；

（2）计算本年该企业的息税前利润；

（3）计算下一年的经营杠杆系数；

（4）计算下一年息税前利润增长率；

（5）假定企业本年发生负债利息 6 000 元，且无融资租赁租金，计算下一年复合杠杆系数。

解 本年的 $M = (6-4) \times 10\,000 = 20\,000$（元）

本年的 $EBIT = M - a = 20\,000 - 10\,000 = 10\,000$（元）

下一年的 $DOL = \dfrac{20\,000}{10\,000} = 2$

下一年息税前利润增长率 $= 2 \times 10\% = 20\%$

下一年 $DCL = DOL \times DFL = \dfrac{2 \times 10\,000}{10\,000 - 6\,000} = 2 \times 2.5 = 5$

或 $= \dfrac{20\,000}{10\,000 - 6\,000} = 5$

2）复合杠杆与复合风险的关系

由于复合杠杆作用使每股收益大幅度波动而造成的风险，称为复合风险。复合风险直接反映企业的整体风险水平。在其他因素不变的情况下，复合杠杆系数越大，复合风险越大；复合杠杆系数越小，复合风险越小。

任务 3.3　资本结构的确定

任务书

主任务	子任务	具体要求	完成步骤
资本结构的确定	运用比较法	① 准确计算个别资金成本，确定个别资金占总资金的比重 ② 准确计算各方案的综合资金成本	① 根据项目二资金需要量的预测，确定筹资额 ② 选择适当的筹资方式，计算出个别资金成本 ③ 计算出各个方案的综合资金成本，并确定最佳资本结构 ④ 计算出各种筹资方案下的每股利润无差别点，并确定最佳资本结构
	运用无差别点分析法	① 计算每股利润无差别点 ② 运用每股利润无差别点分析法选择合理资本结构	

　　资本结构是指企业筹资总额中各种资金来源的构成和比例关系。广义地说，资本结构是指企业全部资金的构成，但由于长期资金是企业资金中的主要部分，所以狭义的资本结构是指长期资金的构成。本书取狭义资本结构的概念。需要强调的是，财务管理讲的资本结构强调的是负债资金在全部资金中所占的比重。

相关知识

资本结构中负债有什么意义呢？

　　由前面的计算可知，负债的资金成本相对于权益资金来说，其成本低，因为债务利息率通常低于股票股利率，而且债务利息在所得税前利润中扣除，负债具有抵税作用。在一定的限度内合理地提高债务资本的比例可以降低企业的综合资本成本。

　　负债筹资具有财务杠杆作用。由于债务利息通常是固定不变的，当息税前利润增大时，每一元利润所负担的固定利息会相应降低，从而可分配给权益所有者的税后利润会相应增加。因此，在一定的限度内合理地利用债务资本，可以发挥财务杠杆的作用，给企业所有者带来财务杠杆利益。

　　负债资金会加大企业的财务风险。利用负债资金有双重作用，适当利用负债可以降低企业资金成本，但企业负债比率过高时，会带来很大的财务风险。为此，企业必须权衡财务风险和资本成本的关系，确定最佳资本结构。

　　影响资本结构的因素主要有：企业的财务状况、企业资产结构、企业销售情况、企业投资人和管理人员的态度、贷款人和信用评级机构的影响、行业因素、企业规模、所得税税率的高低和利率水平的变动趋势。

　　资本结构是企业筹资决策的核心问题，企业应综合考虑影响资本结构的各种因素，从而运用适当的方法确定最佳的资本结构。所谓最佳资本结构，就是企业加权平均资金成本最低、企业价值最大的资本结构。从理论上讲，最佳资本结构是存在的，但由于企业内部和外部环境和条件的变化，寻找最优资金结构是很困难的。

1. 运用比较法确定最佳的资本结构

1）比较综合资金成本法的应用

　　比较综合资金成本法是指通过计算各方案的加权平均资金成本，然后通过比较各个方案的加权平均资金成本的高低，来确定最佳资本结构的方法。该方法认为综合资金成本较低的方案为最佳方案。

　　这种方法的判断标准是企业价值最大化。

　　【例题5-13】 华凯公司初创时筹资2 000万元，有关资料见表5-3。

表5-3　华凯公司资本结构

单位：万元

资金来源	金额
长期债券（年利率8%）	600
优先股（年股利率10%）	400
普通股（50 000股）	1 000
合　计	2 000

　　该公司普通股每股面值200元，预计今年股利为24元/股，以后各年股利以5%的速度递增，所得税税率为25%，假设各种证券均无发行费。现该公司由于扩大经营规模拟增资400万元，有以下两个方案可供选择。

　　甲方案：发行债券400万元，因负债增加风险加大，年利率上升到10%，预计普通股股利情况与原来一样，但由于风险加大，普通股市价降至180元/股。

　　乙方案：发行债券200万元，年利率10%，发行普通股200万元，预计每股股利情况与新筹资前一样，普通股市价200元/股。

　　要求： 分别计算甲、乙两个方案的加权平均资金成本，并从中选出较优的方案。

　　解 要计算加权平均资金成本，首先要确定各种资金在总资金中所占的比重，华凯公司情况较为复杂，既涉及原有的资本结构，又涉及增资后的资本结构，下面先计算原有资本结构下的加权平均资金成本。

　　① 各种资金所占比重及各自对应的资金成本如下。

$$长期债券比重 = \frac{600}{2\ 000} = 0.3$$

$$优先股比重 = \frac{400}{2\ 000} = 0.2$$

$$普通股比重 = \frac{1\ 000}{2\ 000} = 0.5$$

长期债券成本 $=600\times8\%\times\dfrac{1-25\%}{600}\times100\%=6\%$

优先股成本 $=\dfrac{400\times10\%}{400}\times100\%=10\%$

普通股成本 $=\dfrac{24}{200}\times100\%+5\%=17\%$

② 计划筹资前加权平均资金成本为

$$0.3\times6\%+0.2\times10\%+0.5\times17\%=12.3\%$$

该企业因为有新的筹资额，其原有的资本结构可能会发生变化，需要测算追加筹资后汇总资本结构下各方案的加权平均资本成本（增资后总资本为 2 400 万元）。

③ 计算按甲方案增资后的加权平均资金成本。

原债券比重 $=\dfrac{600}{2\ 400}=0.25$

新发行债券比重 $=\dfrac{400}{2\ 400}=0.166\ 7$

优先股比重 $=\dfrac{400}{2\ 400}=0.166\ 7$

普通股比重 $=\dfrac{1\ 000}{2\ 400}=0.416\ 7$

原债券成本 $=8\%\times(1-25\%)=6\%$

新发行债券成本 $=10\%\times(1-25\%)=7.5\%$

优先股成本 $=10\%$

普通股成本 $=\dfrac{24}{180}\times100\%+5\%=18.33\%$

甲方案加权平均资金成本 $=0.25\times6\%+0.166\ 7\times7.5\%+0.166\ 7\times10\%+0.416\ 7\times$ 18.33\%=12.06\%

④ 计算乙方案的加权平均资金成本。

长期债券的比重分别是 600/2 400＝0.25、200/2400＝0.083 3；债券资金成本分别是 6%、7.5%；优先股比重为 400/2 400＝0.166 7；其资金成本为 10%；普通股资金比重为 (1 000＋200)/2 400＝0.5；其资金成本为 17%。

乙方案加权平均资金成本 $=0.25\times6\%+0.083\ 3\times7.5\%+0.166\ 7\times10\%+0.5\times$ 17\%=12.29\%

通过计算可以看出，甲方案加权平均资金成本不仅低于乙方案，而且低于新筹资前的加权平均资金成本，所以应选择甲方案，使企业综合资金成本较低。

比较资金成本法通俗易懂，计算方法也较简单，它是确定资本结构的一种常用方法。但因所拟定的方案数量有限，故有把最优方案漏掉的可能。

2）公司价值比较法

公司价值比较法是指通过计算和比较各种资本结构下公司的市场总价值来确定最佳资本结构的方法。最佳资本结构也就是使公司市场价值最大的资本结构。这种方法以追求公司价值的最大化为财务管理目标。但是只有在风险不变的情况下，每股利润的增长才会导致股价上升，实际上经常是随着每股利润的增长，风险也在逐渐加大。如果每股利润的增长不足以弥补风险增加所需的投入，尽管每股利润增加，股价仍可能下降。所以，最佳资本结构应当是使公司的总价值最高的资本结构，而不是每股利润最大的资本结构。同时，公司总价值最高的资本结构，其资金成本也是最低的。

公司价值怎样测算（测算步骤）呢？

① 公司价值由股票价值和债券价值两部分组成，即二者折现价值之和，用公式表示为

$$V = S + B \qquad (5-24)$$

式中，V 代表公司总价值（即公司总的折现价值），S 代表股票折现价值，B 代表债券折现价值。假定债券价值等于其面值。

② 股票的市场价值可通过下式计算

$$S = (EBIT - I) \times (1 - T)/K_s \qquad (5-25)$$

式中：EBIT——息税前利润；

　　　I——公司长期债务年利息；

　　　T——所得税税率；

　　　K_s——公司股票资金成本率。

$$债务资金成本 \ K_b = i(1 - T)（i 为债券票面利率）$$

由 $V = S + B$ 推导可得

$$综合资金成本 \ K_w = K_b(B/V) + K_s(S/V) \qquad (5-26)$$

$$K_s = R_f + \beta(R_m - R_f) \qquad (5-27)$$

③ 公司最佳资本结构的确定。运用上述原理测算公司的总价值和综合资金成本率，并以公司价值最大化为标准比较确定公司的最佳资本结构。

2. 运用每股利润分析法确定最佳资本结构

每股利润分析法，又称息税前利润-每股利润分析法（EBIT-EPS 分析法），是指通过分析资本结构与每股利润之间的关系，计算各种筹资方案的每股利润无差别点，进而确定合理的资本结构的方法。

什么是每股利润无差别点呢？它是指负债和所有者权益两种筹资方式下，普通股每股利润相等时所对应的息税前利润额。

> **相关知识**
>
> 　　该方法本着每股利润最大化的原则对备选方案进行判断和取舍，即能带来较高每股利润的资本结构就是最佳的资本结构。它没有考虑风险因素。因为随着负债的增加，投资者的风险加大，股票价格和企业价值会呈下降的趋势。因此，单纯地用 EBIT-EPS 分析法有时会作出错误的决策。

　　决策依据：利用这种方法，关键是找出每股利润无差别点处的息税前利润，当期望的息税前利润大于每股利润无差别点处的息税前利润时，负债筹资会增加每股收益；当期望的息税前利润小于每股利润无差别点处的息税前利润时，采用所有者权益筹资会增加每股收益。当期望的息税前利润等于每股收益无差别点处的息税前利润时，采用两种筹资方式是等效的。也就是说，可以根据期望的息税前利润和每股利润无差别点处的息税前利润之间的关系，来判断什么情况下采用债务筹资、什么情况下采用权益筹资。

　　【例题 5-14】宏大公司目前有资金 2 000 万元，因扩大生产规模需要再筹集资金 400 万元，这些资金可采用发行股票的方式筹集，也可采用发行债券的方式筹集。若增发普通股，计划以 10 元/股的价格增发 40 万股；若发行债券，则以 10% 的年利率筹资 400 万元。原资本结构和筹资后资本结构情况见表 5-4。预计息税前利润为 500 万元，所得税税率为 25%，采用每股收益分析法计算分析应选择何种筹资方式（即确定最佳的资本结构）。

表 5-4　宏大公司资本结构变化情况表　　　　单位：万元

筹资方式	原资本结构	增加筹资后的资本结构	
		增发普通股	增发公司债券
公司债券（利率 8%）	800	800	1 200
普通股（面值 10 元）	1 000	1 400	1 000
资本公积	100	100	100
留存收益	100	100	100
资金总额	2 000	2 400	2 400
普通股股数	100	140	100

　　解　先计算在目标利润相同的情况下，分别采用发行普通股和债券两种筹资方式对每股收益的影响，分析情况见表 5-5。

表 5-5　预计增资后的每股收益　　　　　　　　　　　　　　　　　　　单位：万元

项目	增发普通股	增发公司债券
预计息税前利润（EBIT）	500	500
减：利息	64	104
税前利润	436	396
减：所得税	109	99
净利润	327	297
普通股股数（万股）	140	100
每股收益（EPS）	2.34	2.97

从表 5-5 中可以看出，在息税前利润为 500 万元时，利用增发公司债券筹集资金能使每股收益增加较多，也将更有利于股价上涨。那么，究竟息税前利润为多少时发行普通股有利，息税前利润为多少时发行债券有利呢？这就要求测算每股利润无差别点处的息税前利润。

根据每股利润无差别点的定义得

$$EPS = \frac{(EBIT - I_1)(1-T) - D_1}{N_1} = \frac{(EBIT - I_2)(1-T) - D_2}{N_2} \qquad (5-28)$$

式中：EBIT——每股利润无差别点处的息税前利润；

I_1，I_2——两种筹资方式下的年利息；

D_1，D_2——两种筹资方式下的优先股股利；

N_1，N_2——两种筹资方式下流通在外的普通股股数；

T——所得税税率。

将宏大公司有关数据代入上述公式得

$$\frac{(EBIT - 800 \times 8\%)(1 - 25\%)}{100 + 40} = \frac{(EBIT - 800 \times 8\% - 400 \times 10\%)(1 - 25\%)}{100}$$

则有

$$EBIT = 204(万元)，此时 EPS = 0.75(元)$$

上述每股利润无差别点分析可用图 5-1 表示。

由此得出结论：当息税前利润等于 204 万元时，采用负债筹资和股票筹资均可；当息税前利润＞204 万元时，增发债券较为有利；当息税前利润＜204 万元时，增发普通股较为有利。宏大公司预计息税前利润为 500 万元，故采用增发债券方式筹资较为有利。

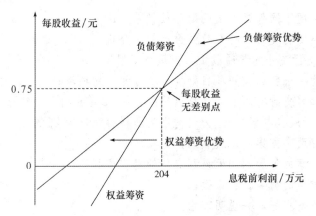

图 5-1　每股利润无差别点分析图示

能 力 测 试

一、计算题

1. 三江公司在经营过程中通常采用多种筹资方式，为扩大经营规模，本年度进行了以下筹资行为。

① 发行了 5 年期的债券，其面值为 1 000 万元，票面利率为 10%，每年付息一次，发行价为 1 100 万元，发行费用率为 3%，所得税税率为 25%。

② 取得 10 年期借款 1 200 万元，年利率为 8%，每年付息一次，到期还本。其筹资费用率为 1%，公司所得税税率为 25%。

③ 按面值发行 100 万元的优先股股票，每年支付 10% 的股利，筹资费用率为 5%。

④ 发行普通股 400 万股，每股发行价为 15 元，筹资费用率为 5%，预计第一年年末每股发放股利 2 元，以后每年增长 5%，筹资费用率为 5%。

⑤ 该公司留存收益资金额为 500 万元。

要求： 计算各种筹资方式下的个别资金成本和综合资金成本。

2. 振华公司甲产品当前的销售量是 8 000 件，单价为 100 元，单位变动成本为 80 元，固定成本总额为 80 000 元，息税前利润为 80 000 元。预计下年度销售量将增长 20%，单价、单位变动成本及固定成本仍保持不变。因计划扩大销量，下年度预测资金需要量为 200 000元。假设有两种筹资方案可供选择，方案一：发行 20 000 股普通股，每股面值 10 元；方案二：采用负债筹资，年利率为 8%，所得税税率为 25%。为了判断新筹资方案实施后的风险状况，需计算：

（1）该公司下年度的经营杠杆系数；

（2）该公司下年度不同筹资方案的财务杠杆系数；

（3）该公司下年度的复合杠杆系数并进行简单分析。

3. 某公司目前发行在外的普通股 100 万股（每股 1 元），已发行利率为 10% 的债券 400 万元。该公司打算为一个新的投资项目融资 500 万元，新项目投产后公司每年息税前利润增加到 200 万元。追加筹资时有两个方案可供选择：按 12% 的利率发行债券（方案一）；按每股 20 元的价格发行新股（方案二）。公司适用的所得税税率为 25%。

要求：（1）计算两个方案的每股利润；

（2）计算两个方案的每股利润无差别点处的息税前利润；

（3）计算两个方案的财务杠杆系数；

（4）判断哪个方案更好，并说明理由。

4. 某公司今年年初有一投资项目，需资金 4 000 万元，拟通过以下方式筹资：发行债券 600 万元，成本为 12%；长期借款 800 万元，成本为 11%；普通股 1 700 万元，成本为 16%，保留盈余 900 万元，成本为 15.5%。试计算该项目的加权平均资本成本。若该投资项目的投资收益预计为 640 万元，问该筹资方案是否可行？

二、案例分析题

【案例一】[①]

奥康公司年销售额为 100 万元，变动成本率为 70%，全部固定成本和费用共计 20 万元，总资产 50 万元，资产负债率为 40%，负债平均成本率为 8%，所得税税率为 40%。

现公司拟改变经营计划，追加投资 40 万元，每年固定成本增加 5 万元，可使销售额增加 20%，并使变动成本率下降至 60%。

公司以提高权益净利率同时降低复合杠杆系数作为改进经营计划的标准。

分析要点及要求：

（1）所需资金通过追加实收资本取得，改变经营计划的可行性。

（2）保持原有资本结构，改变经营计划的可行性。

（3）所需资金通过增加负债取得，改变经营计划的可行性。

【案例二】[②]

2006 年 10 月，东方酒店有限公司董事长胡某同公司的其他董事们召开了一次会议。这次会议讨论了三项可为东方酒店筹集人民币 46 800 万元的融资计划。

胡某在东部沿线城市桃花市投资旅游业。胡某之所以选择这个位置是因为春夏两季这里是"旅游热线"。1995 年他在此创立了神龙度假村有限公司，建立了一座现代化的酒店，可以提供完备的住宿及娱乐服务。此项投资非常成功。

---

① 资料来源：成秉权. 财务管理习题集. 北京：中国财政经济出版社，2002.

② 资料来源：http：//www.hnckw.cn/xiangxi.aspx？id＝531＆type＝kjpx，2007-6-28.

随后几年，由于此地便利的铁路交通及巨大的市场潜力，本地区很快便被称为"黄金地段"——吸引了许多商务人员。2003年夏，胡某产生了在毗邻之地仙台市立即再建一座现代化高级宾馆的设想。

接下来，胡某开始考虑这座令人羡慕的酒店的类型和规模，并尽力估算了完成这样一项工程的成本。根据分析，建造酒店估算成本为39 000万元，装修酒店的成本估算为21 600万元。另外，他估计新酒店盈利的潜能会吸引投资进入这个不断发展的行业，因此该项目最低资本投资额度可能会提高。

胡某然后试着估计了这一工程的利润。根据自己以往的经验，他认为在入住率为100%的情况下，估计酒店每月的营业收入可达3 840万元，年度运营成本为20 790万元（其中固定成本为12 180万元，变动成本为8 610万元）。

胡某认为在估算利润时，年均75%的入住率是现实可行的，而50%的入住率是最坏的可能。所得税税率估计为33%。于是，胡某联系其他的几个主要股东，共同讨论新公司的设立。考虑到这一类新投资的风险程度和旅店业在未来扩张的可能性，他们认为新公司应当是一家与神龙度假村有限公司没有任何财务联系的独立的公司实体，遂将新成立的公司命名为仙台度假村。

为使新建筑可赶在2004年旅游旺季来临前完工，又由于筹集必要的资金需相当的时间，胡某决定从其私人资本中提取资金以尽快开工，这笔资金公司将在以后给予补偿。

在8月份，规划操作阶段已取得相当的进展，胡某感到注意力必须转移到提供长期资本上，该项资本原来估算为5 000万元，其中营运资金1 500万元，地价12 000万元，建筑费39 000万元，装修费21 600万元和组织成本900万元。

作为融资计划的第一步，东方酒店将筹资12 000万元（折合成2 400万股普通股）购买修建酒店所需的地皮。融资计划的第二步是融资资助装修工程。东方酒店同贷款者商讨了筹借利率暂定为10%的16 200万元的五年期贷款一事。从公司第一个会计年度末开始，每年本息合计偿付3 643.5万元。

由于尚缺46 800万元，胡某便与几名主要股东初步讨论筹措资本的最可行方案。胡某有意通过公司的第一桩地产抵押贷款来解决，此贷款额为46 800万元，10年期，年利率12%。每年的本息支出为8 280万元，年末付款。但胡某担心采用固定利率是一个巨大风险，况且公司未来收入前景未卜。

相应地，胡某的股东提出了第二种方案：发行普通股11 400万股，以每股5元的价格出售；支付发行费用预计需10 200万元。胡某反对这项建议，因为这样他的利润份额就会大大降低。

第三种方案也提出来了：发行面值为100元、利率为8%的可转换公司债券540万张，转股价格为8元。发行费用预计为7 200万元。

要求：对上述三种融资方案的优缺点进行分析，并指出该公司适合采用何种方案。

项目四

筹资管理

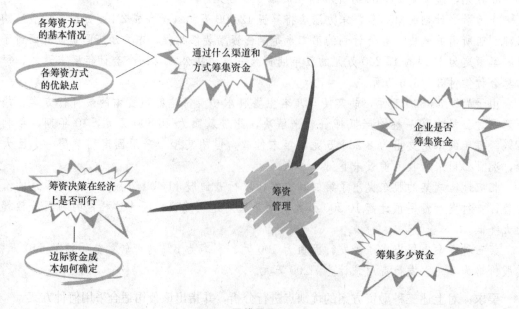

思维导图

资金对于企业，好比人的血液，当供血不足时，人会不舒服甚至不能生存，这时就需要输血。当一个企业缺少资金时，你知道从哪里筹集吗？你知道用什么方式筹集对企业更有利吗？

工作过程

假设立达公司需要筹资1800万元，扩大经营规模，近几年公司财务状况和经营状况比较稳定，管理者为获得高报酬愿意承担风险。立达公司的目标资本结构为长期债务占40%，股东权益占60%，追加筹资在1000万元以内，长期债务资金成本为6%，超过1000万元，资金成本为8%；股东权益筹资成本一般为12%。立达公司基期资产负债表和利润表如表6-1和表6-2所示。

表6-1 立达公司基期资产负债表 单位：万元

资 产	金 额	负债及所有者权益	金 额
货币资金	250	应付账款	1 000
交易性金融资产	0	长期借款	15 000
应收账款	2 500	负债小计	16 000
原材料	180	普通股股本	25 000
产成品	544	留存收益	12 474
流动资产小计	3 474	股东权益小计	37 474
固定资产	65 000	负债及股东权益合计	53 474
减：累计折旧	15 000		
固定资产净值	50 000		
资产合计	53 474		53 474

表6-2 立达公司基期利润表 单位：万元

项目	金额
销售收入	80 000
销售成本	46 000
销售毛利	34 000
营业费用	15 000
利息	3 000
利润总额	16 000
所得税	4 000
净利润	12 000

要求：

(1) 划分若干小组，每小组5～8人，各小组分析立达公司的具体情况，如公司的规模、财务状况、未来发展走势、资本结构、信誉状况、承担风险的实力及偏好等，并分析对筹资的影响。

（2）以小组为单位分析目前及未来市场环境、金融环境对立达公司筹资的影响。

（3）各小组讨论企业可能的筹资渠道及筹资方式。

（4）每组确定备选筹资方案，计算筹资的边际资金成本，对筹资方案进行经济评价。

（5）每组代表说明各自的筹资方案及理由，并讨论确定最优筹资方案。

（6）向立达公司董事会提交最优筹资方案及相关分析报告。

任务 4.1   筹资渠道及方式的选择

任务书

主任务	子任务	具体要求	完成步骤
筹资渠道及方式的选择	明确筹资前应思考的问题	① 分析确定企业目前是否需要筹集资金 ② 确定企业需要筹集多少资金	① 通过调研、查阅相关资料，弄清企业筹资的外部环境和自身情况 ② 通过资金需要量的预测，确定筹资额 ③ 选择最优筹资渠道和方式 ④ 确定筹资期限结构 ⑤ 制定筹资方案
	选择筹资渠道	① 确定企业可筹资的渠道有哪些 ② 针对企业实际，合理选择筹资渠道	
	选择筹资方式	① 分析目前企业的资本结构，确定企业资本结构是否合理 ② 结合企业所处的外部环境和内部条件，确定可选择的筹资渠道及筹资方式 ③ 确定对企业有利的筹资方式 ④ 确定筹资期限 ⑤ 制定最优筹资方案	

思考讨论

　　如果你是企业财务管理人员，在筹资前应该思考哪些问题？

　　① 企业是否筹集资金。企业是否筹集资金，首先取决于是否需要。筹集资金的目的：一是解决资金缺口，二是调整现有资本结构。其次要考虑筹集资金的成本，资金成本要低于投资收益率。

　　② 筹集多少资金。取决于两方面：一是企业需要筹集多少资金？企业应根据具体需要，对资金需要量科学测算，努力做到准确、节约、合理；二是企业能够筹集到多少资金？企业要预测自筹资金能有多少？还有哪些来源可提供企业资金？能提供企业多少资金？

　　③ 通过什么渠道和方式筹集资金。

1. 选择筹资渠道

筹资渠道是企业筹措资金来源的方向与通道，它体现资金的源泉和流量。企业的筹资渠道主要有：国家资金、银行信贷资金、其他金融机构资金、其他法人资金、企业自留资金和国外资金等。选择筹资渠道即解决企业从哪里筹集资金的问题。

① 国家资金。国家对企业直接投资是国有企业，特别是国有独资企业获得资金的主要渠道。

② 银行信贷资金。银行对企业的各种贷款，是我国目前各类企业最为重要的资金来源。

③ 其他金融机构资金。信托投资公司、保险公司、金融租赁公司、证券公司等非银行金融机构可向企业提供融资融物等金融服务。

④ 其他法人资金。其他企业法人、事业法人和团体法人在日常的资本运营周转中，有时形成暂时闲置资金，为了一定目的而进行相互投资。另外，企业间购销业务形成的短期商业信用也成为债务人对债权人的短期资金占用。

⑤ 民间资金。企业职工和广大城乡居民结余货币，可以对企业进行直接投资。

⑥ 企业自留资金。企业自留资金即企业内部留存，主要包括提取公积金和未分配利润等，它们由企业内部自动生成，无需企业去筹集。

⑦ 国外资金。企业可以吸收国外资金，为企业所用。

2. 选择筹资方式

筹资方式是指企业筹集资金所采用的具体形式，它体现资金的性质和期限，如银行借款、发行股票、发行债券、吸收直接投资、利用留存收益等。选择筹资方式即确定企业采用什么具体形式筹资的问题。

1）权益性筹资决策

> **关键提示：**
>
> 　　权益性筹资又称自有资金，是指企业通过吸收直接投资、发行股票、内部积累等方式筹集资金。权益性筹资资金成本较高，财务风险较低。

权益性筹资资金成本较高，财务风险较低。什么是权益性筹资呢？权益性筹资又称自有资金，是指企业通过吸收直接投资、发行股票、内部积累等方式筹集资金。除了企业清算，权益性筹资不需要还本，也没有定期付息的义务，因此财务风险相对较小。那么，为什么它的资金成本较高呢？站在出资方的角度理解这个问题，出资方直接投资或购买股票，承担的风险大，要求更多补偿，因此筹资企业要付出更大的代价。

（1）吸收直接投资

吸收直接投资是直接面对投资者吸收权益性资金的方式，投资各方共同投资、共同经营、共担风险、共享利润。

吸收直接投资的渠道有以下几种。

① 吸收个人投资。个人投资是指社会个人或本企业内部职工以其个人合法财产投入企业，形成个人资本金。

② 吸收法人投资。法人投资是指其他企业、事业单位以其可支配的资产投入企业，由此形成的法人资本金。

③ 吸收国家投资。国家投资是指有权代表国家投资的政府部门或者机构以国有资产投入企业，由此形成国家资本金。

④ 吸收国外资金。吸收外国投资者直接投资，由此形成外商资本金；也可吸收我国港、澳、台地区投资者直接投资形成港、澳、台商资本金。

吸收直接投资的方式如下。

① 以现金出资。现金出资是吸收直接投资中的一种最重要的出资方式。企业有了现金，就可获取其他所需物资，就可偿还债务或支付各种费用。

② 以实物出资。实物出资是指以房屋、建筑物、设备等固定资产和原材料、商品等所进行的投资。企业吸收的实物投资应注意以下方面：适合企业需要；技术性能良好；作价公平；不涉及抵押、担保、诉讼等。

③ 以无形资产出资。无形资产出资是指以商标权、专利权、非专利技术、知识产权、土地使用权等进行的投资。企业在吸收无形资产时应考虑短期内是否会贬值；同时应注意无形资产的出资额一般不能超过注册资本的 20%（土地使用权除外）。对于高新技术等特殊行业，经有关部门审批最高放宽至 30%。

吸收直接投资的优点如下。

① 有利于增强企业信誉。吸收直接投资所筹集的资金属于自有资金，能增强企业的信誉和借款能力，可扩大企业规模，壮大企业实力。

② 有利于尽快形成生产能力。吸收直接投资可以直接获取投资者先进的设备和技术，有利于尽快形成生产能力，开拓市场。

③ 有利于降低财务风险。吸收直接投资可以根据企业的经营状况向投资者支付报酬，企业经营状况好，可向投资者多支付一些报酬；企业经营状况不好，则可少支付或不支付，报酬支付比较灵活，财务风险较小。

吸收直接投资的缺点如下。

① 资金成本较高。一般而言，采用吸收直接投资方式筹集资金成本较高，特别是企业状况较好时，要向投资者支付较高的报酬。

② 容易分散企业控制权。采用吸收直接投资方式筹集资金，投资者一般要求获得与投资数量相适应的经营管理权，外部投资者越多，企业控制权越分散。

（2）股票筹资

股票是股份有限公司为筹集权益资金而发行的有价证券。所谓有价证券，是指能给持有者带来一定收益，并且可以像商品一样自由买卖的证券。股票还是一种所有权证书，拥有某公司的股票，就成为该公司的股东，就有按所持股份份额分享资产收益、公司重大决策及选择管理者的权利。除公司清算外，股东不能要求撤回股本，以其出资额为限对公司承担责任。股票筹资包括发行普通股票筹资和发行优先股筹资。

相关知识

股份有限公司具备什么条件才可以发行股票

按照《证券法》的规定，股份有限公司公开发行新股，应当符合下列条件：具备健全且运行良好的组织机构；具有持续盈利能力，财务状况良好；最近3年财务会计文件无虚假记载，并无其他重大违法行为；经国务院批准的国务院监督机构规定的其他条件。

具备以上条件的企业可能很多，但能够上市进行股票交易的公司数目就大为减少了。《证券法》规定，股份有限公司申请股票上市，应当符合下列条件：股票经国务院证券监督管理机构核准已公开发行；公司股本总额不少于3 000万元；公开发行的股份达到公司股份总数的25％以上，公司股本总额超过人民币4亿元的，公开发行股份的比例为10％以上；公司最近3年无重大违法行为，财务会计报告无虚假记载。符合条件并有上市意愿的股份公司应当向上海或深圳证券交易所提出申请，证券交易所依据法律的规定进行审核，并根据依法制定的、经国务院监督机构批准的上市规则、交易规则和会员管理规则决定是否同意该证券上市。

股票上市对企业有利有弊，股票上市的好处主要有：有助于改善财务状况；可以通过出让股票收购其他公司；利用股票市场客观评价企业；利用股票激励员工；提高公司知名度。股票上市对企业的不利影响有：公司失去隐私权；经理人员操作的自由度受到限制；公开上市需要的费用很高。

普通股是股份公司依法发行的具有平等权利、义务、股利不固定的股票。普通股具备股票的最一般特征，是股份公司资本的最基本部分。

普通股筹资的优点如下。

① 普通股筹资没有固定的股利负担，所筹资金无须偿还，因此普通股筹资风险小。

② 普通股筹集的资金是自有资金，可增强公司实力和信誉，也为公司举借更多债务提供强有力的支持。

③ 与优先股、债券筹资比，普通股筹资的限制小。

普通股筹资的缺点如下。

① 资金成本高。股票风险大于债券，因此普通股筹资要比债务筹资付出更大代价；另外，股利税后支付，债务利息税前扣除。

② 发行新的股票，增加新的股东，使公司的控制权分散；另外可能降低普通股每股收益，引起股价下降。

优先股是股份公司发行的具有一定优先权的股票。它既具有普通股的某些特征，又与债券有相似之处。普通股股东一般把优先股看作是一种特殊的债券；从债券持有人角度看，优先股属于股票；从公司管理当局和财务人员的角度看，优先股则具有双重性质；从法律上讲，企业对优先股不承担还本义务，因此它是企业自有资金的一部分。

优先股筹资的优点有：没有固定到期日，企业对优先股不承担还本义务；股利支付既固定又具有一定的弹性，当公司盈余不足时优先股股东不能要求公司破产付息；优先股可增强公司实力与信誉，增强公司对外举债能力。

优先股筹资的缺点如下。

① 筹资成本较高。优先股股利要从税后净利中支付，债务利息税前扣除，因此优先股成本比债务资金成本高。

② 筹资限制多。发行优先股，通常有许多限制，如对普通股支付的限制、对公司举债的限制等。

③ 财务负担较重。优先股股利固定，当公司盈利不佳时，优先股股利会成为一项较重的财务负担。

相关知识

普通股股东的权利

公司管理权：普通股股东的管理权主要体现在董事会选举中有选举权和被选举权，董事会代表所有股东对企业进行管理，普通股股东的管理权具体包括投票权、查账权、阻止越权经营的权利。

分享盈余权：普通股股东经董事会决定有从净利润中分得红利的权利。

出让股份权：即股东有权出售或转让股票。

优先认股权：普通股股东拥有优先于其他投资者购买公司增发新股票的权利。

剩余财产要求权：当公司解散、清算时，普通股股东对剩余财产有要求权。公司破产清算时，财产的变价收入首先用来清偿债务，然后支付优先股股东，最后才能分配给普通股股东。

优先股股东的权利

优先分配股利权：优先股股利的支付在普通股之前。

优先分配剩余资产权：当企业破产清算时，优先股股东对剩余资产的要求权在债务人之后，但位于普通股之前。

部分管理权：通常在股东大会上优先股股东没有表决权，但涉及优先股的有关问题时有权参加表决。

---

(3) 留存收益筹资

留存收益筹资的渠道有以下两种。

① 盈余公积。盈余公积是指定用途的留存净利润，它是公司按照《公司法》规定从净

利润中提取的积累资金，包括法定盈余公积金和任意盈余公积金。

② 未分配利润。未分配利润是未限定用途的留存净利润。

留存收益的优点有：用留存收益筹资，没有筹资费用，资金成本比普通股低；保持普通股股东的控制权，用留存收益筹资，不增加新股东，不会稀释原有股东的控制权；增强公司信誉。留存收益可满足企业经营发展的需要，也可提高企业偿债能力，因此可增强公司信誉。

留存收益的缺点如下。

① 筹资数额有限制。留存收益数额一般是企业当期的税后利润和上年未分配利润之和，如果企业经营不利甚至亏损，则很难采用这一筹资形式；另外某些股东可能从消费需求、降低风险等因素出发，要求股利支付维持一定水平，这也会使留存收益减少，筹资数额受限。

② 资金使用受限制。留存收益中某些项目如法定盈余公积金等的使用要受国家有关规定制约。

2）长期负债筹资决策

关键提示：
负债筹资必须还本付息，从而使企业承受较大的财务风险，但企业付出的利息较低且固定，并在税前列支，这使负债的资金成本相对较低。

大家对负债筹资比较熟悉，最常见的是银行借款，另外企业还可以发行债券、融资租赁等。负债筹资必须还本付息，如果到期企业无力支付，会出现财务危机，甚至有破产的可能。负债使企业承受较大的财务风险，但债权人所受风险较小，因此他们要求的补偿较小，负债企业付出的代价较小。另外，负债利息是在税前列支，有抵税效应，这也使负债企业的资金成本相对较低。

（1）银行长期借款

向银行等金融机构借款是企业筹措资金的重要方式，按借款用途不同，可分为基本建设贷款、更新改造贷款、科技开发和新产品试制贷款等；按有无担保，可分为信用贷款和抵押贷款。

长期借款筹资的优点如下。

① 贷款手续比较简便，筹资速度较快。

② 借款弹性大，企业与银行可直接接触，可通过直接商谈，来确定借款的时间、数量和利息。在借款期间，如果企业情况发生了变化，也可与银行进行协商，修改借款的数量和还款期间。

③ 资金成本低。就目前我国情况来看，银行借款利息比债券利息低，另外也无须支付大量的发行费用。

④ 可以发挥财务杠杆的作用，不论公司赚钱多少，银行只要求按借款合同付息，企业

所有者实际占有了投资报酬率大于借款利率的部分。

长期借款筹资的缺点有：财务风险较大，长期借款筹资必须定期还本付息，在企业经营不顺时可能会产生不能偿付的风险，甚至会导致破产；限制性条款较多；借款数量有限。

相关知识

企业具备什么条件才可以借款筹资

企业借款筹资应具备以下条件：① 借款企业具有法人资格；② 借款企业经营方向和业务范围符合国家产业政策，借款用途属于银行贷款办法规定的范围；③ 借款企业经济效益良好，有偿还贷款的能力；④ 企业必须在银行开设账户，办理结算；⑤ 有代为偿还借款能力的单位作担保；⑥ 贷款银行的其他条件。

企业如何办理长期借款

第一，企业提出申请。企业申请借款必须符合贷款的原则和条件，填写包括借款金额、借款用途、偿还能力及还款方式等主要内容的《借款申请书》，并提供以下资料：借款人及保证人的基本情况；财政部门或会计师事务所核准的上年度财务报告；原有的不合理借款的纠正情况；抵押物清单及同意抵押的证明，保证人拟同意保证的有关证明文件；项目建议书和可行性报告；贷款银行认为需要提交的其他资料。

第二，金融机构进行审批。银行接到企业的申请后，要对企业的申请进行审查，以决定是否对企业提供贷款。一般包括以下几个方面：对借款人的信用等级进行评估；进行相关调查，贷款人受理借款人的申请后，应当对借款人的信用及借款的合法性、安全性和盈利性等情况进行调查，核实抵押物、保证人情况，测定贷款的风险；贷款审批。

第三，签订借款合同。借款合同是规定借贷各方权利和义务的契约，其内容分基本条款和限制条款，限制条款又有一般性限制条款、例行性条款和特殊性条款之分。基本条款是借款合同必须具备的条款。限制条款是为了降低贷款机构的贷款风险而对借款企业提出的限制条件，它不是借款合同的必备条款。限制条款中，一般性限制条款最为常见，例行性限制条款次之，特殊性限制条款比较少见。

借款合同的基本条款包括：借款种类、借款用途、借款金额、借款利率、借款期限、还款资金来源及还款方式、保证条款、违约责任等。

借款合同的一般性限制条款包括：对企业流动资金保持量的规定、对企业支付现金股利的限制、对企业资本性支出规模的限制、对企业借入其他长期债务的限制等。

借款合同的例行性限制条款一般包括：企业定期向贷款机构报送财务报表、企业不准在正常情况下出售大量资产、企业要及时偿还到期债务、禁止企业贴现应收票据或转让应收账款、禁止以资产作其他承诺的担保或抵押等。

借款合同的特殊性限制条款一般包括：贷款专款专用、要求企业主要领导购买人身保险、要求企业主要领导在合同有效期内担任领导职务等。

第四，企业取得借款。双方签订借款合同后，贷款银行按合同的规定按期发放贷款，企业便可取得相应的资金。贷款人不按合同约定按期发放贷款的，应偿付违约金；借款人不按合同的约定用款的，也应偿付违约金。

第五，企业偿还借款。企业应按借款合同的规定按时足额归还借款本息。如果企业不能按期归还借款，应在借款到期之前，向银行申请贷款展期，但是否展期由贷款银行根据具体情况决定。

（2）发行债券筹资

债券是企业为筹集资金而发行的、承诺按期向债权人支付利息和偿还本金的一种有价证券。发行债券是企业筹集负债资金的重要方式。债券持有者作为债权人有权到期收回本金和利息，但没有权利参与企业管理。

债券筹资的优点如下。

① 资金成本较低。因为债券利息在税前列支，并且债券的发行费用较低。

② 保证股东对企业的控制权。债券持有人无权干涉企业的经营管理，因而不会减弱原有股东的控制权。

③ 可以发挥财务杠杆作用。债券利率固定，当企业投资报酬率大于债券利率时，投资者会获得财务杠杆利益。

债券筹资的缺点如下。

① 筹资财务风险大。债券筹资有固定的到期日，要承担还本付息的义务。当企业经营状况不佳时，会面临不能偿还本息的风险，甚至导致破产。

② 限制条件多。

③ 筹资额有限。当公司的负债比例超过一定的程度后，债券筹资的成本会迅速上升，导致债券难以发行。

相关知识

公司具备什么条件才能发行债券

按我国《公司法》的规定，股份有限公司、国有独资公司和两个以上国有企业或者其他两个以上国有投资主体设立的有限责任公司，有资格发行公司债券。公司公开发行债券，应当符合下列条件：

① 股份有限公司的净资产不低于人民币3 000万元，有限责任公司的净资产不低于人民币6 000万元；

② 累计债券余额不超过公司净资产额的40%，累计债券余额是指企业已发行尚

未到期的债券金额；

③ 最近 3 年平均可分配利润足以支付公司债券 1 年的利息；

④ 筹集的资金投向符合国家产业政策的项目；

⑤ 债券的利率不超过国务院限定的利率水平；

⑥ 国务院规定的其他条件。

发行公司凡是有下列情形之一的，不得再次发行公司债券：

① 前一次发行的公司债券尚未募足的；

② 对已发行的公司债券或者其债务有违约或延迟支付利息的事实，且仍处于持续状态的。

（3）融资租赁

融资租赁是承租人为融通资金而向出租人租用资产的一种长期租赁方式。这种租赁方式通常期限较长，一般由承租方负责租赁资产的维修、保养方面的服务。融资租赁的资产进入承租企业，作为承租企业的资产，未支付的租金作为企业的负债。租赁期满，租赁资产一般可以转让给承租企业所有，融资租赁被称为"借鸡下蛋，卖蛋还钱，攒钱买鸡"。

融资租赁的优点如下。

① 筹资速度快。融资租赁集"融资"与"融物"一体，比借款购置更迅速、更灵活，有助于企业迅速形成生产能力。

② 筹资限制少。与发行股票、债券、银行借款相比，融资租赁的限制条件较少。

③ 设备陈旧风险小。融资租赁的期限一般为资产使用年限的一定比例，不会像自己购买设备那样整个期间都要承担风险，且多数租赁协议都规定由出租人承担设备陈旧过时的风险。

④ 财务风险小。由于租金在整个租期内分摊，可适当减少不能偿付的风险。

⑤ 税收负担轻。租金在所得税前扣除，具有抵税效应。

融资租赁的缺点有：资金成本高，租金总额通常要高于设备价款的 30%；固定的租金支付对财务困难的企业是一项沉重的负担。

融资租赁中，承租方应付哪些钱呢？融资租赁租金由设备价款和租息两部分构成，其中租息可分为租赁公司的融资成本和租赁手续费等。

① 设备价款。包括设备的买价、运杂费及途中保险费等，它是租金的主要内容。

② 融资成本。即租赁公司所垫资金在租赁期间的应计利息。

③ 租赁手续费。包括租赁公司承办租赁业务的营业费用及一定利润。租赁手续费的高低由租赁公司与承租企业协商确定，一般按租赁资产价款的一定百分比收取。

融资租赁中，承租方每年应付多少钱呢？在我国的融资租赁业务中，租金一般按年平均支付，即等额年金法。如果每年年末支付，叫后付租金；如果在每年的年初支付，叫先付租金。

承租企业与租赁公司商定的租金支付方式大多为等额后付租金，即普通年金。

【**例题6-1**】某企业为了扩大经营规模融资租入一条生产线，生产线设备的价款总额为500万元，租期为10年，承租企业与租赁公司商定的折现率为18%。试计算该企业每年年末应等额支付多少钱。

解 因为每年年末等额支付，所以为后付租金即普通年金。考虑资金时间价值，租金现值的总和应为设备价款。

$$A \times (P/A, 18\%, 10) = 500（万元）$$
$$A = 500/(P/A, 18\%, 10) = 500/4.494\,1 = 111.256\,98（万元）$$

后付租金的计算公式为

$$A = P/(P/A, i, n) \tag{6-1}$$

公式中，n 是租赁期限，i 是市场利率或双方约定的折现率，P 是租金总额，A 是每期支付的租金。

承租企业有时与租赁公司商定，采取等额先付租金的支付方式支付，这种情况下企业支付的租金为预付年金。

【**例题6-2**】假如例题6-1中租金在每年年初支付，则每期期初支付多少租金呢？

解 因为本例中每年年初支付租金，所以为预付年金。预付年金乘以预付年金现值系数等于设备价款，预付年金现值系数在普通年金现值系数的基础上，期数减1，系数加1。

$$A \times [(P/A, 18\%, 9) + 1] = 500（万元）$$
$$A = 500/[(P/A, 18\%, 9) + 1] = 500/(4.303\,0 + 1) = 500/5.303\,0 = 94.286\,25（万元）$$

先付租金的计算公式为

$$A = P/[(P/A, i, n-1) + 1] \tag{6-2}$$

公式中，n 是租赁期限，i 是市场利率或双方约定的折现率，P 是租金总额，A 是每期支付的租金。

相关知识

如何办理融资租赁

第一，选择租赁公司。企业决定采用租赁方式租用设备时，需了解有关租赁公司的业务范围，取得租赁公司的融资条件和租息费率等资料，并加以比较，从而择优选定。

第二，办理租赁委托。当企业选定租赁公司后，便可向其提出申请，办理委托。企业需填写"租赁申请书"，说明所需设备的具体要求，还要提供企业的财务状况文件，包括资产负债表、利润表、现金流量表等。

第三，签订购货协议。租赁公司受理租赁委托后，即由租赁公司与承租企业的一方或双方选择设备的制造商或销售商，与其进行技术与商务谈判，签订购货协议。

第四，签订租赁合同。租赁合同由承租企业与租赁公司签订。租赁合同用来明确双方的权利与义务，它是租赁业务的重要法律文件。融资租赁合同的内容包括一般条款和特殊条款。

第五，办理验货与投保。承租企业收到租赁设备后，要进行验收。验收合格后签发交货及验收合格证并提交给租赁公司，租赁公司据以向制造商或销售商付款。同时，承租企业向保险公司办理投保事宜。

第六，支付租金。承租企业在租赁期内按合同规定的租金数额、支付日期、支付方式，向租赁公司支付租金。

第七，处理租赁期满的设备。融资租赁合同期满时，承租企业应按合同规定对租赁设备留购、续租或退还。一般来说，租赁公司在期满时会把租赁设备以低价卖给承租或无偿转给承租企业。

3）短期负债筹资决策

（1）短期借款

短期借款是指企业向银行和其他非银行金融机构借入的期限在一年以内的借款，主要有生产周转借款、临时借款、结算借款等。

短期借款筹资的优点有：筹资速度快；筹资弹性大，企业可在需要时借入，在资金充裕时偿还，企业可灵活安排。

短期借款筹资的缺点有：筹资风险大，短期借款偿还期短，在筹资数额较大的情况下，如企业资金调度不周，就有可能无力按期偿还本金和利息，甚至导致企业破产；与其他短期筹资方式相比，资金成本较高。

可以用收款法支付利息。收款法是指在借款到期时向银行支付利息的方法。采用这种方法，借款的名义利率等于其实际利率。

也可以用贴现法支付利息。贴现法是指银行向企业发放贷款时，先从本金中扣除利息部分，在贷款到期时借款企业再偿还全部本金的一种计息方法。由于银行先扣利息，企业实际可用资金没有本金多，造成实际贷款利率比名义利率高。

【例题6-3】某企业从银行取得借款300万元，期限1年，名义利率为8%，利息为24万元（300×8%）。按照贴现法付息，企业可实际动用的贷款为276（300-24）万元，该项贷款的实际利率为

$$贷款实际利率 = \frac{300 \times 8\%}{300 - 300 \times 8\%} \times 100\% \approx 8.70\%$$

贴现法下贷款实际利率的计算公式为

$$贴现贷款实际利率 = \frac{利息}{贷款金额 - 利息} \times 100\% \qquad (6-3)$$

银行要求企业保留一定的补偿性余额。银行为了降低风险，要求借款人在银行中保留按贷款限额或借款额的一定百分比计算的最低存款余额。借款人实际可动用资金少了，但仍要按借款额支付利息，造成借款实际利率提高。

【例题6-4】某企业按年利率6%向银行借款500万元，银行要求保留20%的补偿性余额，试计算企业借款的实际利率。

解　企业应支付的利息 = $500 \times 6\%$

　　　　企业实际可用资金 = $500 \times (1 - 20\%)$

　　　　企业借款实际利率 = $\dfrac{500 \times 6\%}{500 \times (1 - 20\%)} = 7.5\%$

存在补偿性余额的情况下，企业借款实际利率的计算公式为

$$实际利率 = \frac{名义利率}{1 - 补偿性余额百分比} \qquad (6-4)$$

相关知识

短期借款的信用条件

① 信贷额度。信贷额度即贷款限额，是借款人与银行在协议中规定的允许借款人借款的最高限额。

② 周转信贷协定。周转信贷协定是银行从法律上承诺向企业提供不超过某一最高限额的贷款协定。在协定的有效期内，只要企业借款总额未超过最高限额，银行必须满足企业任何时候提出的借款要求。也就是说，即使企业全年借款数低于最高限额，银行仍要为企业按最高限额预留资金。因此，企业不仅要对实际的借款支付利息，还要对贷款限额的未使用部分支付给银行一笔承诺费。例如，某企业与银行商定周转信贷额为1 500万元，承诺费率为0.5%，借款企业年度内使用了1 200万元，企业应向银行支付的承诺费为：承诺费 = (1 500 - 1 200) × 0.5% = 1.5(万元)

③ 借款抵押。银行向财务风险较大、信誉不好的企业发放贷款，往往需要有抵押品担保，以减少自己蒙受损失的风险。抵押品可以是借款企业的办公楼、厂房等。

④ 偿还条件。无论何种借款，银行一般都会规定还款的期限。根据我国金融制度的规定，贷款到期后仍无能力偿还的，视为逾期贷款，银行要照章加收逾期罚息。

⑤ 以实际交易为贷款条件。当企业发生经营性临时资金需求向银行申请贷款时，银行以企业将要进行的实际交易为贷款基础，单独立项，单独审批，最后作出决定并确定贷款的相应条件和信用保证。

此外，前面所述补偿性余额也是一种短期借款的信用条件。

（2）商业信用

商业信用是商品交易中的延期付款或延期交货而形成的借贷关系，是企业间的一种直接信用关系。商业信用主要有应付账款、应付票据、预收账款等形式。

商业信用筹资的优点有：筹资便利，因为商业信用与商品交易同时进行，属于一种自然性融资，不需企业特意安排；筹资成本低，如没有现金折扣或企业不放弃现金折扣或者使用不带息的商业票据，利用商业筹资不会发生筹资成本；限制条件少。

商业信用筹资的缺点有：期限短，数量较小；现金折扣成本高。如果放弃现金折扣，会付出较高的资金成本。

在采用商业信用形式销售产品时，为鼓励购货方提前付款，销售方有时采取现金折扣政策。如果销售方提供现金折扣，购货方应尽量争取获得此项折扣，因为放弃现金折扣的成本很高。

【例题6-5】 A企业向B企业购入一批原材料，价款总数为500万元，约定的信用条件为"2/10，n/30"。若A企业不享受现金折扣，试计算放弃折扣的成本。

解　摆在A企业面前有两个方案：一是选择10天内付款，好处是享受到了折扣优惠，坏处是付款期短；二是选择30天内付款，好处是付款期长，坏处是须全额付款。假设企业选择方案二，即放弃了现金折扣，放弃现金折扣的成本多大呢？现金折扣成本实际上是机会成本，也就是A企业放弃方案一所丧失的潜在收益，即如果A企业享受折扣的收益，也就是B企业提前收款所付出的代价，可以视为B企业的短期筹资成本。

$$购货方放弃现金折扣成本（机会成本）＝购货方享受折扣的收益$$
$$＝销售方提前收款代价（短期筹资成本）$$

B企业的用资费用即A企业享受的现金折扣（$500 \times 2\%$），筹资净额为货款扣除折扣部分（$500-500 \times 2\%$）除以B企业筹资期，即提前收款期（$30-10$），为日利率，再乘以360，换算为年利率。

$$放弃现金折扣的成本 = \frac{500 \times 2\%}{500 \times (1-2\%)} \times \frac{360}{30-10} \times 100\% = 36.73\%$$

这表明企业如果能用其他方式取得资金，只要资金成本低于36.73%，就不应放弃折扣。

放弃现金折扣成本的计算公式为

$$放弃现金折扣成本 = \frac{折扣率}{1-折扣率} \times \frac{360}{信用期-折扣期} \times 100\% \qquad (6-5)$$

相关知识

商业信用的条件

商业信用的条件是指销货人对付款时间和现金折扣所作的具体规定，主要有以下几种形式。

① 预收货款。这是企业在销售商品时，要求买方在卖方发出货物之前支付货款的情形。一般有两种情况：一是企业已知买方信用不佳；二是销售生产周期长、售价高的商品。在这种信用条件下，销货单位可以得到暂时的资金来源，购货单位则要预先垫支一笔资金。

② 延期付款，但不涉及现金折扣。这是指企业购买商品时，卖方允许企业在交易发生后一定时期内按发票全额支付货款的情形。例如 n/60，是指在 60 天内按发票全额付款。这种信用条件下的信用期一般为 30～60 天，但有些季节性生产企业可能为客户提供更长的信用期间。在这种情况下，买卖双方存在商业信用，买方可因延期付款而获得资金来源。

③ 延期付款，但早付款可享受现金折扣。在这种条件下，买方如提前付款，卖方可给予一定的现金折扣，如买方不享受现金折扣，则必须在信用期内付清账款。例如，"2/10，n/30"表示如买方在 10 天内付款，可以享有 2％的现金折扣；如买方在20～30 天付款，不享受现金折扣，买方最长的还款时间为 30 天。

（3）应收账款转让

应收账款是企业流动资产的一部分，企业可以转让应收账款为公司筹措短期资金，主要有应收账款质押和应收账款转售两种方式。

在质押情形下，贷款人对应收账款有留置权，并且对借款人即应收账款的所有者享有债务追索权。当购货方不付款时，借款人必须负责，也就是说，质押应收账款债务不履行的风险由借款人承担。应收账款质押时，一般不须通知购货方。

贷款人的放款额一般低于质押应收账款的总额，二者差额即为借款人的筹资成本。

在转售情形下，由贷款人收购应收账款，而对借款人无法行使追索权。也就是说，转售应收账款债务不履行的风险由贷款人承担；同时，转售应收账款时，一般应通知购货方，让货物购买者将货款直接归还给贷款人。

应收账款转让的优点有：及时回笼资金，企业通过应收账款转让可以及时收回销售商品或提供劳务的资金，增加现金流，缓解资金短缺状况；在转售情形下，节省收账费用，转嫁坏账风险。

应收账款转让筹资的缺点有：筹资成本高，应收账款转让手续费和利息都很高，使企业筹资成本高；限制条件多，贷款机构对转让的应收账款和转让应收账款的企业都有一定的限制，不符合条件的，不接受转让。

3. 筹资渠道与筹资方式的合理配合

筹资渠道解决的是资金来源问题，筹资方式解决的是通过何种方式取得资金的问题，二者存在着密切的联系。同一筹资渠道的资本往往可以采取不同的筹资方式取得，而同一筹资方式也往往适用于不同的筹资渠道。企业在筹资时，应实现两者的合理配合。二者的对应关系参见表6-3。

表6-3　筹资渠道与筹资方式的对应关系

筹资方式 筹资渠道	吸收直接投资	发行股票	利用留存收益	银行借款	发行债券	融资租赁	商业信用	应收账款转让
国家资金	√	√						
银行信贷资金				√				√
其他金融机构资金	√	√		√	√	√		√
其他企业资金	√	√			√	√	√	
民间资金	√	√			√			
企业自留资金			√					
国外资金	√	√			√			

4. 选择筹资期限

> **关键提示：**
>
> 　　筹资期长，还债压力小，财务风险小，但一般比短期筹资资金成本高；筹资期短，筹资成本低，但需短期内偿还本息，企业偿债压力大，财务风险大。所以，安排筹资期的问题是收益和风险的权衡问题。

除权益资金不用偿还本金外，负债资金均有偿还期限，企业筹资时不仅要选择筹资方式，还要考虑筹资的期限。筹资期限长短对企业有什么影响呢？安排多长时间对企业有利呢？筹资期限长，企业的还款压力小，财务风险小，可是一般情况下，期限长的筹资资金成本高；相反，筹资期限短，企业的财务风险大，资金成本低。那么企业如何安排筹资期限呢？主要是依据所筹资金的用途，即购置资产的类型来确定筹资期限，这实际上是资产和筹资的匹配问题。

1) 资产和负债分析

一般来说，按照资产周转时间的长短（流动性），企业的资产可以划分为两大类：流动资产和长期资产。流动资产按照其用途又可进一步分为临时性流动资产和永久性流动资产。临时性流动资产是指那些受季节性、周期性影响的流动资产，如季节性存货、销售和经营旺季的应收账款等；而永久性流动资产则是指那些即使在企业处于经营低谷仍须保留的、用于满足企业长期稳定需要的流动资产。

负债按偿还期长短可分为流动负债和长期负债。与流动资产按照用途划分的方法相适应，流动负债也可以进一步划分为临时性负债和自发性负债。临时性负债是指为了满足临时性流动资产需要而发生的负债，如商品零售企业在春节前为满足节日销售需要，超量购置货物而举借的负债；食品制造企业为赶制季节性食品，大量购入某种原料而发生的借款等。自发性负债是指直接产生于企业持续经营中的负债，如商业信用筹资和日常营运中产生的其他应付款、应付工资、应付利息、应交税金等。

2）筹资组合策略

（1）配合型筹资策略

配合型筹资策略是企业的筹资结构与企业资产的变现期相对应的组合策略。配合型筹资策略的特点是：对于临时性流动资产，运用临时性负债满足其资金需要；对于永久性流动资产和长期资产（以下统称为永久性资产），则运用长期负债、自发性负债和权益资本来满足其资金需要。配合型筹资策略如图6-1所示。

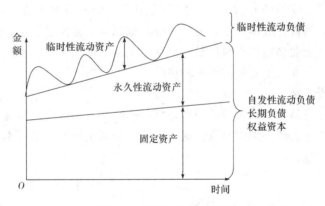

图6-1 配合型筹资策略

配合型筹资策略的基本思想是：将资产的变现期间（周转期）与负债的偿还期间相配合，到期的债务用变现的资产来偿还，以降低企业到期不能偿还债务的风险；制定严密的筹资计划，尽量降低资金成本，在经营淡季和低谷阶段，企业除了自发性负债外，没有其他流动负债；只有在对临时性流动资产的需求达到高峰时，企业才举借各种临时性债务。

但是在企业的经济活动中，由于各类资产使用寿命的不确定性，往往做不到资产与负债的完全配合。在企业的生产经营高峰期内，一旦企业的销售和经营不理想，未能取得预期的现金收入，便会面临偿还临时性负债的困难。因此，配合型融资政策是一种理想的、对企业有着较高资金使用要求的匹配策略。

（2）激进型筹资策略

激进型策略的特点是：临时性负债不但能融通临时性流动资产的资金需要，还解决部分永久性资产的资金需要。激进型策略如图6-2所示：

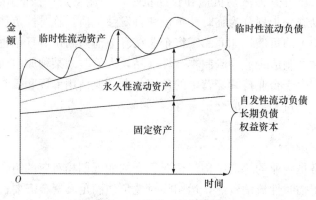

图6-2　激进型筹资策略

　　激进型策略是一种高风险高收益的筹资策略。这与临时性负债的性质有关，临时性负债的资金成本一般低于长期负债和权益资本的资金成本，而此策略下临时性负债所占比例较大，所以该策略企业的资金成本较低；另一方面，临时性负债偿还期短，为了满足永久性资产的长期资金需要，企业必然在临时性负债到期后重新举债或申请债务延期，使企业更为经常地举债和还债，从而加大了筹资的困难和风险。

　　（3）稳健型筹资策略

　　稳健型策略的特点是：临时性负债只融通部分临时性流动资产的资金需要，另一部分临时性流动资产和永久性资产，则由自发性流动负债、长期负债和权益资本加以解决，稳健型筹资策略如图6-3所示。

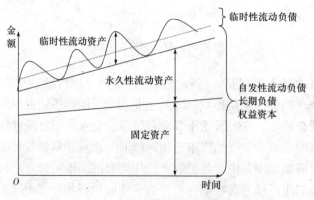

图6-3　稳健型筹资策略

　　稳健型策略是一种低风险和低收益的筹资策略。这是为什么呢？前已述及，临时性负债资金成本较低，但偿还期较短，采用稳健型策略，临时性负债在企业全部资金来源中所占比例较小，企业无法偿还到期债务的风险也相对较低。然而由于长期负债和权益资本在企业的资金来源中比重较高，并且两者的资金成本高于临时性负债的资金成本，从而降低了企业整体的收益率。

任务 4.2　筹资决策的经济评价：确定边际资金成本

任务书

主任务	子任务	具体要求	完成步骤
筹资决策的经济评价	计算边际资金成本	① 确定企业目标资本结构 ② 确定各种方式的资金成本 ③ 计算筹资总额分界点 ④ 计算边际资金成本 ⑤ 对筹资方案进行经济可行性评价	① 根据企业实际确定目标资本结构 ② 根据资金市场状况确定个别资金成本 ③ 计算筹资方案的边际资金成本 ④ 分析筹资方案的经济可行性，作出科学结论
	对筹资决策进行经济评价		

关键提示：

在企业追加筹资时，不能仅仅考虑目前所使用的资金的成本，还要考虑为投资项目新筹集资金的成本，这就需要计算资金的边际成本。只有当资金成本低于资金的收益率时，才是可行的。

企业为了运用资金而筹集资金，但世上没有免费的午餐，用资是要付费的，即资金成本。资金的收益率至少应大于资金成本，这样在经济上才是可行的。如果企业筹集的资金所取得的收益不能抵偿资金成本，就要考虑是否更换其他筹资方案或者是否应该放弃该项投资。由此看来，资金成本是一个重要指标，它是一个标准，是选择筹资方案和投资方案的重要依据。

任何一个企业不可能以一个既定的资金成本筹集到无限多的资金，当超过一定限度时，资金成本就会提高，此时，即使企业保持原有的资本结构，也仍有可能导致加权平均资金成本上升。因此，在企业追加筹资时，不能仅仅考虑目前所使用的资金的成本，还要考虑为投资项目新筹集资金的成本，这就需要计算边际资金成本。当企业拟筹资进行某项投资时，应以边际资金成本作为经济可行性的评价标准，在筹资方案和投资方案之间进行取舍。

1. 边际资金成本

边际资金成本是指资金每增加一个单位而增加的成本。企业追加筹资有时可能只采取某一种筹资方式，但在筹资额较大或在目标资本结构既定的情况下，往往通过多种筹资方式组合来实现，所以边际资金成本一般也是按加权平均法计算的，是追加筹资时所使用的加权平均资金成本。应注意的是，各种资金的权数为市场价值权数，不应使用账面价值权数。

2. 计算边际资金成本

计算边际资金成本的步骤如下。

① 确定目标资本结构。

② 确定各种方式的资金成本。

③ 计算筹资总额分界点。筹资总额分界点是指某种筹资方式在保持其资金成本不变的条件下，可以筹到的资金总限度。在筹资总额分界点范围内筹资，该筹资方式原来的资金成本不会改变；一旦筹资额超过筹资分界点，即使维持现有的资本结构，其资金成本也会增加。

$$筹资总额分界点 = \frac{某特定筹资方式的筹资总额分界点}{该种筹资方式在资本结构中所占比重} \qquad (6-6)$$

例如某企业借款 100 000 元以内，资金成本为 6%，超出 100 000 元，资金成本为 8%。另外，该企业确定借款最佳比例为 20%，筹资总额分界点为 500 000 元（100 000/20%）。这里请注意，筹资总额分界点指的是在某种筹资方式资金成本不变的情况下可筹集的资金总额。在本例中，筹资总额分界点是 500 000 元，而不是 100 000 元。

④ 计算边际资金成本。

【例题 6-6】 中元公司目前有资金 800 万元，其中长期债务 240 万元，普通股权益 560 万元。因投资需要，公司准备筹措新资。试测算追加筹资的边际资金成本。

解 第一步，确定目标资本结构。经分析测算后，中元公司的财务人员认为目前的资本结构处于目标资本结构范围，在今后增资时应予保持，即长期债务 30%，普通股权益 70%。

第二步，测算确定个别资金成本。财务人员分析了资本市场状况和公司的筹资能力，认为随着公司筹资规模的不断增加，各种资金的成本率也会增加，测算结果如表 6-4 所示。

表 6-4 中元公司筹资资料

筹资方式	目标资本结构/%	追加筹资数额范围/万元	个别资金成本/%
长期债务	30	60 及以下	6
		60 以上	8
普通股	70	70 及以下	12
		70 以上	14

第三步，计算筹资总额分界点。中元公司计算的筹资总额分界点如表 6-5 所示。

表 6-5 中元公司筹资总额分界点计算表

个别资金成本/%	各种筹资方式的筹资范围/万元	筹资总额分界点/万元	筹资总额范围/万元
6	60 及以下	60/30%＝200	200 及以下
8	60 以上	—	200 以上
12	70 及以下	70/70%＝100	100 及以下
14	70 以上		100 以上

第四步，计算边际资金成本。根据第三步计算的筹资总额分界点，由小到大排序，可将0到无穷大的追加筹资范围划成几个小的范围段，本例为0～100万元、100万元～200万元、200万元以上，对每个筹资总额范围段测算其加权平均资金成本，便可得到各种筹资范围的边际资金成本，如表6-6所示。

表 6-6 边际资金成本计算表

序号	筹资总额范围/万元	筹资方式	目标资本结构/%	个别资金成本/%	边际资金成本/%
1	0～100	长期债务	30	6	1.8
		普通股权益	70	12	8.4
		第一范围资金边际成本10.2%			
2	100～200	长期债务	30	6	1.8
		普通股权益	70	14	9.8
		第二范围资金边际成本11.6%			
3	200 以上	长期债务	30	8	2.4
		普通股权益	70	14	9.8
		第三范围资金边际成本12.2%			

能 力 测 试

一、计算题

1. 李华是兴安公司的财务主管，兴安公司需筹集一笔短期资金以满足企业业务需要，李华负责这项筹资任务。经过分析李华测算确定需要筹资60万元，并决定采取银行借款的筹资方式。通过与银行协商，有以下几种支付银行贷款利息的方式可供选择。

① 如采用收款法，年利息率为8%；

② 如采用贴现法，年利息率为 6.5%；

③ 如采用补偿性余额，年利息率为 6%，银行要求的补偿性余额比例为 15%。

李华应选择哪种支付方式呢？请说明理由。

2. 利源公司拟采购一批货物，价款为 10 000 元，供应商规定的付款条件为"5/10, 3/20, n/60"。

（1）假设银行短期贷款利率为 12%，计算放弃现金折扣的成本并确定对公司最有利的付款日期和价款。

（2）假设目前有一个投资报酬率为 45% 的项目，确定对公司最有利的付款日期和价款。

3. 永康公司需用一台设备，买价为 800 000 元，如果向财务公司租入，双方约定每年年末支付一次租金 100 000 元，永康公司需用该设备 10 年。若申请贷款购买设备，贷款利率为 6%，请判断甲公司应自行购买还是租用此设备。

4. 福特公司拥有资金 1 000 万元，其中银行借款 400 万元，普通股 600 万元，该公司计划筹集新的资金，并维持目前的资金结构不变。随筹资总额增加，各筹资方式的资金成本变化如表 6-7 所示。请帮助福特公司确定筹资的边际资金成本。

表 6-7　福特公司各筹资方式资金成本表

筹资方式	新筹资额	资金成本
银行借款	50 万元以下（含 50 万元）	4%
	50 万元以上	5%
普通股	60 万元以下（含 60 万元）	10%
	60 万元以上	12%

二、案例分析题

宏图股份有限公司案例[①]

宏图股份有限公司是一个小型的产品生产企业。公司发展很快，市场前景也很好，资本利润率处于同行业的前列。公司为实现经营目标肯担风险，目前的问题是如何筹集资金购买机器设备以便扩大生产满足市场需求。公司大体状况如下。

股票全部为公司内部几个高级管理人员所持有，还没有公开上市。到目前为止，公司已经从银行借了大笔资金，平均债务利率为 8%，本年 1—6 月的销售收入为 1 440 万元，息税前利润为 172.1 万元。

蓝利工程股份有限公司是一家中型公司，与宏图公司同属一个行业。该公司供应各种生产资料，生产发展稳定且谨慎，公司的扩张与发展主要靠留存收益；股票通过证券交易所买卖，但大多数股票由其家族控制；借款只用于专项，平均债务利率为 6%。该企业的资本利润率只是同行业的平均水平，与宏图公司相比，在资产上有自己的优势——拥有属于自己的房地产，生产规模大。1—6 月的销售收入为 4 320 万元，息税前利润 465.85 万元。

---

① 资料来源：http://www.buildbook.com.cn/ebook/2007/B10042384/10.htm.

现在两家公司各需筹集资金 300 万元购置机器设备，它们应该如何筹资？为什么？并请回答下列问题。

（1）两个公司的筹资渠道是否相同？为什么？

（2）谁更在乎成本问题？原因是什么？

宏图公司与蓝利公司 6 月底的资产负债表如表 6-8 所示。

表 6-8　宏图公司与蓝利公司 6 月底的资产负债简表

项目	宏图公司/万元	蓝利公司/万元
资　产		
流动资产：		
货币资金	60	100
应收账款	360	1 080
存货	240	1 800
流动资产合计	660	2 980
固定资产：		
房屋	—	741
机器设备	400	1 560.6
减：累计折旧	40	381.6
固定资产净值	360	1 920
资产总额	1 020	4 900
负债及所有者权益		
流动负债：		
短期借款	360	720
应付账款	120	480
流动负债合计	480	1 200
长期借款	240	—
负债合计	720	1 200
所有者权益：		
股本	240	3 600
留存收益	60	100
所有者权益合计	300	3 700
负债及所有者权益总计	1 020	4 900

项目五

流动资金管理

【能力目标】
- 能够根据具体情况选择适当的方法，确定企业最佳现金持有量；
- 能够通过成本收益分析，制定对企业最有利的信用政策；
- 能够根据具体情况确定企业的经济进货批量。

【知识目标】
- 熟悉企业持有现金的成本，并理解各项成本与现金持有量的关系；
- 熟悉应收账款成本，并理解各项成本与应收账款数额的关系；
- 熟悉企业持有存货的成本，并理解各项成本与存货进货批量的关系；
- 理解流动资金的管理目标，学会日常管理方法。

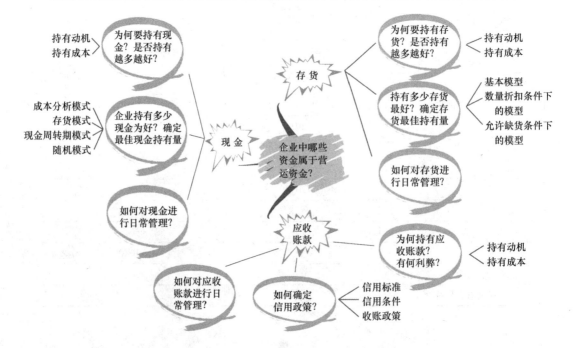

思维导图

作为财务人员,不仅要关注企业筹资,还要关注资金的运用,提高资金的使用效率。流动资金是企业占用在流动资产上的资金,只有对流动资金进行科学管理,才能取得较好的经济效益。

工 作 过 程

假设立达公司计划年度现金总需求量为 16 000 万元,该公司在现金充裕时,进行证券投资,在现金短缺时,出售证券。现金与有价证券的转换成本为每次 1 000 元,有价证券的年利率为 8%。

立达公司年赊销额为 18 000 万元,变动成本率为 60%,目前的信用期为 30 天。如果延长为 60 天,销售额增长 10%,坏账损失率仍维持在 3%。如果立达公司实行"2/30,1/45,n/60"的现金折扣政策,有 50%(按赊销额计算)的客户会在 30 天内付款,有 30%的客户会在 45 天内付款;其余为 60 天内付款。

立达公司计划年度预计全年材料总需求量为 64 000 吨,每吨标准价为 1 500 元。销售方规定:如每批购买量达到 2 000 吨,价格优惠 2%,每批进货费用 10 000 元,单位材料年储存成本 500 元。

要求:

(1)各小组根据上述资料确定立达公司的最佳现金持有量。

(2)各小组分析立达公司目前的信用条件是否合理?为企业选择合适的信用条件,并说明理由。

(3)各小组确定经济订货批量。

(4)向立达公司管理当局提交流动资产管理合理化建议,并进行分析。

任务 5.1 现 金 管 理

任务书

主任务	子任务	具体要求	完成步骤
现金管理	确定最佳现金持有量	① 确定公司计划年度的现金需求总量 ② 确定现金与有价证券的固定转换费用及有价证券的年利息率 ③ 确定公司计划年度最佳现金持有量	① 选择确定最佳现金持有量的方法 ② 搜集有关数据 ③ 计算公司计划期最佳现金持有量
	加强现金的日常管理	① 提出加强现金日常管理的目标 ② 提出加强现金日常管理的具体措施	

现金是企业所拥有的处于货币形态的经营资金,是企业流动资产的重要组成部分,它包

括库存现金、银行存款和其他货币资金。现金是企业资产的重要组成部分，是企业流动性最强的一种资产，也是唯一能够随时转换为其他任何类型资产的资产。所以，现金涉及面最广，应用最广泛，并且极容易发生丢失、短缺和被盗窃等现象，最容易被挤占和挪用，甚至产生舞弊行为。因此，所有企业必须加强对现金管理，规范现金的使用，避免现金不足和过剩所产生的不良现象，不能因为对现金的管理不善而影响企业的正常运转和经济效益。

1. 分析企业持有现金的动机

（1）交易动机

交易动机是指企业为了应付日常经营中的交易需要而应该保持现金。例如，企业购买原材料、支付工资、缴纳税款、偿还债务等。由于企业每日的现金收入和现金支出不可能同步同量，当收入大于支出时，形成现金置存；当支出大于收入时，需要筹措现金。为避免现金收支的暂时不平衡而中断日常交易，企业持有一定量的现金并保留必要的现金余额是完全必要的，其持有量的大小与交易业务的增减成正比例。

（2）预防动机

预防动机是指为了预防意外事件发生而需要保持现金。由于市场行情瞬息万变，企业很难对未来现金收支情况作出准确的预期，一旦预期与实际情况发生偏差，必然会对企业正常经营秩序产生不利的影响。因此，为了应付现金收支的波动，保证正常经营的继续进行，持有一定量的现金并保留适当的余额是非常必要的。其持有量的大小与企业预测现金收支的可靠性、企业的举债能力及企业愿意承担风险的程度相关。

（3）投机动机

投机动机是指企业为了能利用潜在的获利机会而保持现金。例如，遇有廉价原材料或其他资产供应等不寻常的购买机会，便可利用置存的现金大量购入。又如当证券市价跌入低谷并预期价格会反弹时，以一定的现金购入有价证券即可获得高额收益。其持有量的大小与市场的投资机会及企业对待风险的态度相关。

企业持有现金时，一般应综合考虑上述3个动机。应该注意的是，由于现金可以在各种动机中调剂使用，企业现金持有量不等于上述三种动机的简单加总，而且三种动机所需保持的现金并不一定完全是货币形态，也可以是能够随时变现的有价证券和其他形式。

2. 持有现金会给企业带来哪些成本

明确与现金有关的成本及其各自的特性，有助于从成本最低的角度出发确定现金最佳持有量。持有现金会给企业带来哪些成本呢？

（1）持有成本

现金的持有成本是指企业因保留一定现金余额而增加的管理费用及丧失的再投资收益。

企业保留现金，对现金进行管理，会发生一定的管理费用，如管理人员工资及必要的安全设施费等。这部分费用与现金持有量无明显的比例关系，具有固定成本的性质。它是决策的无关成本。

企业因持有现金而放弃的再投资收益是企业不能同时用该现金进行有价证券投资所产生

的机会成本，这种成本在数额上等同于将现金投资于有价证券所能获得的收益，或者是企业向外筹集资金的资金成本。例如，某企业的年平均持有现金为 150 万元，资金成本为 8%，则该企业每年现金的机会成本为 12 万元。现金持有额越大，机会成本越高。因此，企业丧失的再投资收益即机会成本与现金持有量成正比例关系，属于变动成本性质。

（2）转换成本

转换成本是指企业用现金购入有价证券及转让有价证券换取现金时付出的交易费用，即现金与有价证券之间相互转换的成本。有些转换成本是按照委托成交金额计算的，在证券总额既定的条件下，无论变现次数怎样变动，所需支付转换成本是相同的。这些依据委托成交额计算的转换成本与证券变现次数关系不大，如委托买卖佣金、委托手续费，属于决策无关成本；有些转换成本与证券变现次数密切相关，在全年现金需求量一定的条件下，这些转换成本与证券变现次数成正比例关系，与现金持有量成反比例关系，如证券过户费、交割手续费等，属于决策相关成本。

（3）短缺成本

现金的短缺成本是指由于现金持有量不足而给企业造成的损失。企业缺乏必要的现金，不能应付业务开支的需要，会使企业蒙受损失或为此付出代价。例如，由于现金短缺而无法购进急需的原材料，从而使企业的生产经营中断而给企业造成损失，这是直接的损失；由于现金短缺而无法按期支付货款或不能按期归还贷款，将给企业的信用和企业形象造成损伤，这是间接损失。现金的短缺成本随持有量的增加而下降，随持有量的减少而上升，现金持有量与短缺成本成反方向变动关系。

> **关键提示：**
>
> 　　企业必须保持一定数量的现金，以满足正常经营活动的需要。如果货币持有数量不足，企业将不能应付业务开支从而蒙受损失，还有可能使企业付出无法估量的潜在成本。然而，现金本身并不具备营利性，如果企业置存过多的现金，又会因这些资金不能投入周转无法盈利而遭受另外的损失，有时企业还要为此付出机会成本。因此现金的管理目标是：既要满足企业各种业务往来的需要，保持现金的流动性，又要尽量降低现金的持有量，并从暂时闲置的现金中获取最大的投资收益。

3. 确定企业最佳现金持有量

拥有足够的现金对于降低企业的风险、增强企业资产的流动性和债务的可清偿性具有重要的意义。但现金属于非营利性资产，即使是银行存款，其利率也非常低。现金持有量过多，企业的收益水平也相应降低。因此，企业必须合理确定现金持有量，使现金收支不但在数量上相互衔接，而且在时间上相互衔接，在保证企业经营活动所需现金的同时，尽量减少企业闲置的现金数量，提高资金收益率。

1）成本分析模式

成本分析模式，是根据对企业持有现金的机会成本、管理成本和短缺成本的分析来确定

最佳现金持有量的方法。其计算公式为

$$现金总成本＝机会成本＋管理成本＋短缺成本 \qquad (7-1)$$

如前所述，现金的机会成本是指企业因持有现金而放弃的再投资收益，与现金持有量成正比例关系。用公式表示为

$$机会成本＝现金持有量×资金成本率（或有价证券利率） \qquad (7-2)$$

现金持有量越大，机会成本越高。企业为了经营业务的需要，拥有一定数量的现金是必要的，但现金拥有量过高，机会成本就会大幅度上升，从而降低企业的收益。

管理成本是指为了对所持有的现金进行管理而发生的费用。企业拥有现金，会发生管理费用，如管理人员工资、安全设施费等。这些费用是现金的管理成本。管理成本是一种固定成本，与现金持有量之间无明显的比例关系。

现金的短缺成本是指由于现金持有量不足而给企业造成的损失。现金的短缺成本随现金持有量的增加而下降，随现金持有量的减少而上升，现金持有量与短缺成本呈反方向变动关系。

这些成本同现金持有量之间的关系如图 7-1 所示。

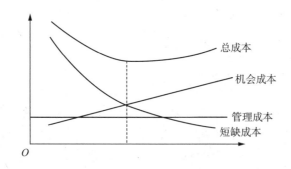

图 7-1　成本分析模式示意图

由图 7-1 可见，各项成本同现金持有量的变动关系不同，使得总成本曲线呈抛物线，抛物线的最低点，即为成本最低点。该点所对应的现金持有量便是最佳现金持有量，此时总成本最低。

成本分析模式是基于上述原理来确定现金最佳持有量的。在成本分析模式中，使机会成本、管理成本和短缺成本之和最小的现金持有量为最佳现金持有量。

实际工作中运用该模式确定最佳现金持有量的具体步骤为：

① 根据不同现金持有量测算并确定有关成本数值；

② 按照不同现金持有量及其有关成本资料编制最佳现金持有量测算表；

③ 在测算表中找出相关总成本最低的现金持有量，即为最佳现金持有量。

【例题7-1】某企业有四种现金持有方案，它们各自的机会成本、管理成本、短缺成本如表7-1所示。

表7-1 现金持有量备选方案表 单位：元

项 目	甲方案	乙方案	丙方案	丁方案
现金持有量	40 000	60 000	80 000	100 000
资金成本率	10%	10%	10%	10%
管理成本	25 000	25 000	25 000	25 000
短缺成本	20 000	11 000	1 000	0

根据表7-1编制该企业最佳现金持有量测算表，如表7-2所示。

表7-2 最佳现金持有量测算表 单位：元

项 目	甲方案	乙方案	丙方案	丁方案
机会成本	4 000	6 000	8 000	10 000
管理成本	25 000	25 000	25 000	25 000
短缺成本	20 000	11 000	1 000	0
合 计	49 000	42 000	340 00	35 000

从表7-2计算结果可以看出，丙方案的总成本是4个方案中最低的，因此该企业的最佳现金持有量为80 000元。

成本分析模式适用范围广泛，尤其适用于现金收支波动较大的企业。其缺点是企业持有现金的短缺成本较难预测。

2）存货模式

存货模式又称鲍曼模式，它是由美国经济学家 William J. Baumol 首先提出来的。他认为企业现金持有量在许多方面与存货相似，存货经济批量模式可用于确定最佳现金持有量，并因而确定了鲍曼模式。

存货模式的着眼点是现金有关成本最低。这种模式没有考虑现金的管理成本和短缺成本。这是因为在一定范围内，现金的管理费用与现金持有量一般没有关系，所以可以视为决策的无关成本；又由于现金的短缺成本具有很大不确定性，其成本往往不易计量，所以在此也不予考虑。如前所述，只有现金的持有机会成本和固定性转换成本与现金持有量有关，是决策的相关成本。因此，在存货模式中只考虑现金的持有机会成本和固定性转换成本。持有机会成本（简称持有成本）和固定性转换成本（简称转换成本）随着现金持有量的变动呈现出相反的变动趋向，如果现金持有量大，则现金的持有成本高，转换成本低；反之，现金持有量小，则现金的机会成本低，转换成本高。这就要求企业必须合理安排现金与有价证券的比例，从而使持有成本与转换成本保持最佳组合。能够使现金管理的持有成本与转换成本之

和保持最低的现金持有量，即为最佳现金持有量，即

$$现金管理总成本＝持有成本＋转换成本$$

用公式表示为

$$TC＝（Q/2）\times K＋（T/Q）\times F \tag{7-3}$$

式中：TC——现金管理总成本；

　　　T——现金需要总量；

　　　Q——理想现金余额（即最佳现金持有量）；

　　　F——每次交易的固定费用；

　　　K——有价证券的利息率；

　　$Q/2$——平均现金持有量；

　　T/Q——现金与有价证券间的转换次数。

现金管理总成本与持有成本、转换成本的关系如图7-2所示。

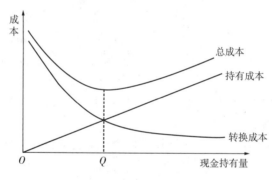

图7-2　存货模式示意图

从图7-2可以看出，现金管理的总成本与现金持有量呈凹形曲线关系。持有成本与转换成本相等时，现金的管理总成本最低，此时的现金持有量为最佳现金持有量。

对自变量Q求一阶导数，使一阶导数等于零的Q即为最佳现金持有量。计算公式为

$$Q＝\sqrt{2TF/K} \tag{7-4}$$

将上式中的Q代入现金管理总成本的公式，可得到此时的最低总成本为

$$TC＝\sqrt{2TFK} \tag{7-5}$$

【例题7-2】 某企业预计全年需要现金2 000 000元，现金与有价证券的转换成本为每次1 000元，有价证券的年利率为10%。试利用存货模式求最佳现金持有量、现金管理总成本、现金平均余额及持有成本、全年转换交易次数及转换成本。

解　$Q＝\sqrt{2TF/K}＝\sqrt{2\times2\,000\,000\times1\,000/10\%}＝200\,000$（元）

$TC=200\ 000/2\times10\%+2\ 000\ 000/200\ 000\times1000=20\ 000$（元）

或：$TC=\sqrt{2\times2\ 000\ 000\times1\ 000\times10\%}=20\ 000$（元）

$Q/2=200\ 000/2=100\ 000$（元）

$(Q/2)\times K=100\ 000\times10\%=10\ 000$（元）

$T/Q=2\ 000\ 000/200\ 000=10$（次）

$(T/Q)\times F=10\times1\ 000=10\ 000$（元）

在运用存货模式确定现金余额时，必须注意该模式是以下列假设为前提的：公司所需现金总量是稳定并可预测的；公司经营中的现金支出比例均衡，波动不大；现金与有价证券之间的转换是畅通的。只有上述条件得到满足，才能运用该模式来确定现金余额。因此，该方法尽管简便，但并非十分精确。

3）现金周转期模式

现金周转期模式是根据企业现金的周转时间来确定最佳现金持有量的方法，其步骤如下。

① 确定现金周转期。现金周转期是指企业从购买原材料支付货款起至产品销售收回货款止所需的时间。其计算公式为

$$现金周转期＝存货周转期＋应收账款周转期－应付账款周转期\tag{7-6}$$

其中，存货周转期是指将原材料转化成产成品并出售所需要的时间；应收账款周转期是指将应收账款转换为现金所需要的时间，即从产品销售到收回现金的期间；应付账款周转期是指从收到尚未付款的材料开始到现金支出所用的时间。

② 确定现金周转率。现金周转率是指现金在一定时期（通常为一年）内的周转次数。其计算公式为

$$现金周转率＝\frac{360}{现金周转期}\tag{7-7}$$

③ 确定最佳现金持有量。最佳现金持有量是企业年现金总需求量与现金周转率的比值。其计算公式为

$$最佳现金持有量＝\frac{年现金总需求量}{现金周转率}\tag{7-8}$$

【例题 7-3】某企业预计全年需要现金 360 万元，预计存货周转期为 90 天，应收账款周转期为 60 天，应付账款周转期为 30 天。求最佳现金持有量。

解　现金周转期＝90＋60－30＝120（天）

现金周转率＝$\frac{360}{120}$＝3（次）

最佳现金持有量＝$\frac{360}{3}$＝120（万元）

在运用现金周转期模式确定现金余额时，必须注意该模式是以下列假设为前提的：企业有确定的现金需求量；现金收入每隔一定时间发生；现金付出的时间发生在应付账款支付的时候。现金周转期模式简单明了，易于计算。但是这种方法是建立在上述假设条件下的，一旦假设条件不存在，则求得的最佳现金持有量将与实际情况不相符。

4）随机模式

实际工作中，企业的现金需要量是很难准确预知的，但企业可以根据历史经验和现实需要，测算出一个现金持有量的控制范围，即制定出现金持有量的上限和下限，将现金持有量控制在上下限之内，如图 7-3 所示。

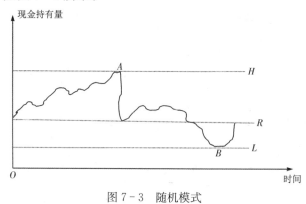

图 7-3　随机模式

随机模式是在现金需求量难以预知的情况下进行现金持有量控制的方法。其基本原理是：企业根据历史经验和现实需要，测算出一个现金持有量的控制范围，即制定出现金持有量的上限和下限，将现金量控制在上下限之内。若现金量在控制的上下限之内，便不必进行现金与有价证券的转换，保持它们各自的现有存量，当现金量达到上限或下限时，通过现金与有价证券的转换，使现金量回到返回线。

图 7-3 中的上限 H 和现金返回线 R 可按下列公式计算：

$$R = \sqrt[3]{\frac{3b\sigma^2}{4i}} + L \tag{7-9}$$

现金存量的上限 H 的计算公式为

$$H = 3R - 2L \tag{7-10}$$

式中，b 是每次有价证券的固定转换成本；i 是有价证券的日利息率；σ 是预期每日现金余额变化的标准差（可根据历史资料测算）；L 为现金存量的下限。L 根据企业每日的最低现金需要、管理人员的风险承受倾向等因素分析确定。

【例题 7-4】假定某公司有价证券的年利率为 12%，每次固定转换成本为 85 元，每月现金余额不能低于 1 000 元，又根据以往经验测算出现金余额波动的标准差为 800 元。求最优现金返回线和现金控制的上限。

解 如图 7-4 所示,计算如下。

$$R=\sqrt[3]{\frac{3\times85\times800^{2}}{4\times12\%/360}}+1\,000\approx5\,967\,(元)$$

$$H=3R-2L=3\times5\,967-2\times1\,000=15\,901\,(元)$$

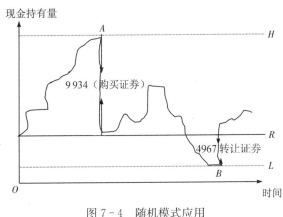

图 7-4 随机模式应用

4. 现金收支的日常管理

现金日常管理的目的主要有两个:一是维护现金的安全完整;另一个则是提高现金的使用效率。

1) 建立现金的内部控制制度

(1) 实行不相容的职务相互分离制度

理顺财务管理关系,建立职务分工制度,从机构设置上确保资金流通安全。建立内部监督制约机制,资金的管理人员要实行不相容职务相互分离制度,合理设置会计、出纳及相关的工作岗位、职责分明、相互制约,确保资金的安全。会计出纳不能相互兼职,不得由一人办理现金流通的全部过程。具体包括以下内容。

① 会计人员负责分类账的登记、收支原始单据的复核和收付记账凭证的编制。

② 出纳人员负责现金的收付和保管、收支原始凭证的保管、签发银行有关票据和日记账的登记。

③ 内审人员应当负责收支凭证和账目的定期审计和现金的突击盘点及银行账的定期核对。

④ 会计主管应负责审核收支项目,保管单位和单位负责人的印章。

⑤ 单位负责人应负责审批收支预算、决算及各项支出。

⑥ 计算机程序员应负责程序设计和修改,不得操作程序,甚至不能随意出入会计室。

（2）建立收入和支出环节的内部控制制度

要加强对现金的预算编制、执行各个环节的管理，规范现金的管理程序，确定现金执行的审批权限和制度，超限额或重大事项资金支付要实行集体审批，严格控制无预算或超审批权限的资金支出，严格单位内部资金收入和支出审批程序。

① 对现金的收入控制。每笔收入都要及时开票；要尽可能使用转账结算，现金结算款项要及时送存银行；尽可能采用集中（财务部门）收款的方式，分散（单位或个人）收款要及时送交单位出纳；不得坐支各项收入；出纳员收妥每笔款项后应在收款凭证上加盖"收讫"章。

② 对现金的支出控制。每笔支出都应由单位负责人审批、会计主管审核、会计人员复核；出纳人员对每一笔款项都应以健全的会计凭证和完备的审批手续为依据，付款后，需在付款凭证上加盖"付讫"章；各项支出都按预算和定额控制执行；要按国家规定的用途使用现金，尽可能使用转账支付；银行单据签发和印鉴保管应当分工负责。

2）运用科学的现金管理策略

（1）力争现金流量同步

所谓现金流量同步，就是要求企业尽量使它的现金流入与流出发生的时间趋于一致，这样就可以使所持有的交易性现金余额降到最低水平。

（2）合理使用现金浮游量

所谓现金浮游量，是指从企业开出支票，收款人收到支票并存入银行，至银行将款项划出企业账户这段时间内，企业可占用的现金量。因为在这段时间内，尽管企业已开出了支票，但仍可动用在活期存款账户上的这笔资金。不过，在使用现金浮游量时一定要控制使用时间，否则会发生银行存款的透支。

（3）加速收款

加速收款主要指企业采取各种措施，缩短应收账款的收回时间。一般来说，企业账款的收回需要经过4个时点，即客户开出付款票据、企业收到票据、票据交存银行和企业收到现金。企业账款收回的时间包括票据邮寄时间、票据在企业停留时间及票据结算的时间。前两个阶段所需时间的长短不但与客户、企业、银行之间的距离有关，而且与收款的效率有关。在实际工作中，缩短这两段时间的方法一般有邮政信箱法和银行业务集中法。

邮政信箱法又称锁箱法，是西方企业加速现金流转的一种常用方法。企业可以在各主要城市租用专门的邮政信箱，并开立分行存款户，授权当地银行每日开启信箱，在取得客户票据后立即予以结算，并通过电汇再将货款拨给企业所在地银行。在锁箱法下，客户将票据直接寄给客户所在地的邮箱而不是企业总部，不但缩短了票据邮寄时间，还免除了企业办理收账、货款存入银行等手续，因而缩短了票据邮寄及在企业的停留时间。但采用这种方法成本较高，因为被授权开启邮寄信箱的当地银行除了要求扣除相应的补偿性余额外，还要收取办理额外服务的劳务费，导致现金成本增加。因此，是否采用邮政信箱法，需视提前回笼现金产生的收益与增加的成本的大小而定。

　　银行业务集中法是一种通过建立多个收款中心来加速现金流转的方法。在这种方法下，企业指定一个主要开户行（通常是总部所在地）为集中银行，并在收款额较集中的若干地区设立若干个收款中心；客户收到账单后直接汇给当地收款中心，中心收款后立即存入当地银行；当地银行在进行票据交换后立即转给企业总部所在地银行。这种方法可以缩短客户邮寄票据所需时间和票据托收所需时间，也就缩短了现金从客户到企业的中间周转时间。但是，采用这种方法须在多处设立收账中心，从而增加了相应的费用支出。因此，企业应在权衡利弊得失的基础上，作出是否采用银行业务集中法的决策。

　　（4）推迟应付账款的支付

　　推迟应付账款的支付是指企业在不影响自己信誉的条件下，尽可能地推迟应付账款的支付期，充分运用供货方所提供的信用。如企业急需资金，甚至可以放弃供货方所提供的优惠，在信用期的最后一天付款。

　　3）闲置现金的投资管理

　　企业在筹资和经营时会取得大量的现金，这些现金在用于资本投资或其他业务活动之前，通常会闲置一段时间。企业可利用这些暂时闲置的现金进行短期证券投资以获取利息收入或资本利得，如果管理得当，可为企业增加相当可观的投资收益。

　　企业现金管理的目的首先是保证日常生产经营业务的需求，其次才是使这些资金获得最大的收益。这两个目的要求企业把闲置的现金投入到流动性高、风险性低、交易期短的金融工具中，以期获得较多的收入。在货币市场上，财务人员通常使用的金融工具主要有国库券、可转让大额存单、回购协议等。

任务 5.2　应收账款管理

任务书

主任务	子任务	具体要求	完成步骤
应收账款管理	制定应收账款信用政策	① 确定合理的信用标准 ② 确定合理的信用条件 ③ 确定合理的收账政策	① 采用对客户信用的定量定性分析方法，确定合理的信用标准 ② 预测计划期的销售和成本情况，对不同信用条件和收账政策进行经济评价，确定合理的信用条件和收账政策 ③ 分析讨论应收账款日常管理目标及具体措施
	加强应收账款日常管理	① 提出加强应收账款日常管理的目标 ② 提出加强应收账款日常管理的具体措施	

　　应收账款是指企业因销售产品、材料或提供劳务等，应向购货单位或接受劳务的单位收取的款项。应收账款是企业销售活动中所发生的债权。在市场条件下，应收账款占用的资金比重不断增加，加强对这部分资金占用的控制，在整个流动资产管理中占有重要地位。

1. 分析企业持有应收账款的动机

应收账款的产生主要基于以下两方面的原因。

（1）商业竞争

市场经济条件下，企业的商品生产和经营活动面临着激烈的竞争。这种竞争机制迫使企业千方百计地扩大销售。除了依靠产品质量、价格、售后服务、广告等外，赊销也是扩大销售的手段之一。对于同等的产品价格、类似的质量水平、同样的售后服务，实行赊销的产品或商品的销售额将大于现销的产品或商品的销售额。为了扩大销售且在激烈的市场竞争中获胜，企业不得不以赊销或其他优惠方式招揽顾客，于是就产生了应收账款。由竞争引起的应收账款是一种商业信用。

（2）销售和收款的时间差距

商品成交的时间和收到货款的时间不一致，也导致了应收账款的产生。对批发和大量生产的企业来讲，发货时间和货款收到时间往往不能同步。因为货款结算需要时间，并且结算手段越是落后，结算所需时间越长。由于销售和收款的时间差而造成的应收账款不属于商业信用，也不是应收账款的主要内容。

2. 应收账款会给企业带来哪些成本

应收账款成本是指企业持有应收账款而付出的代价。对企业来说，应收账款是必要的，但持有应收账款需要付出一定代价。企业如果不提供这种信用，就不可能在应收账款产生相关成本，但企业会因此而丧失部分销售机会。因此，企业需要在应收账款政策所增加的销售盈利和实施该政策所耗成本之间作出选择，以确定应收账款的最佳水平。

应收账款成本主要由机会成本、坏账成本和管理成本三部分组成。

（1）机会成本

应收账款的机会成本是指企业的资金投放在应收账款上而放弃其他投资机会丧失的潜在利益。这种成本一般按资金成本率或短期有价证券利率确定。

$$应收账款机会成本＝维持赊销业务所需资金×资金成本率 \qquad (7-11)$$

$$维持赊销业务所需资金＝应收账款平均余额×变动成本率 \qquad (7-12)$$

$$应收账款平均余额＝日赊销额×平均收账天数＝\frac{年赊销额}{360}×平均收账天数 \qquad (7-13)$$

因此，应收账款机会成本也可按下面公式计算。

$$应收账款机会成本＝\frac{年赊销额}{360}×平均收账天数×变动成本率×资金成本率 \qquad (7-14)$$

【例题 7-5】 某企业预测的 20×× 年度赊销额为 3 000 万元，变动成本率为 60%，资金成本率为 8%，假设应收账款平均收账天数为 60 天，试计算应收账款的平均余额、维持赊销业务所需资金和应收账款机会成本。

解 应收账款的平均余额 $＝\dfrac{3\,000}{360}×60＝500$（万元）

维持赊销业务所需资金＝500×60％＝300（万元）

应收账款机会成本＝300×8％＝24（万元）

（2）管理成本

应收账款的管理成本是指企业因管理应收账款而发生的各种费用，主要包括对客户的资信调查费用、应收账款账簿记录费用、收账费用及其他费用等。通常可视为固定成本，可通过预测加以确定，无须计算。

（3）坏账成本

应收账款的坏账成本是指企业的应收账款不能及时收回而给企业造成的损失。这一成本一般同企业的应收账款数量成正比，即应收账款越多，坏账损失也越多。它可由下列公式计算。

$$应收账款的坏账成本＝赊销收入×实际或预期坏账损失率 \qquad (7-15)$$

关键提示：

　　应收账款是企业迫于竞争压力，为了吸引客户所采取的一种非常重要的手段，通过这种促销手段，企业可以扩大销售。同时企业也会因此付出代价，如前述的应收账款的机会成本、管理成本和坏账成本。因此，应收账款管理就成为企业财务管理的一项重要内容。企业对应收账款进行管理的目标，就是要对其进行收益和成本的权衡，以选择最佳的信用政策，用较小的成本、较低的风险获取更大的收益。

3. 制定应收账款信用政策

信用政策即应收账款的管理政策，是企业对应收账款进行规划和控制的基本原则与行为规范。企业的信用政策是否合理，直接影响到企业的经济效益。信用政策主要包括信用标准、信用条件和收账政策三部分内容。

1）信用标准

信用标准是企业给予客户赊销的最低条件。它主要依据企业的实际经营情况、市场竞争的激烈程度和信用情况等综合因素来制定。如果一个企业的信用标准定得较严，会减少坏账损失和各种收账成本，但也会将只具备一般信用条件的客户拒之门外，从而影响企业的销售规模和获利能力。特别是在竞争对手相继放宽信用标准的情况下，如果企业仍坚持过于严格的信用标准，对企业的销售增长是极为不利的，长此以往甚至有可能会失去已有的市场份额。反之，如果放宽信用标准，则会使一些信用品质较差的客户享受到企业的信用优惠，从而促成销售增长，但也会使超信用期还款的现象增加，企业的坏账风险增大，增加了成本。因此，企业确定信用标准的关键是衡量不同客户的信用状况，从而最终决定是否对该客户实行信用销售。

（1）调查客户信用

客户信用状况的评定是建立在可靠的资料基础之上的。所以，在评价客户信用状况之前，必须搜集客户的有关信息资料，对客户进行信用调查。

◆ **相关知识**

　　反映客户信用状况方面的资料，主要可以通过以下几种途径取得。

　　① 客户的财务报表是信用资料的重要来源。通过对其财务报表的分析，基本上能够掌握该客户的财务状况和盈利状况，从而可以评估其偿付应付账款的能力。

　　② 可以利用信用评估机构定期发布的有关企业的信用等级报告。

　　③ 客户的开户行在客户的要求下也会出具一些资料，以证明客户的信用状况。但是，银行的证明一般只能说明客户的存款额、结算状况等，局限性较大。另外，银行不大可能提供对其客户不利的证明，对其可信度也打了一定的折扣。

　　④ 客户可以提供一些其他供应单位或债权单位出具的有关其信用状况的证明。声望高的企业做伪证的可能性较小，其证明材料有一定的可信度。

　　⑤ 通过其他途径。包括：财税部门、工商管理部门、证券交易部门和有关主管部门等提供的材料；图书、报纸和杂志等提供的有关客户的信用情况。

　　（2）评定客户的信用状况

　　通过对搜集来的信用资料加以整理、分析，对客户信用状况作出评定。分析客户的信用状况的方法有定性分析法和定量分析法。

◆ **相关知识**

　　定性分析法主要是采用"5C"评估法，即从信用品质（Character）、偿债能力（Capacity）、资本（Capital）、抵押品（Collateral）、经济环境（Conditions）5 个方面评估客户信用的方法。这 5 个方面英文的首写字母都是 C，故称之为"5C"评估法。其中，信用品质是指客户履约偿还债务的态度，这是决定客户信用的首要因素，主要通过了解客户以往的付款履约记录进行评估；偿债能力是对客户偿债付款能力所作的主观判断，它取决于资产特别是流动资产的数量、变现能力及其与流动负债的结构关系；资本是指对客户总资产、有形资产等的测定，它反映了客户的经济实力与财务状况的优劣，是偿付债务的最终保证，一般从财务报表中获得；抵押品是指客户获得信用可能提供的资产；经济环境指能够影响客户偿债能力的经济发展一般趋势，包括特定区域、特定行业的经济发展趋势。

　　定量分析法又叫信用评分法，它是利用客户有关财务指标计算出客户的信用得分，根据客户的信用得分评价其信用质量。企业根据自身重点的不同对不同财务指标给予不同的权重，最终得出一个多元的信用评分公式。将不同客户的原始财务指标数据代入该公式，就能计算出该客户的信用得分。其具体步骤如下。

　　① 搜集与客户信用状况有关的财务指标。一般包括：流动比率、速动比率、资产

负债率、销售利润率、应收账款周转率、信用评估等级、经营年限、对客户未来预计等。

　　② 对客户的各项重要财务指标逐项评价打分。

　　③ 根据各项重要财务指标的重要程度确定其各自的比重，并以此作为权数。

　　④ 计算客户的加权平均的综合信用分数，其基本公式为

$$S = \sum_{i=1}^{n} a_i X_i \qquad (7-16)$$

（3）确定合理的信用标准

企业通常依据预期的坏账损失率来确定信用标准。企业所允许的坏账损失率越低，表明其信用标准越严。若实行较严的信用标准，表明企业只对信誉好、坏账损失率低的客户提供商业信用，这样就会减少坏账损失和应收账款的机会成本，但同时也会导致销售量及销售利润的减少；反之，企业若实行较宽的信用标准，则可以增加销售量和销售利润，但这同时也会造成坏账损失和应收账款机会成本的增加。因此，企业必须将利润的增减与成本的增减相比较，进行权衡，确定合理的信用标准，以使企业获得最大利润。

2）信用条件

信用条件是指企业要求客户应付赊销款项的条件，主要包括信用期间和现金折扣两个方面。

（1）信用期间

信用期间是企业允许客户从购货日到付款日之间的时间间隔，或者说是企业给予客户的信用持续期间。信用期间对应收账款发生和管理的影响是非常明显的。较长的信用期间，意味着给客户以更优越的信用条件，从而会刺激客户的购货热情，吸引更多的客户，促使产品销售量增长。但较长的信用期间也会使应收账款的变现天数变长，给企业带来更大风险，即产生更高的应收账款机会成本、坏账成本和管理成本。相反，较短的信用期间，虽然减少了持有应收账款相关的成本，但直接影响到企业的销售规模，增加了库存压力。因此，在一个持续经营的企业，信用期间的确定，主要是分析改变现行信用期对收入和成本的影响。企业必须全面权衡，评价得失，确定其合适的信用期间。

【例题7-6】某企业现在采用30天按发票金额付款的信用政策，拟将信用期放宽至60天，该公司的资金成本率为12%，其他有关数据见表7-3。分析应否改变信用期。

表7-3　信用期间备选方案

项　目 ＼ 信用期	30 天	60 天
年销售量/件	120 000	150 000
年销售额（单价 8 元）	960 000	1 200 000
销售成本：		
变动成本（每件 5 元）	600 000	750 000
年固定成本总额/元	80 000	80 000
可能发生的收账费用/元	5 000	6 500
可能发生的坏账损失/元	6 000	10 000

表7-4　信用期间政策分析评价表　　　　　　　单位：万元

项　目 ＼ 信用期	$n/30$	$n/60$
年赊销额	96	120
变动成本	60	75
信用成本前收益	36	45
信用成本		
机会成本	0.6①	1.5②
坏账损失	0.6	1
收账费用	0.5	0.65
小计	1.7	3.15
信用成本后收益	34.3	41.85

① 30 天信用期机会成本 $=\dfrac{960\,000}{360}\times30\times\dfrac{5}{8}\times12\%=6\,000$（元）

② 60 天信用期机会成本 $=\dfrac{1\,200\,000}{360}\times60\times\dfrac{5}{8}\times12\%=15\,000$（元）

　　结论：30 天信用期方案信用成本后收益少 7.55 万元，因此该企业应延长信用期。

　　（2）现金折扣

　　现金折扣是为了吸引客户在一定的日期内支付货款而给予的减除额。企业为客户提供现金折扣，一方面是为了吸引一批想要获得折扣的客户，从而提高销售数量、增加销售总额；另一方面是为了让这些客户为取得折扣而提前付款，从而缩短平均应收账款占用期，减少资金成本。给予客户现金折扣能带来以上的利益，但也会使企业丧失折扣本身的收益。

　　现金折扣的通用符号为"3/10，2/20，n/30"，其含义为：3/10 表示 10 天内付款可享受 3％的价格扣减，即只需支付原价的 97％；2/20 表示 20 天内付款可享受 2％的价格扣减，即只需支付原价的 98％；n/30 表示付款的最后期限为 30 天，此时付款已不能得到价格扣减，即需按原价支付款项。由上述可知，现金折扣率的大小往往与折扣期紧密相连，折扣率越大，则折扣期（付款期限）就越短；相反，折扣率越小，则折扣期相对较长。国际上，折

扣率一般为 $1\%\sim3\%$，折扣期一般为 $10\sim60$ 天。

企业核定多长的现金折扣期限及应给予客户多大程度的现金折扣率，必须与信用期间及加速收款所得到的收益与付出的现金折扣成本结合起来分析。如果实行现金折扣政策所带来的收益能够补偿现金折扣成本，企业就可以实行现金折扣政策；如果实行现金折扣政策所带来的收益不能补偿现金折扣成本，企业则不宜实行现金折扣政策。

【例题7-7】采用例题7-6的资料，如果企业为了加速应收账款的回收，决定在信用条件"n/60"的基础上改为"2/10，1/20，n/60"，估计约有 50% 的客户（按赊销额计算）会利用 2% 的折扣，20% 的客户会利用 1% 的折扣，其余客户在信用期内付款，预计收账费用降为5 000元，可能发生的坏账损失降为8 000元。根据以上资料，分析是否应实行现金折扣政策。

解　现金折扣政策分析评价表如表7-5所示。

表7-5　现金折扣政策分析评价表　　　　　　　　　　单位：万元

项　目 ＼ 信用条件	n/60	2/10，1/20，n/60
年赊销额	120	120
减：现金折扣	—	1.44①
年赊销净额	120	118.56
减：变动成本	75	75
信用成本前收益	45	43.56
减：机会成本	1.5	0.675②
坏账损失	1	0.8
收账费用	0.65	0.5
小计	3.15	1.975
信用成本后收益	41.85	41.585

① 现金折扣 $=120\times50\%\times2\%+120\times20\%\times1\%=1.44$（万元）

② 实行现金折扣后平均收账期 $=50\%\times10+20\%\times20+30\%\times60=27$（天）

实行现金折扣后机会成本 $=\dfrac{120}{360}\times27\times\dfrac{5}{8}\times12\%=0.675$（万元）

因为提供现金折扣后企业收益减少，所以不应实行现金折扣政策。

3）收账政策

收账政策亦称收账方针，是指当客户违反信用条件，拖欠甚至拒付账款时企业所采取的收账策略与措施。

企业在决定是否向客户提供商业信用时，必须考虑3个问题：其一，客户是否会拖欠或拒付账款，程度如何；其二，怎样最大限度地防止客户拖欠账款；其三，一旦账款遭到拖欠甚至拒付，企业应采取怎样的对策。前两个问题主要依靠信用调查和严格的信用审批制度，而第三个问题则必须通过制定合理的收账方针和有效的收账措施予以解决。

从理论上讲，债权企业有权通过法律途径要求客户履约付款。但企业并非对所有客户拖欠或拒付账款的行为均付诸法律，因为企业解决与客户账款纠纷的目的不是争论谁是谁非，而在于怎样最有成效地将账款收回。实际上，各个客户拖欠或拒付账款的原因是不尽相同的，许多信用品质良好的客户也可能因为某些原因而无法如期付款。此时，如果企业通过向法院起诉，不仅需要花费相当数额的诉讼费，而且除非法院裁决客户破产，否则效果往往是不理想的。所以，通过法院强行收回账款一般是企业不得已而为之的最后办法。

通常当账款被客户拖欠或拒付时，企业应当首先分析现有的信用标准及信用审批制度是否存在纰漏；然后重新对违约客户的资信等级进行调查、评价，将信用品质恶劣的客户从信用名单中删除，对其所拖欠的款项可先通过信函、电信或者派人前往等方式进行催收，态度可以越来越强硬，并提出警告。当这些措施无效时，可考虑通过法院裁决。

企业对拖欠的应收账款，无论采用何种方式催收，都需要发生一定的收账费用，如邮电通信费、差旅费和法律诉讼费等。通常，企业为了扩大销售，增强竞争能力，往往对客户的逾期未付款项规定一个允许的拖欠期限，超过规定的期限，企业就应采取各种形式催收。如果企业收账政策过宽，会增加信用成本，对企业不利；收账政策过严，催收过急，又可能伤害无意拖欠的客户，影响企业未来的销售和利润。因此，企业在制定收账政策时，要权衡利弊，掌握好宽严界限。

【例题7-8】 某公司的年度赊销额为 200 000 元。该公司目前每年的账款催收费用为 5 000 元，坏账损失率为 1%，平均收账期为 30 天。该公司正在考虑放宽收款政策，以便将每年的催收费用降到 3 000 元，而此变动预期会使坏账损失率上升至 2.5%，平均收账期增加为 45 天。如果该公司的资金成本率为 12%，变动成本率为 65%，问该公司是否应缓和它的账款催收行动。

解 假定该公司采取宽松的收账政策，则

收账费用减少额＝5 000－3 000＝2 000（元）

坏账损失增加额＝200 000×2.5%－200 000×1%＝3 000（元）

应收账款机会成本增加额＝(200 000×45/360－200 000×30/360)×65%×12%＝650（元）

成本共增加＝3 000＋650－2 000＝1 650（元）

通过计算可知，采取缓和宽松的收账政策会使公司的成本总体上升，所以公司不应该放宽收账政策。

◆ 相关知识

企业在制定信用政策时，一般会考虑以下几种因素：销售净收益、政策稳定性、生产经营能力和外部经济环境。

(1) 销售净收益

　　企业信用政策制定的好坏、是否可行，主要取决于销售净收益是否长期稳定增长等因素。销售净收益的大小是决定企业信用政策是否可行的最根本因素，也就是说，赊销效果的好坏反映在利润率的高低上，而不在于坏账额度的大小。这就要求企业有关部门对各种信用政策方案进行认真分析和测算，得出每种方案的销售收入、应收账款成本、应收账款总体持有水平等计算数据，依此确定最合适的信用政策。

　　(2) 政策稳定性

　　企业在制定信用政策时，必须考虑到政策的相对稳定性，而且条款在一定长的时间基本不变。信用政策稳定，既显示了企业的实力，又显示了企业自身的信誉和成熟程度。

　　(3) 生产经营能力

　　企业在制定信用政策时，必须充分考虑到自身的生产经营能力。由于企业的生产能力并非是可以任意扩大的，企业能否扩大再生产、有没有足够的资金和人力来扩大生产、市场需求是否能容纳企业增产的规模等因素都要给予充分考虑。

　　(4) 外部经济环境

　　外部经济环境包括市场变化情况、资本市场状况、竞争对手的信用政策等，企业在制定信用政策时必须加以考虑。企业需在外部环境许可的范围内，作出最佳的信用政策选择。

4. 应收账款的日常管理

　　(1) 追踪分析

　　为了达到足额收回客户欠款这一目的，企业往往在收账之前，对该项应收账款的运行过程进行追踪分析、把握。分析的重点放在客户的信用品质、现金持有量及现金的可调剂程度等基本内容上，尤其要对那些赊欠金额较大或信用品质较差的客户进行分析。如发现客户信誉不佳或现金匮乏等，应立即采取相应的措施，促使应收账款的收回。

　　通过对应收账款进行追踪分析，企业可以准确预期应收账款发生呆坏账风险的可能性，研究和制定合理的收账政策，从而提高收账效率，减少坏账损失。

　　(2) 账龄分析

　　企业已发生的应收账款时间长短不一，有的尚未超过信用期间，有的则已逾期拖欠。通常，客户拖欠货款的时间越长，回收账款的难度就越大。因此，企业必须进行经常性的账龄动态分析，随时掌握账款情况，实施严密的监督。通过账龄分析，可以查明客户的拖欠情况，并制定出不同的收账政策。企业往往通过编制账龄分析表来进行分析，如表7-6所示。

账龄分析表

表 7-6 20××年 12 月 31 日

应收账款账龄	账户数量	金额/万元	比重/%
信用期内	400	100	50
超过信用期 1~30 天	200	60	30
超过信用期 31~60 天	50	20	10
超过信用期 61~90 天	20	5	2.5
超过信用期 91~120 天	15	5	2.5
超过信用期 120 天以上	5	10	5
合　计	690	200	100

企业利用账龄分析表，可以了解到以下情况。

① 有多少欠账尚在信用期内。如表 7-6 所示，有 100 万元的应收账款处在信用期内，占全部应收账款的 50%。这些款项没有超过信用期，属正常欠款；但到最后能否收回，还要到时再定，故及时的反馈和监督仍是必要的。

② 有多少欠账已经超过了信用期，超过信用期某一期间的款项各占多少，有多少欠账会因时间太久而可能成为坏账。表 7-6 显示，有 100 万元的应收账款已超过了信用期，占全部应收账款的 50%。其中拖欠时间较短的（30 天内）有 60 万元，占全部应收账款的 30%，这部分欠款回收的可能性很大；拖欠时间较长的（31~120 天）有 30 万元，占全部应收账款的 15%，这部分欠款的回收有一定难度；拖欠时间很长的（120 天以上）有 10 万元，占应收账款的 5%，这部分欠款最容易成为坏账。对不同拖欠时间的欠款，企业应采取不同的收账方法，制定出经济、可行的收账政策；对可能发生的坏账损失，则应提前做出准备，充分估计这一因素对企业的影响。

③ 应收账款收现保证率分析

应收账款收现保证率是指有效收现的账款占全部应收账款的百分比，是二者应保持的最低比例。计算公式为

$$应收账款收现保证率 = \frac{当期必要现金支付总额 - 当期其他稳定可靠的现金流入总额}{当期应收账款总计金额}$$

$$(7-17)$$

式中，其他稳定可靠的现金流入总额是指从应收账款收现以外的途径可以取得的各种稳定可靠的现金流入总额，包括短期有价证券变现净额、可随时取得的银行贷款等。

应收账款收现保证率指标反映了企业既定会计期间预期现金支付数量扣除各种可靠、稳定性来源后的差额，必须通过应收款项有效收现予以弥补的最低保证程度。其意义在于，应收账款未来可能发生坏账损失对企业并非最为重要，更为关键的是实际收现的账项能否满足同期必需的现金支付要求，特别是满足具有刚性约束的纳税债务及偿付不得展期或调换的到期债务的需要。

企业应定期计算应收账款实际收现率，看其是否达到了既定的控制标准。如果发现实际收现率低于应收账款收现保证率，应查明原因，采取相应措施，确保企业有足够的现金满足同期必需的现金支付要求。

任务 5.3　存 货 管 理

任务书

主任务	子任务	具体要求	完成步骤
存货管理	确定存货最佳经济进货批量	根据不同情况确定存货经济进货批量	① 预测公司计划年度存货需求总量 ② 分析公司的具体情况，选择模型并确定存货经济进货批量 ③ 分析讨论存货日常管理目标及具体措施
	加强存货日常管理	① 提出加强存货日常管理的目标 ② 提出加强存货日常管理的具体措施	

存货是指企业在生产经营过程中为销售或者耗用而储备的物资，包括原材料、燃料、包装物、低值易耗品、修理用备件、在产品、半产品、产成品、外购商品等。存货在流动资产中所占的比重较大，其管理水平的高低将对企业的生产经营产生直接影响，并且最终会影响到企业的收益。因此，存货管理在整个流动资产管理中具有重要地位。

1. 分析企业持有存货的动机

（1）保证企业生产经营和销售活动的正常进行

企业持有一定数量的原材料和在产品，主要是为了保证生产活动的顺利进行。实际上，企业很难做到随时购入生产和销售所需的各种物资，即使是市场供应量充足的物资也是如此。这不仅因为不时会出现某种材料的市场断档，还因为企业距供货点较远而需要必要的途中运输及可能出现的运输故障。企业持有必要的产成品，不仅可以成批地销售产品，节约销售费用，而且也便于应付市场上临时的订货需求。

（2）便于组织均衡生产，降低产品成本

有的企业的生产活动具有比较明显的季节性，有的企业产品需求很不稳定。如果企业根据市场需求状况时高时低地进行生产，就会出现低峰时生产能力不能充分利用，高峰时超负荷生产，这些情况都会使生产成本上升。为了降低生产成本，实现均衡生产，就要储备一定的产成品存货和相应的原材料存货。

（3）防止意外事件发生造成的损失

采购、运输、生产和销售过程中，都可能发生意外事故，因而企业还需要保留一定数量各种存货的保险储备，以减少或避免意外事故带来的损失。

2. 持有存货给企业带来哪些成本

企业持有一定数量的存货，必然会发生一定的代价或成本。存货的成本主要有以下几项。

（1）取得成本

取得成本是指为取得某种存货而支出的费用。取得成本又分为订货成本和进价成本。

订货成本是指为取得订单而发生的成本，如办公费、差旅费、邮资、电报电话费等，也称为进货费用。订货成本有一部分与订货次数无关，如常设采购机构的基本开支等，称为订货固定成本；另一部分是与订货次数呈正比例变化的成本，称为订货变动成本，如为订货而发生的差旅费、邮资等。

进价成本是指存货本身的价值，通常是购货发票中所标明的金额，常用数量与单价的乘积来确定。

订货成本加进价成本就等于存货的取得成本。那些不随进货次数变化的进价成本及少量订货固定成本属于经济批量决策的无关成本，而其余的大部分订货成本则属于经济批量决策的相关成本。

（2）储存成本

储存成本是指企业为持有存货而发生的成本费用支出，主要包括存货占用资金所应计的利息（若企业用自有资金购买存货，便无法将现金存入银行或投资于证券而失去利息所得，称为"放弃利息"，即机会成本。若企业借款购买存货，便要支付利息费用，称为"付出利息"）、仓库费用、存货破损变质损失、存货的保险费用等。储存成本也分为固定成本和变动成本。固定成本与存货数量的多少无关，如仓库折旧、仓库职工的固定月工资等；变动成本与存货的数量有关，如存货占用资金应计利息、存货的破损和变质损失、存货的保险费用等。

大部分储存成本与存货的储存量成正比例关系，一般而言，进货量越大，储存量越大，储存成本越高。因此，储存成本属于经济批量决策的相关成本。

（3）缺货成本

缺货成本是指因存货不足而给企业造成的损失，主要包括材料供应中断造成的停工损失、产成品库存缺货造成的延期发货罚款和丧失销售机会的损失，还应包括需要主观估计的商誉损失。如果生产企业以紧急采购代用材料解决库存材料中断之急，那么缺货成本表现为紧急购入替代材料的额外开支，缺货成本因其计量十分困难常常不予考虑，但如果缺货成本能够准确计量，也可以在存货决策中考虑缺货成本。

关键提示：

存货是保证企业生产经营活动得以顺利进行的必要物质条件。企业保持一定规模的存货资产，不仅有利于生产经营过程的顺利进行，节约采购费用，而且能够迅速满足客户各种订货的需要，为企业的生产和销售提供较大的机动性，避免因存货不足所造成的损失。但存货水平过高，资金占用就较多，存货成本也会增高，成本的上升必然导致公司获利能力的下降。所以，存货管理的目标就是要在存货的成本与收益之间进行利弊权衡，实现两者的最佳组合。既要维持公司高效和持续经营的需要，又要以最低的存货总成本获得最高的收益。为此，企业应做出科学的存货数量规划，使存货维持在最佳的水平上。

3. 确定存货最佳经济批量

按照存货管理的目的，需要通过合理的进货批量和进货时间，使存货的总成本最低，这个批量叫作经济批量或经济订货量。即经济进货批量是指能使一定时期存货的总成本达到最低点的进货数量。通过上述对存货成本的分析可知，订货固定成本和储存固定成本与进货数量没有直接的关系，是决策无关成本，可以不予考虑；进价成本是指存货本身的价值，在一定时期进货总量既定的条件下，无论企业采购次数如何变动，存货的进价成本通常是保持相对稳定的（假设物价保持不变且无商业折扣），因而也属于决策无关成本。决定存货经济批量的成本因素主要包括订货变动成本、储存变动成本及允许缺货时的缺货成本。不同的成本项目与进货批量呈现着不同的变动关系。减少进货批量，增加进货次数，可降低储存成本，但会导致订货成本与缺货成本的提高；相反，增加进货批量，减少进货次数，尽管有利于降低进货费用与缺货成本，但同时会影响储存成本的高低。因此，如何协调各项成本间的关系，使其总和保持最低水平，是企业组织进货过程需解决的主要问题。

1）经济进货批量的基本模型

基本经济进货批量模型是以如下假设为前提的：一定时期的进货总量可以准确预测；存货的单价不变，不存在数量折扣；企业能及时补充存货，存货的供应比较充足；能集中到货，而不是陆续入库，存货的耗用或者销售比较均衡；不允许缺货等。

在满足以上假设的前提下，存货的进价成本、订货固定成本和储存固定成本均为常量；因为不存在缺货，短缺成本也不是决策的相关成本。此时，经济批量考虑的仅仅是使订货变动成本（简称订货成本）与储存变动成本（简称储存成本）之和最低，存货成本＝订货成本＋储存成本

订货成本、储存成本与存货总成本的关系可用图7-5来表示。

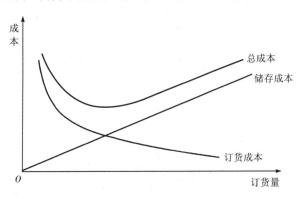

图7-5 经济进货批量模型示意图

此时，经济进货批量可以用公式来确定，即

$$年订货批数 = \frac{A}{Q} \qquad (7-18)$$

$$平均库存量 = \frac{Q}{2} \qquad (7-19)$$

$$全年订货成本 = \frac{A}{Q} \cdot F \qquad (7-20)$$

$$全年储存成本 = \frac{Q}{2} \cdot C \qquad (7-21)$$

$$全年总成本(TC) = \frac{Q}{2} \cdot C + \frac{A}{Q} \cdot F \qquad (7-22)$$

式中：A——存货全年需要量；

$\quad Q$——每批订货量；

$\quad F$——每次订货成本；

$\quad C$——单位存货年储存成本；

$\ \ TC$——全年总成本。

求 TC 对 Q 的一阶导数得

$$TC' = \left(\frac{CQ}{2} + \frac{AF}{Q} \right)' = \frac{C}{2} - \frac{AF}{Q^2}$$

令 $TC' = 0$，则

$$\frac{C}{2} - \frac{AF}{Q^2} = 0$$

$$\frac{C}{2} = \frac{AF}{Q^2}$$

$$Q^2 = \frac{2AF}{C}$$

得出经济批量计算公式为

$$Q = \sqrt{\frac{2AF}{C}} \qquad (7-23)$$

将上式代入式（7-22）得最低年存货总成本公式为

$$TC = \frac{C}{2} \cdot \sqrt{\frac{2AF}{C}} + \frac{AF}{\sqrt{\frac{2AF}{C}}} = \sqrt{\frac{AFC}{2}} + \sqrt{\frac{AFC}{2}} = 2\sqrt{\frac{AFC}{2}} = \sqrt{2AFC}$$

$$(7-24)$$

【例题 7-9】某企业每年需耗用甲材料 3 200 千克，平均每次订货成本为 400 元，单位储存成本为 16 元，计算经济进货批量、经济进货批次及最低年存货总成本。

解
$$Q=\sqrt{\frac{2AF}{C}}=\sqrt{\frac{2\times3\ 200\times400}{16}}=400\ (千克)$$

$$\frac{A}{Q}=\frac{3\ 200}{400}=8\ (次)$$

$$TC=\sqrt{2AFC}=\sqrt{2\times3\ 200\times400\times16}=6\ 400\ (元)$$

需要指出的是，在实际工作中，不可能符合那么多的假设条件，每一个假设条件的打破，都意味着基本经济批量模型的修正（注意：改变一个假设条件均假定其他假设条件仍不变）。因此，企业必须同时结合实际工作中的不同情况进行具体分析，灵活地运用经济批量模型，即扩展的经济批量模型。

2）数量折扣条件下的经济批量模型

基本模型中有"单价不变，不存在数量折扣"的假设，事实上，为了鼓励客户购买更多的商品，销售公司通常会给予不同程度的价格优惠，即实行商业折扣，即买得越多，价格优惠越大。这时，企业的进价成本与每次进货数量的大小有了关系，进价成本由无关成本变成了相关成本。因此，企业必须对基本模型进行修正，在确定经济批量的相关存货总成本时，不仅要考虑订货成本和储存成本，而且要考虑进价成本，即

$$全年存货总成本 = 进价成本+订货成本+储存成本$$

$$TC = P\cdot A+\frac{A}{Q}\cdot F+\frac{Q}{2}\cdot C \tag{7-25}$$

其中，P 为存货单价，$P=f(Q)$，即价格随进货量的不同而不同。

具体计算时，可采用以下步骤：首先，计算出不考虑数量折扣，按基本模型确定的经济批量，以此作为进货量的第一选择，按此进货数量计算出相关存货总成本（包括进价成本）；其次，以销售公司提供的享受价格折扣的下限作为进货量的第二、第三乃至更多的选择，按照这些不同的进货数量及相应的价格分别计算出相关的存货总成本（包括进价成本）；再次，比较不同进货数量下的存货总成本，确定出总成本最低的进货批量，该进货批量即为数量折扣条件下的经济进货批量。

【例题7-10】某企业甲材料的全年需求量为800千克，单价为8元/千克，每次进货费用为500元，单位年储存成本为5元。供应商规定，一次购货量在500千克以上的可享受2%的数量折扣，在600千克以上的可享受3%的数量折扣，求该企业的经济批量。

解 $Q=\sqrt{\frac{2AF}{C}}=\sqrt{2\times800\times\frac{500}{5}}=400\ (千克)$

所以

$$Q_1=400\ (千克)，TC_1=800\times8+\frac{800}{400}\times500+\frac{400}{2}\times5=8\ 400\ (元)$$

$$Q_2=500\ (千克)，TC_2=800\times8\times(1-2\%)+\frac{800}{500}\times500+\frac{500}{2}\times5=8\ 322\ (元)$$

$Q_3 = 600$（千克），$TC_3 = 800 \times 8 \times (1-3\%) + \dfrac{800}{600} \times 500 + \dfrac{600}{2} \times 5 = 8\,374.67$（元）

因为 TC_2 最小，所以企业每次应进货 500 千克。

3）允许缺货条件下的经济批量模型

基本模型中有"不允许缺货"的假设条件，实际上因供货方或运输部门的问题导致材料不能及时运到，造成缺货损失的现象是不可避免的，这时应将缺货成本作为决策的相关成本来考虑。因此，企业在确定经济批量的相关总成本时不仅要考虑进货费用和储存成本，而且要考虑缺货成本，缺货成本一般按经验加以估算。即

$$存货总成本 = 订货成本 + 储存成本 + 缺货成本$$

若设 Q_1 为缺货量，S 为单位缺货成本，则

$$平均储存量 = \frac{(Q-Q_1)^2}{2Q}$$

$$平均缺货量 = \frac{Q_1^2}{2Q}$$

则

$$TC = \frac{A}{Q} \cdot F + \frac{(Q-Q_1)^2}{2Q} \cdot C + \frac{Q_1^2}{2Q} \cdot S$$

根据上式，分别对 Q 及 Q_1 求偏导数并令之为零，得

$$缺货条件下的经济批量 Q = \sqrt{\frac{2AF}{C} \times \frac{C+S}{S}} \qquad (7-26)$$

$$允许最大的缺货量 Q_1 = \frac{QC}{C+S} \qquad (7-27)$$

$$最低存货总成本 = \sqrt{\frac{2AFCS}{C+S}} \qquad (7-28)$$

【例题 7-11】某企业甲材料全年需求量为 6 000 千克，一次进货费用为 30 元，单位储存成本为 6 元，单位缺货成本为 8 元，求该企业允许缺货条件下的经济批量及最低相关存货总成本。

解　$Q = \sqrt{\left(\dfrac{2AF}{C}\right) \times \dfrac{C+S}{S}} = \sqrt{\left(2 \times 6\,000 \times \dfrac{30}{6}\right) \times \dfrac{6+8}{8}} \approx 324$（千克）

$TC = \sqrt{\dfrac{2AFCS}{C+S}} = \sqrt{2 \times 6\,000 \times 30 \times 6 \times \dfrac{8}{6+8}} \approx 1\,111$（元）

4. 存货的日常管理

1）存货储存期控制

持有存货会使企业发生资金占用费和仓储管理费，因此尽力缩短存货储存时间、加速存

货周转，是节约资金占用、降低成本费用、提高企业获利水平的重要保证。

存货的储存费用按照与储存时间的关系可以分为固定储存费用和变动储存费用两类。固定储存费用总额与存货储存期的长短没有直接关系，如管理费用等；变动储存费用总额随存货储存期的变动成正比例变动，包括存货资金占用费（资金成本）、仓储费等。

考虑储存费用因素，将本量利平衡关系式调整为

利润＝毛利－固定储存费－销售税金及附加－每日变动储存费×实际储存天数

$$(7-29)$$

可见，存货的储存成本之所以会不断增加，主要是变动储存费用随着存货储存期的延长而不断增加。所以，利润与费用之间此增彼减的关系实际上是利润与变动储存费用之间此增彼减的关系。这样，随着存货储存期的延长，利润将日渐减少。当毛利扣除固定储存费和销售税金及附加后的差额，被变动储存费抵消到恰好等于企业目标利润时，表明存货到了保利期。当它完全被变动储存费抵消时，便意味着存货已经到了保本期。存货如果能够在保利期内售出，所获得的利润便会超过目标利润，反之将难以实现既定的利润目标。如果存货不能在保本期内售出，企业不但没有利润，还会蒙受损失。

【例题 7－12】 雨润公司是一家商品流通企业，购进甲商品 1 500 件，单位进价为 140 元（不含增值税），单位售价为 200 元（不含增值税），经销该批商品的一次费用为 18 000 元、若货款均来自银行贷款，年利率为 9％，该批存货的月保管费用率为 3％，销售税金及附加为 1 000 元。

要求：

(1) 计算该批存货的保本储存期；

(2) 企业若想获得 10％的投资利润率，计算保利期；

(3) 若该批存货实际储存了 160 天，实际利润率是多少？能否实现 10％的目标利润率？

(4) 若该批存货亏损了 10 000 元，求实际储存天数。

解 (1) 每日变动储存费＝购进批量×购进单价×日变动储存费率＝1 500×140×（3％/30＋9％/360）＝262.5（元）

0＝毛利－固定储存费－销售税金及附加－每日变动储存费×保本储存天数

保本储存天数＝（毛利－固定储存费－销售税金及附加）/每日变动储存费

＝[1 500×（200－140）－18 000－1 000]/262.5≈270（天）

(2) 目标利润＝投资额×投资利润率＝1 500×140×10％＝21 000（元）

目标利润＝毛利－固定储存费－销售税金及附加－每日变动储存费×保利储存天数

保利储存天数＝（毛利－固定储存费－销售税金及附加－目标利润）/每日变动储存费

＝[1 500×（200－140）－18 000－1 000－21 000]/262.5≈190（天）

(3) 实际储存天数比保利储存天数短，因此能实现 10％的目标利润率。

实际利润＝毛利－固定储存费－销售税金及附加－每日变动储存费×储存天数

$$=1\,500\times(200-140)-18\,000-1\,000-262.5\times160=29\,000\text{（元）}$$

$$\text{实际利润率}=\frac{29\,000}{1\,500\times140}\times100\%\approx13.81\%$$

（4）利润＝毛利－固定储存费－销售税金及附加－每日变动储存费×储存天数

储存天数＝（毛利－固定储存费－销售税金及附加－利润）/每日变动储存费

储存天数＝[1\,500×(200-140)-18\,000-1\,000+10\,000]/262.5≈309（天）

通过上例，可以归纳出如下基本公式。

$$\text{保本储存天数}=\frac{（毛利-固定储存费-销售税金及附加）}{每日变动储存费}\qquad(7-30)$$

$$\text{保利储存天数}=\frac{（毛利-固定储存费-销售税金及附加-目标利润）}{每日变动储存费}\qquad(7-31)$$

$$\text{每日变动储存费}=购进批量×购进单价×日变动储存费率\qquad(7-32)$$

另外，根据保本储存天数是使利润等于零的储存天数，可以推导出计算利润的第二个公式，推导过程如下。

利润＝毛利－固定储存费－销售税金及附加－每日变动储存费×实际储存天数

　　＝毛利－固定储存费－销售税金及附加－每日变动储存费×（实际储存天数＋保本
　　　储存天数－保本储存天数）

　　＝（毛利－固定储存费－销售税金及附加－每日变动储存费×保本储存天数）＋每日
　　　变动储存费×（保本储存天数－实际储存天数）

$$　　＝每日变动储存费×（保本储存天数－实际储存天数）\qquad(7-33)$$

通过对存货储存期的分析与控制，可以及时地将企业存货的信息传输给经营决策部门，决策者可以针对不同情况采取相应的措施。一般而言，凡是已过保本期的商品企业应当积极推销，压缩库存，将损失降至最低限度；对超过保利期但未过保本期的存货，应当首先检查销售状况，查明原因，是人为所致还是市场行情已经逆转，有无沦为过期积压存货的可能，若有，需尽早采取措施；至于那些尚未超过保利期的存货，企业应密切监督、控制，以防发生过期损失。财务管理方面，需要分析哪些存货基本能在保利期内销售出去，哪些存货介于保利期与保本期之间售出，哪些存货直至已过保本期才能售出或根本就没有市场需求。通过分析，财务部门应当调整资金供应政策，促使经营部门调整产品结构和投资方向，推动企业存货结构的优化，提高存货的投资效率。

上述保本保利储存期对存货损益情况的分析，是以批进批出为前提的。在企业存货经销的实际工作中，普遍情况是存货大批量购进、小批量售出或批进零售，此时若仍然按批进批出的假设测算批进零售存货经销的损益情况，必然与实际产生很大的出入。为此，下面介绍批进零售的存货控制模式。

【例题 7-13】泰达公司购进一批商品 1 800 件，购进单价为 350 元（不含增值税）。该款项均来自银行贷款，年利率为 9%，企业存货的月保管费用率为 3%，存货的固定储存费为 100 000 元。据市场调研反馈的信息表明，该存货日均销售量约为 20 件，需 90 天方能全部售出，单位售价为 480 元（不含增值税）。销售税金及附加 18 200 元。

该批存货每日变动储存费＝购进批量×购进单价×日变动储存费率

$$＝1\,800×350×(9\%/360＋3\%/30)＝787.5（元）$$

该批存货平均保本储存天数＝$\dfrac{毛利－固定储存费－销售税金及附加}{每日变动储存费}$

$$＝\dfrac{1\,800×(480－350)－100\,000－18\,200}{787.5}≈147（天）$$

该批存货平均实际储存天数（公式推导略）＝(1/2)×(购进批量/日均销量＋1)

$$＝(1/2)×(实际零散售完天数＋1)＝(1/2)×(90＋1)＝45.5（天）$$

经销该批存货预计可获利＝该批存货的每日变动储存费×(平均保本储存天数－

平均实际储存天数)＝787.5×(147－45.5)＝79 931.25（元）

通过上例，可以归纳出如下基本公式。

批进零售经销某批存货预计可获利或亏损额＝该批存货的每日变动储存费×

(平均保本储存天数－平均实际储存天数) (7-34)

该批存货实际储存天数＝1/2×(购进批量/日均销量＋1)＝1/2×(实际零散售完天数＋1)

(7-35)

2）ABC 管理法

企业存货品种繁多，尤其是大中型企业多达上万种甚至数十万种。实际上，不同的存货对企业财务目标的实现具有不同的作用。有的存货尽管品种数量很少，但金额巨大，如果管理不善，将可能给企业造成极大的损失。相反，有的存货虽然品种数量繁多，但金额微小，即便管理中出现一些问题，也不至于对企业产生较大的影响。因此，无论是从能力还是从经济角度，企业均不可能也没有必要对所有的存货加以同等对待。ABC 管理法是根据存货的重要程度，把存货分成 A、B、C 三类加以控制的一种方法。其目的在于使企业分清主次、突出重点、兼顾一般、提高存货资金管理的整体效果。

ABC 管理法有两个步骤：一是对存货进行分类；二是对存货进行管理。

（1）存货分类

存货 ABC 分类的标准主要有两个：一是金额标准，一是品种数量标准。其中金额标准是最基本的，品种数量标准仅作为参考。一般来说，A 类存货品种少但资金占用大，其品种数约占全部品种数的 5%～15%，其累计资金约占库存资金总额的 60%～80%；B 类存货的品种数约占全部品种数的 10%～30%，其累计资金约占库存资金总额的 10%～30%；C 类存货的品种数约占全部品种数的 60%～80%，其累计资金约占库存资金总额的 5%～

15%。其具体分类步骤如下。

① 采集数据。要想对存货进行有效的管理，就要收集有关存货的数据，如各种存货的单价、数量、需用量、资金占用量等。

② 统计整理。即对收集的数据进行统计，并按要求计算特征数值占总计特征值的百分数、累计百分数；因素数目及其占总因素数目的百分数、累计百分数。

③ 进行 ABC 分类。各类因素的划分标准并无严格规定，习惯上常把主要特征的累计百分数达 60%～80% 的存货称为 A 类，百分数在 10%～30% 之间的存货称为 B 类，百分数在 5%～15% 之间的为 C 类存货。其中，A 类存货的品种通常占累计数的 5%～15%，为主要因素或重点因素；B 类存货的品种数通常占累计数的 10%～30%，为次要因素；C 类因素为最次要因素，其品种通常占累计数的 60%～80%。

分类以后还要制作 ABC 分析表。ABC 分析表有两种形式：一种是将全部因素逐个列表的大排队式，它适用于因素数目较少的存货；另一种是对各种因素进行分层的分析表，它适用于因素数目较多又无法全部排列或没有必要全部排列的情况。列表时要先按主要特征进行分层，以减少因素栏内的项数，再根据分层结果将 A 类因素逐一列出，进行个别管理。

④ 绘制 ABC 分析图。一般以累计因素百分数为横坐标，累计主要特征值百分数为纵坐标，按 ABC 分析表所列示的对应关系在坐标图上取点，并连接各点成曲线，即绘制成 ABC 分析图，如图 7－6 所示。

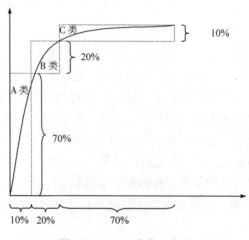

图 7－6　ABC 分类示意图

【例题 7－14】某企业存货的有关资料如表 7－7 所示。

表 7-7　企业存货相关资料　　　　　　　　　　　单位：万元

序　号	材料名称	金　额	百分比/%	分　类
1		245	20.69	A
2		203	17.15	A
3		185	15.63	A
4		106	8.95	A
5		63	5.32	B
6	（略）	59	4.98	B
7		52	4.39	B
8		47	3.97	B
9		46	3.89	B
10		40	3.38	B
11		38	3.21	B
12		30	2.53	B
其余 44 种		70	5.91	C
合　计		1 184	100.00	

解　制作 ABC 分类表如表 7-8 所示。

表 7-8　ABC 分类表

因素类别	品种数量	品种构成/%	金　额	金额构成/%
A	4	7.14	739	62.42
B	8	14.29	375	31.67
C	44	78.57	70	5.91
合　计	56	100.00	1184	100.00

（2）存货管理

在对存货进行 ABC 分类之后，接着便是根据企业的经营策略对不同类别的存货进行不同的管理和控制。

A 类存货数量虽少但对企业却最为重要，是最需要严格管理和控制的库存。企业一般对 A 类存货定时盘点，详细记录及经常检查分析使用、存量增减、品质维持等信息，加强进货、发货、运送管理，在满足企业内部需要和客户需要的前提下维持尽可能低的日常存货量和保险储备量，加强与供应链上下游企业合作，降低水平，加快存货周转率。

B 类存货属于一般重要的存货，其管理强度介于 A 类存货和 C 类存货之间。对 B 类存货一般进行正常的例行管理和控制。

C 类存货数量最大但对企业的重要性最低，因而被视为不重要的存货。对于这类存货一般进行简单的管理和控制。例如，减少这类存货的管理人员和设施、检查时间间隔长、采用抽查方式等。

各类存货的具体管理方式，如表 7-9 所示。

表 7-9　ABC 分类管理

项　　目	A 类	B 类	C 类
管理要求	严格控制	一般控制	简单控制
控制对象	按品种	按类别	按总金额
进出记录	详细记录	一般记录	简单记录
库存量计算	依存货模型详细计算	一般计算	简单计算或不计算
采购方式	按计划	一般掌握	按需要
检查方式	经常检查	定期检查	必要时抽查
领用方式	限额领料	一般掌握	一般掌握

能 力 测 试

一、计算题

1. 某企业每年现金需要量为 600 万元，有价证券的年利率为 12%，假定每次有价证券的交易费用为 400 元，试利用存货模型求最佳现金余额、现金管理总成本、现金平均余额、全年转换现金的交易次数。

2. 某企业预计存货周转天数为 90 天，应收账款周转天数为 60 天，应付账款周转天数为 30 天，预计全年现金需要量为 600 万元，该企业 12 月月初的现金余额为 120 万元，第 12 月的现金收入为 200 万元，现金支出为 180 万元。要求：计算该企业的现金周转期、最佳现金余额及现金余缺额。

3. 某企业甲产品赊销期为 30 天，年赊销量为 300 000 件，每件单价为 10 元，单位变动成本为 8 元。如企业实行"2/10，n/30"现金折扣政策，销售量将提高 10%，有一半客户享受现金折扣，企业坏账损失率由 5% 降为 3%，资金成本率为 12%。请确定企业是否应实行现金折扣政策。

4. 某企业只生产一种产品，每年赊销额 300 万元。企业的变动成本率为 60%，资金成本率为 12%。该企业现有两种方案可供选择：第一种方案平均收账期为 60 天，年收账费用为 1.5 万元，坏账损失率为 3%；第二种方案平均收账期为 30 天，年收账费用为 4 万元，坏账损失率为 2%。要求：计算选择哪个方案对企业更有利。

5. 某企业预计全年耗用 A 材料 2 000 千克，单位采购成本为 40 元，单位储存成本为 15

元，平均每次进货费用为150元，假设A材料不存在短缺情况。要求计算A材料的经济进货批量、经济进货批量下的总成本、经济进货批量的平均占用资金、年度最佳进货批次、全年订货成本、全年储存成本。

6. 某企业甲材料需要量为1 800千克，一次采购费用为40元，单位材料储存费用为10元，材料单位采购成本为2元，要求：计算以下两种情况下的经济进货批量。

（1）如果采购超过200千克时，可享受2％的折扣。

（2）如果采购超过300千克，可享受3％的折扣。

二、案例分析题

博远公司的信用政策决策[①]

【案例一】

博远公司目前的信用条件为"n/30"。该公司计划在下年将信用条件改为"2/10，n/50"，同时放宽信用标准和收账政策。在不同信用政策下，该公司的经营情况和信用政策如表7-10所示。请代博远公司作出应收账款信用政策的决策。相关资料如表7-10和表7-11所示。

表7-10　博远公司目前的经营情况和信用政策　　　　单位：万元

项　　目	原有信用政策下上年的经营情况	新信用政策下预计下年的经营情况
销售收入（元）（全部赊销）	480	540
变动成本率	60％	60％
信用标准（允许坏账损失率）	3％	3％
平均坏账损失率	2％	3％
信用条件	30天付清	50天付清
平均收账期	21天	24天
应收账款的机会成本（利率）	12％	12％

表7-11　博远公司信用政策下的收账情况

	原有信用政策	新的信用政策
10天以内付款的客户比重（按购货额占公司销货额的比重计算，下同）	50％	60％
30天以内付款的客户比重	40％	0
40天以内付款的客户比重	10％	20％
50天以内付款的客户比重	0	20％
合　　计	100％	100％

---

① 资料来源：丁志可，王国安. 公司财务管理. 有删改。

【案例二】

东方公司的经济订货批量决策[①]

上海东方公司是亚洲地区的玻璃套装门分销商，套装门在香港生产后运至上海。管理当局预计年度需求量为 10 000 套。套装门购进单价为 395 元（包括运费，单位是人民币，下同）。与订购和储存这些套装门相关的资料如下。

① 去年进货次数共 22 次，总处理成本为 13 400 元，其中固定成本为 10 760 元，预计未来成本性态不变。

② 虽然对于香港原产地商品进入内地已经免除关税，但是对于每次进货都要经双方海关检查，其费用为每次 280 元。

③ 套装门从香港运抵上海后，接收部门要进行检查。为此雇佣一名检验人员，每小时工资 2.50 元，每次检验工作需要 8 小时。

④ 公司租借仓库来储存套装门，估计固定成本为每年 2 500 元，另外加上每套门 4 元/年。

⑤ 在储存过程中会出现破损，估计破损成本平均每套门为 28.50 元/年。

⑥ 占用资金利息等其他储存成本每套门为 20 元/年。

假如你是东方公司的财务人员，请作出决策每次进货多少对公司最有利。

---

① 闫华虹. 中级财务管理. 北京：北京大学出版社，2007.

项目六

投 资 管 理

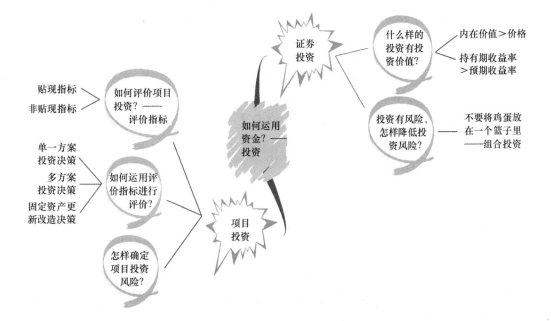

思维导图

钱能生钱，必须建立在对资金进行科学投资的前提下，那么如何分析投资是赔是赚呢？几个投资方案中哪个对企业最有利呢？

工 作 过 程

假设立达公司有 2 000 万元资金，部分用于购置新设备，剩余的资金一半用于购买债券，一半用于购买股票，公司的资金成本为 6%，所得税税率为 25%。有关资料如下。

资料一：如果购买甲公司设备，价值为 800 万元，使用寿命为 10 年，预计残值为 50 万元，预期每年的营业收入为 280 万元，经营成本为 160 万元；如果购买乙公司设备，价值为 1 000 万元，使用寿命为 15 年，预计残值 55 万元，预期每年的营业收入为 420 万元，经营成本为 300 万元。

资料二：有两家公司债券可供挑选，立达公司只准备投资一家公司债券。A 公司债券，债券面值为 1 000 元，5 年期，票面利率为 10%，每年付息一次，到期还本，债券的购买价格为 1 050 元；B 公司债券，债券面值为 1 000 元，5 年期，票面利率为 12%，债券购买价格为 1 105 元，到期一次还本付息。

资料三：有两家公司的股票可供选择，立达公司只准备投资一家公司股票。已知 C 公司股票现行市价为每股 8 元，上年每股股利为 0.1 元，预计以后每年以 5% 的增长率增长。D 公司股票现行市价为每股 1.8 元，上年每股股利为 0.2 元，D 公司实行固定股利分配政策，立达公司期望报酬率 10%。

要求：

（1）各小组为立达公司购置设备作出决策分析。

（2）各小组为立达公司购买债券作出决策分析。

（3）各小组为立达公司购买股票作出决策分析。

（4）撰写并提交投资决策分析报告。

任务6.1 证券投资管理

任务书

主任务	子任务	具体要求	完成步骤
证券投资管理	债券投资决策分析	① 计算债券价值并作出评价 ② 计算债券收益率并对计算结果作出评价 ③ 作出债券投资决策并进行分析	① 搜集决策需要的与证券收益有关的数据 ② 计算证券价值与收益率 ③ 根据计算结果，作出科学的投资决策分析
	股票投资决策分析	① 计算股票价值并作出评价 ② 计算股票收益率并对计算结果作出评价 ③ 作出股票投资决策并进行分析	
	投资组合收益评价	① 进行投资组合收益评价 ② 根据具体情况为公司选择科学的投资组合策略	

1. 债券投资的估价与收益评价

思考讨论

　　王小姐打算投资公司债券，要求的必要收益率为6%，有三家公司同时发行5年期、面值为1000元的债券，其中甲公司债券的票面利率为8%，每年付息一次，到期还本，债券发行价格为1150元，乙公司债券的票面利率为8%，单利计息，到期一次还本付息，债券发行价格为950元；丙公司债券的票面利率为零，债券发行价格为740元，到期按面值还本。王小姐想长期持有，她应该投资哪家公司的债券呢？

　　1) 债券价值的计算及评价

　　债券价值又称债券的内在价值，它是指债券未来现金流入的现值。债券作为一种投资，它的购买价格是现金的流出，债券未来到期本息的收回或债券中途出售的收入是现金的流入。只有当债券未来现金流入的现值大于债券现行的购买价格时，才值得购买，即该债券才具有投资价值。

　　(1) 利率固定，每年年末付息，到期还本债券价值的计算

　　【例题8-1】大兴公司拟于20××年6月1日发行面值为1000元、票面利率为8%，5年期的债券，每年6月1日支付一次利息，同等风险投资的必要报酬率为10%，那么债券的价值是多少呢？

　　解 分析过程如图8-1所示。

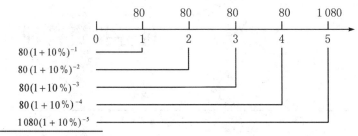

未来现金流入的现值 $=80\times(P/A,10\%,5)+1\,000\times(P/F,10\%,5)$

图 8-1　每年末付息，到期还本债券价值计算示意图

债券价值 $=1\,000\times8\%(P/A,10\%,5)+1\,000(P/F,10\%,5)$

$\quad\quad\quad\quad=80\times3.790\,8+1\,000\times0.620\,9=303.264+620.9=924.164$（元）

票面利率固定，每年末计算并支付当年利息、到期一次偿还本金的债券价值计算公式为

$$P=\sum_{t=1}^{n}\frac{M\cdot i}{(1+K)^{t}}+\frac{M}{(1+K)^{n}}$$

$$P=I\cdot(P/A,K,n)+M\cdot(P/F,K,n) \tag{8-1}$$

式中，P 是债券价值；M 是债券面值；i 是票面利率；n 是债券期限（偿还年数）；K 是折现率（可以采用当时的市场利率或者投资者要求的必要投资报酬率）；I 为债券年利息（即 $M\times i$）。

（2）到期一次还本付息债券价值的计算

【例题 8-2】若上例中，债券到期一次还本付息，债券利息按单利计算，其他条件不变，则债券的价值是多少？

解　分析过程如图 8-2。

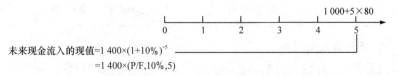

未来现金流入的现值 $=1\,400\times(1+10\%)^{-5}$

$\quad\quad\quad\quad\quad\quad\quad\quad=1\,400\times(P/F,10\%,5)$

图 8-2　到期一次还本付息债券价值计算示意图

债券价值 $=(1\,000+5\times80)\times(P/F,10\%,5)=1\,400\times0.620\,9=869.26$（元）

到期一次还本付息债券价值计算公式为

$$P=\frac{M+M\times i\times n}{(1+K)^{n}}$$

$$P=(M+M\times i\times n)\cdot(P/F,K,n) \tag{8-2}$$

式中符号的含义与公式（8-1）相同。

（3）零票面利率债券价值的计算

【例题 8-3】 若公司债券面值为 1 000 元，期限为 5 年，期内不计利息，到期按面值偿还，当时市场利率为 6％，则债券的价值是多少？该债券价格为多少时，投资较为有利？

解 分析过程如图 8-3 所示。

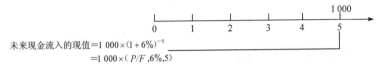

图 8-3 零票面利率债券价值计算示意图

债券价值＝1 000×（P/F，6％，5）＝1 000×0.747 3＝747.3（元）

该公司债券的内在价值为 747.3 元，当其价格低于 747.3 元时，投资才合适。

零票面利率债券价值的计算公式为

$$P = \frac{M}{(1+K)^n} = M \cdot (P/F, K, n) \qquad (8-3)$$

式中符号的含义与公式（8-1）相同。

> **关键提示：**
> 债券的内在价值等于债券未来现金流入的现值，其大小和债券面值、票面利率、债券期限、折现率、中途出售收入及付息方式有关。债券利息按票面利率计算，而折现率可以用当时的市场利率或者投资者要求的必要投资报酬率。当债券的购买价格低于其内在价值时，才有投资价值。

2）债券持有期收益率的计算及评价

债券投资收益主要包括两方面：一是债券的利息收入；二是资本收益，即买入价与卖出价（在持有至到期的情况下为到期偿还额）之间的差额，当卖出价高于买入价时为资本收益，反之为资本损失。在财务管理中通常用相对数（即收益率）来反映债券收益情况。

持有时间较短（不超过一年）的，直接按债券持有期的收益额除以买入价计算持有期收益率，公式如下。

$$持有期投资收益率 = \frac{债券持有期的利息收入 + （卖出价 - 买入价）}{债券买入价} \times 100\% \qquad (8-4)$$

$$持有期年均收益率 = \frac{持有期投资收益率}{持有年限} = \frac{持有期投资收益率 \times 360}{实际持有天数} \qquad (8-5)$$

【例题 8-4】 李先生 20××年 1 月 1 日以每张 950 元的价格购买了上市债券 100 张，

该债券面值 1 000 元，票面利率为 6%，每半年付息一次，期限为 4 年，当年 7 月 1 日收到上半年利息共 3 000 元，8 月 31 日以每张 970 元卖出。计算该债券的收益率。

解 持有期收益率 $=\dfrac{1000\times6\%/2+(970-950)}{950}\times100\%\approx5.26\%$

持有期年均收益率 $=5.26\%\times\dfrac{12}{8}=7.89\%$

持有时间较长（超过一年）的，应按每年复利一次计算持有期年均收益率，即使未来现金流入的现值等于债券购买价格的折现率。

（1）每年年末付息，到期还本债券

【例题 8-5】 张先生于 20×× 年 1 月 1 日购入正大公司同日发行的 5 年期、每年年末付息一次的公司债券 80 张，每张面值 1 000 元，票面利率为 8%，买入价为每张 1 050 元。张先生打算持有到期，则该债券的持有期年均收益率是多少呢？

解 通过图 8-4 来分析这个问题。

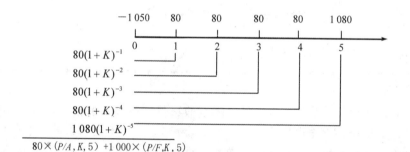

图 8-4　每年年末付息到期还本债券收益率计算示意图

$80\times(P/A,\ K,\ 5)+1\,000\times(P/F,\ K,\ 5)-1\,050=0$

逐次测试，首先设 $K_1=7\%$，则

$80\times(P/A,\ 7\%,\ 5)+1\,000\times(P/F,\ 7\%,\ 5)-1\,050=80\times4.100\,2+1\,000\times0.713\,0-1\,050=-8.984$（元）

因为 K 是使债券未来现金流入的现值等于债券购买价格的折现率，即使 $P=0$ 的折现率，当 $K=7\%$ 时，$P=-8.984<0$，下次再试时一定要降低折现率。

再次设 $K_2=6\%$，则

$$80\times(P/A,6\%,5)+1\,000\times(P/F,6\%,5)-1\,050$$
$$=80\times4.212\,4+1\,000\times0.747\,3-1\,050=34.292\text{（元）}$$

下面利用插值法确定债券投资收益率 K，如图 8-5 所示。

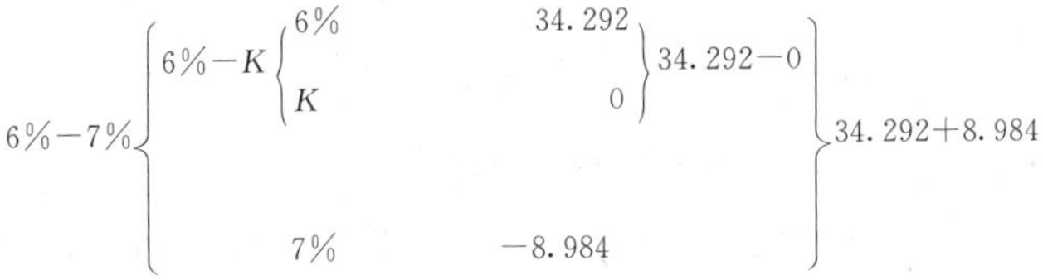

$$6\%-7\%\begin{cases}6\%-K\begin{cases}6\%\\K\end{cases}\begin{matrix}34.292\\0\end{matrix}\Big\}34.292-0\\\\7\%\qquad\qquad-8.984\end{cases}\Big\}34.292+8.984$$

图 8-5　插值法计算债券投资收益率示意图

$$\frac{6\%-K}{6\%-7\%}=\frac{34.292-0}{34.292+8.984}$$

$$K=6\%+\frac{34.292-0}{34.292+8.984}\times(7\%-6\%)=6.79\%$$

每年末支付利息的债券投资收益率计算公式如下。

$$P=\sum_{t=1}^{n}\frac{I}{(1+K)^t}+\frac{M}{(1+K)^n}$$
$$P=I(P/A,K,n)+M(P/F,K,n)\tag{8-6}$$

式中，K 为债券持有期年均收益率；P 为债券买入价；I 为持有期间每期收到的利息额；M 为债券兑付的金额或者提前出售的卖出价；n 为债券持有期限（以年为单位）。

（2）到期一次还本付息债券

【例题 8-6】田小姐于 20××年 1 月 1 日购入方兴公司同日发行的 3 年期，到期一次还本付息的债券 50 张，面值为 1 000 元，票面利率为 6%，债券利息采用单利计算，买入价为每张 900 元，则田小姐投资方兴公司债券年收益率是多少？

解　分析过程如图 8-6 所示。

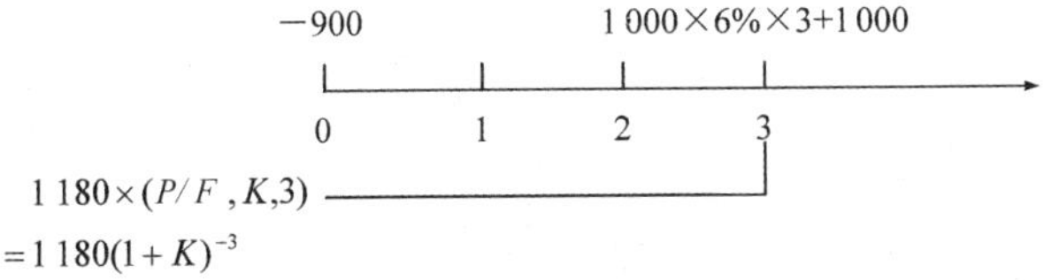

$$\begin{array}{c}-900\qquad\qquad\qquad 1\,000\times6\%\times3+1\,000\\\\\hline 0\qquad 1\qquad 2\qquad 3\end{array}$$

$1\,180\times(P/F,K,3)$
$=1\,180(1+K)^{-3}$

图 8-6　到期一次还本付息债券收益率计算示意图

$$(1\,000\times6\%\times3+1\,000)\times(1+K)^{-3}-900=0$$

$$\frac{1\,180}{(1+K)^3}=900$$

$$K=\sqrt[3]{\frac{1\,180}{900}}-1\approx9\%$$

到期一次还本付息债券持有期年均收益率的计算公式为

$$持有期年均收益率 = \sqrt[t]{\frac{M}{P}} - 1 \qquad\qquad (8-7)$$

式中，P 为债券买入价；M 为债券到期兑付的金额（含利息）或者提前出售时的卖出价；t 为债券实际持有期限（一般以年为单位），等于债券交割日至到期兑付日或卖出交割日之间的实际天数除以 360。

（3）零票面利率债券

【**例题 8-7**】王女士于 20×× 年 1 月 1 日购入某公司发行的 3 年期债券 50 张，面值 1 000 元，买入价每张 800 元，债券期内不计息，到期按面值偿还，请问王女士有利可图吗？

解 零票面利率债券是到期一次还本付息债券的一个特例，可代入公式（8-7）求得，即

$$持有期年均收益率 = \sqrt[3]{\frac{1\,000}{800}} - 1 \approx 7.72\%$$

关键提示：

　　长期债券投资收益率是使未来现金流入的现值等于债券购买价格的折现率。它的知识基础仍旧是货币时间价值。决定其大小的除了面值、票面利率、付息方式、中途出售收入外，还有债券的购买价格。当投资收益率大于或等于投资者的必要投资报酬率时，才有投资价值。

你为王小姐做好决策了吗？

甲公司债券投资收益率 $= 80 \times (P/A, K, 5) + 1\,000 \times (P/F, K, 5) - 1\,150 = 0$

设 $K_1 = 5\%$，则

$80 \times (P/A, 5\%, 5) + 1\,000 \times (P/F, 5\%, 5) - 1\,150 = -20.14$

再设 $K_2 = 4\%$，则有

$80 \times (P/A, 4\%, 5) + 1\,000 \times (P/F, 4\%, 5) - 1\,150 = 28.04$

由此可见，甲公司投资收益率介于 $4\% \sim 5\%$ 之间。

乙公司债券投资收益率 $= \sqrt[5]{\dfrac{1\,400}{950}} - 1 \approx 8\%$

丙公司债券投资收益率 $= \sqrt[5]{\dfrac{1\,000}{740}} - 1 \approx 6\%$

结论：甲公司投资收益率低于王小姐的必要收益率为 6%，所以不该购买；丙公司刚刚达到必要收益率，而乙公司超过了必要收益率，因此应选择投资乙公司债券。

2. 股票投资的估价与收益评价

思考讨论

周先生准备投资购买某公司股票,从该公司20××年12月31日的有关会计报表及补充资料中获知,该年公司发放的每股股利为2元,股票每股市价为18元。预期该公司股利将持续增长,年增长率为3%。假定目前无风险收益率为6%,市场上所有股票的平均收益率为10%,该公司股票的β系数为1.5,是否购买该公司股票,请帮周先生作出正确决策。

1)股票价值的计算与评价

普通股的内在价值是由普通股带来的未来现金流量按股票的必要报酬率计算的现值,股票给持有者带来的未来现金流入包括两部分:股利收入和出售时的收入。计算出股票的内在价值,然后将其与股票当前的市价相比较,可以判断股票投资是否可行。股票价值的基本计算公式为

$$P = \sum_{t=1}^{\infty} \frac{R_t}{(1+K)^t} \qquad (8-8)$$

式中,P是股票价值;R_t是股票第t年带来的现金流入量(包括股利收入、卖出股票的收入);K为折现率(股票的必要报酬率);n是持有年限。

这是股票价值计算的一般模式,无论R_t的具体形态如何(递增、递减、固定或随机变动),此模式均适用。下面介绍几种特殊情况下股票价值的计算。

(1)股利固定股票内在价值的计算(零成长股票模型)

如果长期持有股票,且各年股利固定不变,其支付过程是一个永续年金,则股票价值的计算公式为

$$P = \sum_{t=1}^{\infty} \frac{D}{(1+K)^t} = \frac{D}{K} \qquad (8-9)$$

式中,D为各年收到的固定股息,其他符号的含义与基本公式相同。

【例题8-8】某公司股票每年分配股利3元,若投资者要求的最低报酬率为12%,试计算该股票的价值。

解 $P = 3 \div 12\% = 25$(元)

该公司股票每年带来3元的收益,在市场利率为12%的条件下,它相当于25元资本的收益,所以其价值是25元。当然,市场上股价不一定是25元,如果当时的市价高于价值,意味着物非所值,不应购买;否则则值得进行投资。

(2)固定成长股票内在价值的计算(股利固定增长模式)

一般情况下,企业的股利不会固定不变。假设各年股利按固定比例匀速增长,投资者长期持有股票,则股票价值的计算公式为

$$P = \sum_{t=1}^{\infty} \frac{D_0(1+g)^t}{(1+K)^t} \qquad (8-10)$$

式中，D_0 是上一年发放的股利；g 为股利每年增长率，其他符号含义与基本公式相同。

如果 $g < K$，用 D_1 表示第一年股利，则上式可简化为

$$P = \frac{D_0 \times (1+g)}{K-g} = \frac{D_1}{K-g} \qquad (8-11)$$

相关知识

公式（8-11）的推导过程如图 8-7 所示。

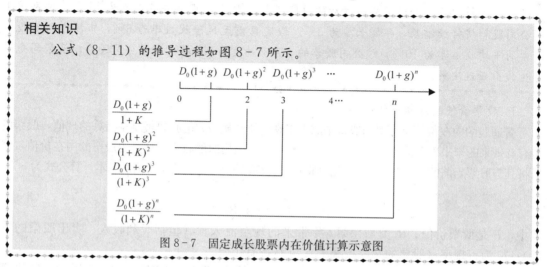

图 8-7　固定成长股票内在价值计算示意图

$$P = \frac{D_0(1+g)}{1+K} + \frac{D_0(1+g)^2}{(1+K)^2} + \frac{D_0(1+g)^3}{(1+K)^3} + \cdots + \frac{D_0(1+g)^n}{(1+K)^n} \qquad (1)$$

式（1）等号左右两边均乘以 $\dfrac{1+g}{1+K}$ 得

$$P \times \frac{1+g}{1+K} = \frac{D_0(1+g)^2}{(1+K)^2} + \frac{D_0(1+g)^3}{(1+K)^3} + \frac{D_0(1+g)^4}{(1+K)^4} + \cdots + \frac{D_0(1+g)^{n+1}}{(1+K)^{n+1}} \qquad (2)$$

式（2）－式（1）得

$$\frac{g-K}{1+K} \times P = D_0 \times \left(\frac{1+g}{1+K}\right)^{n+1} - \frac{D_0(1+g)}{1+K}$$

又假设 $g < K$，股票长期持有，即 n 趋近于无穷，对上式求极限后，化简为

$$\frac{K-g}{1+K} \times P = \frac{D_0(1+g)}{1+K}$$

$$P = \frac{D_0(1+g)}{K-g} = \frac{D_1}{K-g}$$

当预期报酬率与必要报酬率相等时，有 $K = \dfrac{D_1}{P} + g$，常用于普通股资本成本的计算。

【**例题 8-9**】金华公司准备投资购买卓越公司的股票，该股票上年每股股利为 2 元，预

计以后每年以5%的增长率增长，金华公司的必要投资报酬率为8%，试计算该种股票的内在价值。

解 $P = \dfrac{2(1+5\%)}{8\%-5\%} = 70$（元）

（3）非固定成长股票内在价值的计算（三阶段模型）

在现实中，公司的股利一般既不是一成不变，也不一定按照固定比率增长，而是出现不规则变化。例如预计未来一段时间内股利高速增长，接下来的时间正常固定增长或固定不变。要计算股票的内在价值，可分别计算各阶段的未来收益的现值，各阶段现值之和就是非固定增长股利的股票价值。

【例题8-10】 某公司预期未来三年股利按每年10%高速增长，然后转为正常增长，年递增率为3%。公司最近支付的股利为2元/股，股票的必要报酬率为12%。试计算该股票的内在价值。

解 首先，计算高速增长期间股利的现值，如图8-8所示。

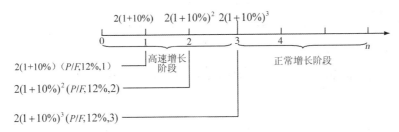

图8-8 非固定成长股票内在价值的计算示意图

$P_1 = 2(1+10\%)(P/F, 12\%, 1) + 2(1+10\%)^2(P/F, 12\%, 2) + 2(1+10\%)^3(P/F, 12\%, 3)$

$P_1 = 2.2 \times 0.8929 + 2.42 \times 0.7972 + 2.662 \times 0.7118 \approx 5.79$（元）

其次，计算正常增长阶段股利的现值，分两步进行。第一步，将第4年以后各年股利折现至第3年年末。

$$\frac{D_4}{K-g} = \frac{2(1+10\%)^3(1+3\%)}{12\%-3\%} \approx 30.47 \text{（元）}$$

第二步，计算正常增长阶段股利，从第3年年末折现至第1年年初。

$$P_2 = 30.47 \times (P/F, 12\%, 3) = 30.47 \times 0.7118 \approx 21.69 \text{（元）}$$

最后，计算股票的内在价值，即将两阶段现值相加。

$$P = 5.79 + 21.69 = 27.48 \text{（元）}$$

2）股票持有期收益率的计算

持有期收益率是指投资者买入股票持有一定时期后又卖出该股票，在投资者持有该股票期间的收益率，反映了股东持有股票期间的实际收益情况。股票持有期收益率的计算方法与债券类似。

（1）持有期不超过一年

如果投资者持有期不超过一年，可不考虑资金时间价值，其持有期收益率可按如下公式计算。

$$持有期收益率 = \frac{（股票出售价－买入价）＋持有期间分得的现金股利}{股票买入价} \times 100\%$$

$$(8-12)$$

$$持有期年均收益率 = \frac{持有期收益率}{持有年限} = 持有期收益率 \times \frac{360}{实际持有天数} \quad (8-13)$$

【例题 8-11】甲公司于 20×× 年 4 月 30 日购入乙公司每股市价 15 元的股票。次年 1 月 5 日，获得乙公司每股分派的现金股利 2 元。次年 1 月 31 日，甲公司将该股票以每股 16 元出售，计算该股票的持有期投资收益率及持有期年均收益率。

解 持有期投资收益率 $= \frac{(16-15)+2}{15} \times 100\% = 20\%$

持有期年均收益率 $= \frac{20\% \times 12}{9} \approx 26.7\%$

（2）持有期超过一年

如果股票持有时间超过一年，需要按每年复利一次考虑资金时间价值，其持有期年均收益率可按如下公式计算。

$$P = \sum_{t=1}^{n} \frac{D_t}{(1+K)^t} + \frac{F}{(1+K)^n} \quad (8-14)$$

式中，K 为股票的持有期年均收益率；P 为股票的购买价格；F 为股票的售出价格；D_t 为各年分得的股利；n 为持有年期限。

【例题 8-12】淮安公司在 2011 年 2 月 1 日投资 820 万元购买某种股票 100 万股，在 2011 年、2012 年和 2013 年的 1 月 31 日每股各分得现金股利 0.6 元、0.4 元和 0.8 元，并于 2013 年 1 月 31 日以每股 9 元的价格将股票全部出售，则该股票的投资收益率是多少呢？

解 如图 8-9 所示，计算过程如下。

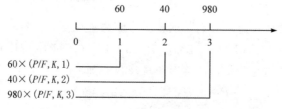

图 8-9　股利及出售股票的现金流量示意图

$$820 = 60 \times (P/F, K, 1) + 40 \times (P/F, K, 2) + 980 \times (P/F, K, 3)$$

逐次测试：设 $K_1 = 10\%$，有

$60×(P/F，10％，1)+40×(P/F，10％，2)+980×(P/F，10％，3)=823.876$（万元）

因为 823.876＞820，所以再试时应提高折现率。设 $K_2=12％$，有

$60×(P/F，12％，1)+40×(P/F，12％，2)+980×(P/F，12％，3)=783.026$（万元）

采用插值法计算投资收益率，如图 8-10 所示。

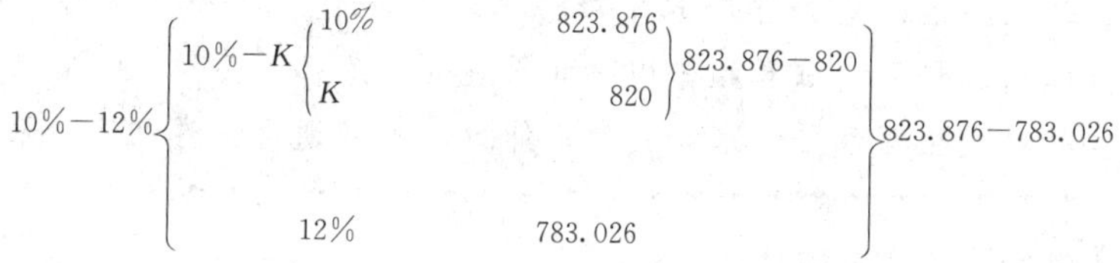

$$10％-12％\left\{\begin{matrix}10％-K\left\{\begin{matrix}10％&823.876\\K&820\end{matrix}\right\}823.876-820\\\\12％\quad\quad 783.026\end{matrix}\right\}823.876-783.026$$

图 8-10　插值法计算投资收益率示意图

$$\frac{10％-K}{10％-12％}=\frac{823.876-820}{823.876-783.026}$$

$$K≈10.19％$$

淮安公司购买的股票持有期收益率为 10.19％。

> **关键提示：**
>
> 　　企业进行股票投资的目的主要有两种：一是获利，即获取股利收入及股票买卖差价；二是控股，这种情况下，企业考虑更多的不应是目前利益，即股票投资收益的高低，而应是长远利益，即拥有多少股权才能达到控制目的。

你为周先生做好决策了吗？

首先通过资本资产定价模型来计算周先生的必要投资报酬率。

$$R=R_f+\beta(R_m-R_f)=6％+1.5×(10％-6％)=12％$$

然后，计算股票的内在价值，通过分析该股票属于股利固定增长类型。

$$P=\frac{D_1}{K-g}=\frac{2(1+3％)}{12％-3％}≈22.89（元）$$

最后，作出结论：因为股票的内在价值超出股票市价很多，盈利空间较大，所以建议周先生购买该公司股票。

3. 证券组合的估价与收益评价

　　虽然证券投资的主要目的是为了获取较高的投资收益，但是在投资过程中，存在一定的风险是避免不了的，那么有什么方法来降低风险吗？证券投资组合是分散风险、降低风险的良方。证券投资组合简称证券组合，是指在进行证券投资时，不是将所有的资金都投向单一的某种证券，而是有选择地投向一组证券。这种同时投资多种证券的做法就叫证券的投资组

合，即大家常说的：不要把鸡蛋放在一个篮子里。

关键提示：

证券组合承受非系统风险（公司特有风险）和系统性风险（市场风险）两种性质不同的风险。非系统性风险是指引起单项证券投资收益发生变动并带来损失的可能性，投资者可以通过科学的证券组合规避非系统性风险；而系统性风险是引起市场上所有证券投资收益发生变动并带来损失的可能性，不能通过证券组合分散掉。

1）证券投资组合风险收益的计算

投资者进行证券组合投资与进行单项投资一样，都要求对承担的风险进行补偿，风险越大，要求的补偿越多。但是与单项投资不同，证券组合只要求对系统性风险进行补偿，而不要求对非系统性风险进行补偿。证券投资组合风险收益是指投资者因承担系统风险而要求的、超过时间价值的那部分额外收益，可通过下面公式求得。

$$R_p = \beta_p \times (R_M - R_f) \tag{8-15}$$

式中，R_p 是证券组合的风险收益率；R_M 是所有股票的平均收益率，也就是由市场所有股票构成投资组合的收益率，简称市场收益率；R_f 是无风险收益率，一般由政府公债的利息率来代替；β_p 是证券组合的 β 系数，通常用 β 系数来衡量某种股票或投资组合的系统性风险的程度。单个证券的 β 系数由有关的投资服务机构提供，投资组合的 β 系数是组成组合的各个证券 β 系数的加权平均数，权数为各种证券在投资组合中所占的比重。

【例题 8-13】 某公司持有甲、乙、丙三种股票构成的证券组合，它们的 β 系数分别为 2.0、1.0 和 0.8，它们在证券组合中所占的比重分别为 45%、30% 和 25%，股票的平均市场收益率为 15%，无风险收益率为 6%，则证券组合的风险收益率是多少呢？

解 首先，计算证券组合的 β 系数。

$$\beta_p = 2.0 \times 45\% + 1.0 \times 30\% + 0.8 \times 25\% = 1.4$$

然后，计算证券组合的风险收益率。

$$R_p = \beta_p \times (R_M - R_f) = 1.4 \times (15\% - 6\%) = 12.6\%$$

计算出风险收益率后，便可根据投资额和风险收益率计算出风险收益的数额。从以上计算中可以看出，在其他因素不变的情况下，风险收益与证券组合的 β 系数呈正比变化，β 系数越大，风险收益越大；反之，β 系数越小，风险收益越小。

2）证券投资组合的收益率

证券投资组合的收益率是指在风险条件下进行证券投资组合而获得的收益率，包括两部分：无风险收益率和风险收益率。一般根据资本资产定价模式计算。

$$R = R_f + \beta(R_M - R_f) \tag{8-16}$$

式中，R 是某种股票或某种证券组合的必要收益率；R_f 是无风险收益率；β 是某种股票或证

券组合的 β 系数；R_M 是所有股票的平均收益率或市场收益率。

【例题 8-14】仍接上例，计算证券组合的收益率。

解　$R=R_f+R_P=6\%+12.6\%=18.6\%$

相关知识

常见的证券投资组合策略。

① 保守型策略。这种策略认为，最佳证券投资组合策略是要尽量模拟市场现状，将尽可能多的证券包括进来，以便分散掉全部非系统性风险，得到与市场所有证券的平均收益同样的收益。这种策略收益不高，风险不大。

②冒险型策略。这种策略认为，在证券组合中应多购买一些成长型股票，少购买那些低风险、低收益的证券，另外证券组合应根据情况频繁调整。这种策略收益高，风险大。

③适中型策略。这种策略认为，证券的价格，特别是股票的价格，是由特定企业的经营业绩来决定的，因此应通过科学调研和分析选择高质量的股票和债券，组成投资组合。这种策略风险不大，收益却较高，但要求投资者具备丰富的投资经验和专业知识。

常见的证券投资组合方法如下。

①选择足够数量的证券进行组合。

②把风险大、风险中等、风险小的证券放在一起进行组合。

③把投资收益呈负相关的证券放在一起进行组合。

任务 6.2　项目投资评价

任务书

主任务	子任务	具体要求	完成步骤
项目投资评价	单一方案投资决策	① 选择适用的投资决策方法 ② 计算投资决策评价指标 ③ 根据计算结果作出投资决策并进行分析	① 搜集决策需要有关的数据 ② 计算项目投资决策评价指标 ③ 根据决策结果，作出科学的投资决策分析
	多方案投资决策	① 选择适用的投资决策方法 ② 计算投资决策评价指标 ③ 根据计算结果作出投资决策并进行分析	
	固定资产更新改造决策	① 计算投资决策评价指标 ② 根据计算结果作出投资决策并进行分析	

1. 项目投资评价的依据

项目投资是一种以特定建设项目为对象，直接与新建项目或更新改造项目有关的长期投资行为。以工业企业为例，投资项目主要包括新建项目（含单纯固定资产投资项目和完整工业投资项目）和更新改造项目两种类型。这里所讲的项目投资评价主要是从经济角度对投资方案进行可行性或选优评价，评价过程中需要依据以下几方面分析计算来作出科学结论。

1）项目计算期分析

项目计算期，是指投资项目从投资建设开始到最终清理结束整个过程的全部时间，包括建设期和生产运营期（具体包括试产期和达产期）。

（1）建设期

建设期（建设期≥0），是指项目资金正式投入开始到项目建成投产为止所需要的时间。建设期的第一年初（记作第0年）称为建设起点，建设期的最后一年末称为投产日。在实践中，通常应参照项目建设的合理工期或项目的建设进度计划合理确定建设期。

（2）生产经营期（运营期）

从投产日到终结点之间的时间间隔称为生产经营期，包括试产期和达产期两个阶段。试产期是指项目投入生产，但生产能力尚未达到设计能力时的过渡阶段。达产期，是指生产经营达到设计预期水平后的时间。生产经营期一般应根据项目主要设备的经济使用寿命期确定。生产经营期的最后一年即项目运营期的最后一年年末（记作第n年）称为终结点。假定项目最终报废或清理均发生在终结点（但更新改造除外）。

项目计算期、建设期和生产经营期之间的关系如图8-11所示。

$$项目计算期 = 建设期 + 运营期 \qquad (8-17)$$

图8-11　项目计算期构成示意图

【例题8-15】某企业拟构建一项固定资产，预计使用寿命10年。如果建设期为1年，项目计算期为多少？如果在建设起点投资并投产，项目计算期是多少？

解　建设期为1年时的项目计算期＝10＋1＝11（年）

建设起点投资并投产，即建设期为0时的项目计算期＝10＋0＝10（年）

2）项目投资额及投入方式分析

原始投资（又称初始投资）是反映项目所需现实资金水平的价值指标。从项目投资的角度看，原始投资是企业为使该项目完全达到设计生产能力、开展正常经营而投入的全部现实资金，包括建设投资和流动资金投资两项内容。

（1）建设投资

建设投资是指在建设期内按一定生产经营规模和建设内容进行的投资，具体包括固定资产投资、无形资产投资和其他资产投资三项内容。

① 固定资产投资。是指项目用于购置或安装固定资产应当发生的投资。固定资产原值与固定资产投资之间的关系是

固定资产原值＝固定资产投资＋建设期资本化借款利息

② 无形资产投资。是指项目用于取得无形资产而发生的投资。

③ 其他资产投资。是指建设投资中除固定资产投资和无形资产投资以外的投资，包括生产准备和开办费投资。

（2）流动资金投资

流动资金投资是指项目投产前后分次或一次投放于流动资产项目的投资增加额，又称垫支流动资金或营运资金投资，其计算公式为

$$某年流动资金投资额（垫支数）＝本年流动资金需用数－截止上年的流动资金投资额$$

$$(8-18)$$

$$本年流动资金需用数 ＝ 该年流动资产需用数 － 该年流动负债可用数 \qquad (8-19)$$

项目总投资是反映项目投资总体规模的价值指标，等于原始投资与建设期资本化利息之和。图8-12是项目投资构成示意图。

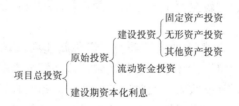

图8-12 项目投资构成示意图

项目投资的投入方式包括一次投入和分次投入两种形式。一次投入方式是指投资行为集中一次发生在项目计算期第一个年度的年初或年末；如果投资行为涉及两个或两个以上年度，或虽然只涉及一个年度但同时在该年的年初和年末发生，则属于分次投入方式。

【例题8-16】蓝鸟公司拟建一条生产线，需要在建设起点一次投入固定资产投资200万元，无形资产投资15万元。建设期1年，建设期资本化利息为10万元。投产第一年预计流动资产需用额为42万元，流动负债可用额为30万元，投产第二年预计流动资产需用额为50万元，流动负债可用额为35万元。

解 该项目有关指标分析计算如下。

①固定资产投资＝200（万元）

②固定资产原值＝200＋10＝210（万元）

③无形资产投资＝15万元

④建设投资＝200＋15＝215（万元）

⑤流动资金投资如下。

投产第一年的流动资金需用额＝42－30＝12（万元）

首次流动资金投资额＝12（万元）

投产第二年的流动资金需用额＝50－35＝15（万元）

投产第二年的流动资金投资额＝15－12＝3（万元）

流动资产投资合计＝12＋3＝15（万元）

⑥原始投资额＝215＋15＝230（万元）

⑦项目总投资额＝230＋10＝240（万元）

3）项目投资现金流量分析

（1）项目投资现金流量构成

不同类型的投资项目，其现金流量的具体内容不同。

① 单纯固定资产投资项目。

单纯固定资产投资项目是指只涉及固定资产投资而不涉及无形资产投资、其他资产投资和流动资金投资的建设项目。

单纯固定资产投资项目的现金流入量包括：增加的营业收入和回收固定资产余值等内容。单纯固定资产投资项目的现金流出量包括：固定资产投资、新增经营成本和增加的各项税款等内容。

② 完整工业投资项目。完整工业投资项目（简称新建项目）是以新增工业生产能力为主的投资项目。不仅包括固定资产投资，而且还包括流动资金投资。完整工业投资项目的现金流入量包括：营业收入、补贴收入、回收固定资产余值和回收流动资金等内容。完整工业投资项目的现金流出量包括：建设投资、流动资金投资、经营成本、营业税金及附加、维持运营投资和调整所得税等内容。

③ 固定资产更新改造投资项目。固定资产更新改造投资项目可分为以恢复和提高固定资产生产效率为目的的更新项目和以改善企业经营条件为目的的改造项目两种类型。

固定资产更新改造投资项目的现金流入量包括：因使用新固定资产而增加的营业收入、处置旧固定资产的变现净收入和新旧固定资产回收余值的差额等内容。

固定资产更新改造投资项目的现金流出量包括：购置新固定资产的投资、因使用新固定资产而增加的经营成本、因使用新固定资产而增加的流动资金投资和增加的各项税款等内容。其中，因提前报废旧固定资产所发生的清理净损失而发生的抵减当期所得税税额用负值表示。

相关知识

现金流量的估算

在整个项目计算期的各个阶段上都有可能发生现金流量，因而必须逐年估算每一时点上的现金流入量和现金流出量。下面以完整工业投资项目为例介绍长期投资项目现金流量的估算方法。

（1）现金流入量的估算

① 营业收入的估算。营业收入是经营期最主要的现金流入量，应按项目在经营期内有关产品的各年预计单价和预测销售量进行估算（假定经营期内每期均产销平衡）。

② 补贴收入的估算。补贴收入是与经营期收益有关的政府补贴，可根据按政策退还的增值税、按销量或按工作量分别计算的定额补贴和财政补贴等予以估算。

③ 回收流动资金的估算。在终结点上一次回收的流动资金等于各年垫支的流动资金投资的合计数。回收流动资金和回收固定资产余值统称为回收额（假定新建项目的回收额都发生在终结点）。

（2）现金流出量的估算

① 建设投资的估算。固定资产投资是所有类型的项目投资在建设期必然会发生的现金流出量，应按项目规模和投资计划所确定的各项建筑工程费用、设备购置费用、安装工程费用和其他费用来估算。无形资产投资和其他资产投资，应根据需要和可能，逐项按有关资产的评估方法和计价标准进行估算。

② 流动资金的估算。在项目投资决策中，流动资金是指在运营期内长期占用并周转使用的营运资金。流动资金可通过公式（8-18）和公式（8-19）来估算。公式中流动资产只考虑存货、现金、应收账款和预付账款等内容，流动负债只考虑应付账款和预收账款。

为简化计算，我国有关建设项目的评估制度假定流动资金投资可从投产第1年开始安排。

③ 经营成本的估算。经营成本又称付现的营运成本（付现成本），是指在经营期内为满足正常生产经营而动用现实现金支付的成本费用。经营成本是所有类型的项目投资在生产经营期都要发生的主要现金流出量，其估算公式为

$$某年经营成本 = 该年不包括财务费用的总成本费用 - 该年折旧额、$$
$$无形资产和开办费的摊销额 \tag{8-20}$$

或

$$某年经营成本 = 该年外购原材料燃料和动力费 + 该年工资及福利费 +$$
$$该年修理费 + 该年其他费用 \tag{8-21}$$

　　　　经营成本的节约相当于本期现金流入的增加，但为统一现金流量的计算口径，在实际中仍按性质将节约的经营成本以负值计入现金流出量项目，而并非列入现金流入量项目。

　　　　④ 营业税金及附加的估算。在项目投资决策中，按在运营期内应交纳的营业税、消费税、土地增值税、资源税、城市维护建设税和教育费附加等估算。

　　　　⑤ 维持运营投资的估算。本项投资是指矿山、油田等行业为维持正常运营而需要在运营期投入的固定资产投资，应根据特定行业的实际需要估算。

　　　　⑥ 调整所得税的估算。为了简化计算，调整所得税等于息税前利润与适用的企业所得税税率的乘积。

　　(2) 净现金流量的计算

　　净现金流量又称现金净流量（NCF），是指在项目计算期内由每年现金流入量与同年现金流出量之间的差额所形成的序列指标。正确计算净现金流量是进行项目投资决策评价的关键，其理论计算公式为

$$某年净现金流量 = 该年现金流入量 - 该年现金流出量 \qquad (8-22)$$

　　现金流入量与现金流出量需逐项估算，工作量大，且容易出错，因此一般利用会计利润调整计算净现金流量，称为间接法，是净现金流量的简化计算方法。

　　① 单纯固定资产投资项目净现金流量的简化计算方法如下。

$$建设期某年的净现金流量 = - 该年发生的固定资产投资额 \qquad (8-23)$$
$$经营期某年所得税前净现金流量 = 该年使用固定资产新增息税前利润 +$$
$$该年因使用固定资产新增折旧 + 该年回收固定资产的残值 \qquad (8-24)$$

其中，

$$该年使用固定资产新增息税前利润 = 该年使用固定资产新增的销售收入 -$$
$$不含财务费用的成本费用 = 该年使用固定资产新增的销售收入 -$$
$$该年使用固定资产新增的经营成本 - 该年因使用固定资产新增营业税金及附加 -$$
$$该年因使用固定资产新增折旧 \qquad (8-25)$$
$$经营期某年所得税后净现金流量 = 经营期某年所得税前净现金流量 -$$
$$该年因使用该固定资产新增所得税 = 该年使用固定资产新增的息税前利润 \times$$
$$(1 - 所得税税率) + 该年因使用该固定资产新增的折旧 + 该年回收固定资产的残值$$
$$\qquad (8-26)$$

　　【例题 8-17】某企业拟购建一项固定资产，需在建设起点一次投入全部资金 850 万元，按直线法计提折旧，使用寿命为 10 年，期末有 20 万元净残值。建设期为 1 年，发生建

设期资本化利息 50 万元。预计投产后每年可获息税前利润 100 万元，该企业适用的所得税税率为 25%。试计算该项目的各年所得税前净现金流量及经营期所得税后的净现金流量。

解 固定资产原值＝固定资产投资＋建设期资本化利息＝850＋50＝900（万元）

$$固定资产年折旧＝\frac{900-20}{10}＝88（万元）$$

$$项目计算期＝1＋10＝11（年）$$

各年税前净现金流量为

$$NCF_0＝-850（万元）$$
$$NCF_1＝0（万元）$$
$$NCF_{2-10}＝100＋88＝188（万元）$$
$$NCF_{11}＝188＋20＝208（万元）$$

经营期各年税后净现金流量为

$$NCF_{2-10}＝100×(1-25\%)＋88＝163（万元）$$
$$NCF_{11}＝100×(1-25\%)＋88＋20＝183（万元）$$

【**例题 8-18**】某固定资产项目需要一次投入价款 1 200 万元，建设期为 2 年，建设期资本化利息为 200 万元。该固定资产可使用 10 年，按直线法计提折旧，期满有净残值 100 万元。投入使用后，可使运营期每年产品销售收入（不含增值税）增加 1 050 万元，每年的经营成本增加 600 万元，营业税金及附加增加 10 万元。该企业适用的所得税税率为 25%，计算该项目各年税后净现金流量。

解 固定资产原值＝固定资产投资＋资本化利息＝1 200＋200＝1 400（万元）

$$固定资产年折旧＝\frac{1\,400-100}{10}＝130（万元）$$

$$项目计算期＝2＋10＝12（年）$$

经营期每年不含财务费用的总成本费用增加额＝经营成本＋营业税金及附加＋折旧＝600＋10＋130＝740（万元）

经营期每年息税前利润增加额＝销售收入－不含财务费用的总成本费用＝1 050－740＝310（万元）

$$NCF_0＝-1\,200（万元）$$
$$NCF_{1-2}＝0（万元）$$
$$NCF_{3-11}＝310×(1-25\%)＋130＝362.5（万元）$$
$$NCF_{12}＝362.5＋100＝462.5（万元）$$

② 完整工业投资项目净现金流量的简化计算方法如下。

$$建设期某年净现金流量＝-该年原始投资额 \qquad (8-27)$$

运营期某年所得税前的净现金流量 ＝ 该年息税前利润＋该年折旧＋

$$该年的摊销额＋该年的回收额－该年维持运营投资 \qquad (8-28)$$

运营期某年所得税后的净现金流量 ＝ 该年息税前利润×(1－所得税税率)＋该年折旧＋

$$该年的摊销额＋该年的回收额－该年维持运营投资 \qquad (8-29)$$

【例题 8-19】某企业投资某项目，原始投资 500 万元，其中固定资产投资 400 万元，流动资金投资 100 万元，全部资金于建设起点一次性投入，无建设期，经营期 5 年，到期残值收入 10 万元，预计投产后年营业收入 150 万元，每年不含财务费用的总成本费用（含折旧）为 90 万元。固定资产按直线法计提折旧，全部流动资金于终结点收回。要求计算各年税前净现金流量及经营期各年税后净现金流量。

解　年折旧 $=\dfrac{400-10}{5}=78$（万元）

$$投产后各年息税前利润 = 150-90=60（万元）$$

$$项目计算期 = 0+5=5（年）$$

各年税前净现金流量为

$$NCF_0 = -500（万元）$$

$$NCF_{1-4} = 60+78=138（万元）$$

$$NCF_5 = 138+10+100=248（万元）$$

经营期各年税后净现金流量为

$$NCF_{1-4} = 60×(1-25\%)+78=123（万元）$$

$$NCF_5 = 123+10+100=233（万元）$$

【例题 8-20】某工业项目需要原始投资 550 万元，其中固定资产投资 500 万元，开办费投资 10 万元，流动资金投资 40 万元。建设期 1 年，建设期发生与购建固定资产有关的资本化利息 22 万元。固定资产投资和开办费投资于建设起点投入，流动资金于完工时，即第 1 年年末投入，该项目寿命期为 5 年。固定资产按直线法计提折旧，期满有 12 万元残值；开办费于投产当年一次摊销完毕；流动资金于终结点一次回收。投产后每年息税前利润分别为 150 万元、240万元、300 万元、280 万元、320 万元。要求按简化方法计算项目各年所得税后净现金流量。

解　　　　项目计算期 $=1+5=6$（年）

$$固定资产原值 = 500+22=522（万元）$$

$$固定资产年折旧 = \dfrac{522-12}{5}=102（万元）$$

$$NCF_0 = -(500+10)=-510（万元）$$

$$NCF_1 = -40（万元）$$

$$NCF_2 = 150×(1-25\%)+102+10=224.5（万元）$$

$$NCF_3 = 240×(1-25\%)+102=282（万元）$$

$$NCF_4 = 300×(1-25\%)+102=327（万元）$$

$$NCF_5 = 280×(1-25\%)+102=312（万元）$$

$$NCF_6 = 320 \times (1-25\%) + 102 + 12 + 40 = 394（万元）$$

> **关键提示：**
>
> 　　完整工业投资项目除了固定资产投资外，还可能包括无形资产投资、开办费投资和流动资金投资。无形资产和开办费的摊销额和折旧一样，属非付现成本，因此计算现金净流量时，应在利润基础上调增；流动资金一般在建设期末或经营期初垫支，垫支的流动资金在终结点全额回收。

　　③ 更新改造投资项目净现金流量的简化计算方法如下。

　　建设期某年净现金流量 ＝－（该年发生的新固定资产投资－旧固定资产变价净收入）

$$(8-30)$$

　　建设期末的净现金流量 ＝ 因固定资产提前报废发生净损失而抵减的所得税税额

$$(8-31)$$

　　如果建设期为零，则运营期所得税后净现金流量的简化公式为：

　　经营期第一年所得税后净现金流量 ＝ 该年更新改造而增加的息税前利润×
（1－所得税税率）＋该年因更新改造而增加的折旧＋因旧固定资产提前
报废发生净损失而抵减的所得税税额 $\quad (8-32)$

　　经营期其他各年所得税后净现金流量 ＝ 该年更新改造而增加的息税前利润×
（1－所得税税率）＋该年因更新改造而增加的折旧＋该年回收新固定资产
净残值超过假定继续使用旧固定资产净残值之间的差额 $\quad (8-33)$

　　【例题 8-21】某企业打算变卖一套还可使用 5 年的旧设备，另购置一套新设备来替换它。取得新设备的投资额为 150 000 元，旧设备的折余价值为 78 000 元，其变价收入为 70 000 元，到第 5 年年末新设备与继续使用旧设备届时的预计净残值相等。新旧设备的替换将在当年内完成（即更新设备的建设期为零）。使用新设备可使企业每年增加营业收入 80 000 元，增加经营成本 25 000 元。设备采用直线法计提折旧，该企业适用的所得税税率为 25%。用简化计算方法计算该企业更新设备各年的差量净现金流量。

　　解　更新设备比继续使用旧设备增加的投资额＝新设备的投资－旧设备的变价净收入＝150 000－70 000＝80 000（元）

　　经营期各年因更新改造而增加的折旧＝$\dfrac{150\,000-70\,000}{5}$＝16 000（元）

　　经营期各年因更新改造而增加的息税前利润＝80 000－25 000－16 000＝39 000（元）

　　因旧设备提前报废发生的处理固定资产净损失＝旧固定资产折余价值－变价净收入＝78 000－70 000＝8 000（元）

　　因旧设备提前报废发生净损失而抵减的所得税税额＝8 000×25%＝2 000（元）

$$\Delta NCF_0 = -80\,000 \ （元）$$

$$\Delta NCF_1 = 39\,000 \times (1-25\%) + 16\,000 + 2\,000 = 47\,250 \ （元）$$

$$\Delta NCF_{2-5} = 39\,000 \times (1-25\%) + 16\,000 = 45\,250 \ （元）$$

【例题 8-22】 某企业拟进行一项更新改造项目，需投资 500 000 元，于建设起点投入，建设期一年，旧设备折余价值为 280 000 元，变价收入为 220 000 元，假设旧设备尚可使用 10 年，与新设备的使用寿命相同，旧设备的净残值为 60 000 元，新设备的净残值为 100 000 元，使用新设备可使企业每年增加营业收入 200 000 元，增加经营成本 120 000 元，设备采用直线法计提折旧。该企业适用的所得税税率为 25%。

解　用简化计算方法计算该企业更新设备各年的差量净现金流量。

更新设备比继续使用旧设备增加的投资额 = 500 000 - 220 000 = 280 000（元）

经营期各年因更新改造而增加的折旧 = $\dfrac{(500\,000 - 100\,000) - (220\,000 - 60\,000)}{10}$ = 24 000（元）

经营期各年因更新改造而增加的息税前利润 = 200 000 - 120 000 - 24 000 = 56 000（元）

因旧设备提前报废发生的处理固定资产净损失 = 280 000 - 220 000 = 60 000（元）

因旧设备提前报废发生净损失而抵减的所得税税额 = 60 000 × 25% = 15 000（元）

$$\Delta NCF_0 = -280\,000 \ （元）$$

$$\Delta NCF_1 = 15\,000 \ （元）$$

$$\Delta NCF_{2-10} = 56\,000 \times (1-25\%) + 24\,000 = 66\,000 \ （元）$$

$$\Delta NCF_{11} = 66\,000 + (100\,000 - 60\,000) = 106\,000 \ （元）$$

关键提示：

更新改造投资项目计算的是新旧设备的差量净现金流量，所以计算过程中各指标均使用的是新旧设备差量，如更新设备增加的投资额、增加的折旧、增加的息税前利润及固定资产余值差额等；旧设备处理净损失等于变价收入与折余价值的差额，净损失抵减的所得税等于损失额乘以所得税税率，造成净现金流量增加，如果处理旧设备取得收益，使应交所得税增加，将会造成净现金流量减少。

思考讨论

单纯固定资产投资项目、完整工业投资项目和更新改造投资项目净现金流量的计算大同小异，你能以单纯固定资产投资项目为基础，总结一下其他两种类型的投资项目与之的区别吗？

如果总结不出来，那就看看上边的关键提示吧！

2. 项目投资评价指标

投资评价指标是用于衡量和比较投资项目可行性，据以进行方案决策的定量化标准与尺度。从财务评价角度，投资决策指标主要包括静态投资回收期、投资收益率、净现值、净现值率、获利指数、内部收益率。这些指标按是否考虑资金时间价值分为贴现指标和非贴现指标。

1）贴现指标

在计算过程中，充分考虑和利用资金时间价值的指标叫贴现指标，又称动态评价指标，简称动态指标。这些指标是项目投资评价的主要指标。

（1）净现值（NPV）

净现值是指在项目计算期内按项目的必要投资报酬率、资金成本、行业基准折现率或其他设定的折现率计算的各年净现金流量现值的代数和。

净现值指标的基本计算公式为

$$净现值（NPV）=\sum（第\ t\ 年的净现金流量×第\ t\ 年的复利现值系数）\qquad（8-34）$$

【例题8-23】某企业有一投资项目，必要投资报酬率为10%，有三个备选方案，如表8-1所示，试计算每个方案的净现值，并依据计算结果作出决策。

表8-1 投资项目各方案净现金流量表

项目计算期	甲方案	乙方案	丙方案
0	−100 000	−100 000	−10 000
1	38 000	35 000	0
2	38 000	42 000	40 000
3	38 000	28 000	40 000
4	38 000	34 000	40 000
5	38 000	40 000	40 000
6	38 000	41 000	41 000

解 甲方案的净现值计算如图8-13所示。

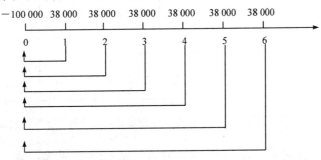

图8-13 甲方案净现值计算示意图

甲方案除建设起点外其他各年净现金流量相等，属于普通年金，经营期每年现金净流量乘以普通年金现值系数是经营期各年的总现值，再加上建设起点的净现金流量（负数），即为净现值。

$$NPV_{甲} = -100\,000 + 38\,000 \times (P/A, 10\%, 6) = -100\,000 + 38\,000 \times 4.355\,3 = 65\,501.4(元)$$

乙方案的净现值计算如图 8-14 所示。

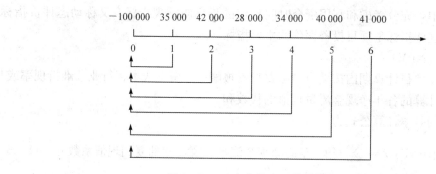

图 8-14 乙方案的净现值计算示意图

乙方案各年的净现金流量不等，经营期各年净现金流量分别乘以各自的复利现值系数，求和，再加上建设起点的净现金流量（负数），即为净现值。

$$NPV_{乙} = -100\,000 + 35\,000 \times (P/F, 10\%, 1) + 42\,000 \times (P/F, 10\%, 2) + 28\,000 \times (P/F, 10\%, 3) + 34\,000 \times (P/F, 10\%, 4) + 40\,000 \times (P/F, 10\%, 5) + 41\,000 \times (P/F, 10\%, 6)$$
$$= -100\,000 + 35\,000 \times 0.909\,1 + 42\,000 \times 0.826\,4 + 28\,000 \times 0.751\,3 + 34\,000 \times 0.683\,0 + 40\,000 \times 0.620\,9 + 41\,000 \times 0.564\,5 = 58\,766.2(元)$$

丙方案的净现值计算如图 8-15 所示。

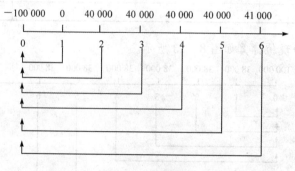

图 8-15 丙方案净现值计算示意图

丙方案有一年的建设期，另外终结点有残值，但 NCF_{2-5} 相等，净现值等于递延年金现值加普通复利现值，再加建设起点的净现金流量。

$$NPV_{丙} = -100\,000 + 40\,000 \times (P/A, 10\%, 4) \times (P/F, 10\%, 1) + 41\,000 \times (P/F, 10\%, 6)$$
$$= -100\,000 + 40\,000 \times 3.169\,9 \times 0.909\,1 + 41\,000 \times 0.564\,5 = 38\,414.74 \text{（元）}$$

结论：净现值从动态角度反映了项目净产出大小，净现值越大越好。如果只有一个方案，净现值≥0（除非折现率为资金成本时，要求净现值＞0），方案可行，如果有多个备选方案，首先淘汰净现值＜0 的方案，其他方案中，净现值最大的是最优方案。净现值是绝对数指标，一般仅用于投资额相同、项目计算期也相同的各方案决策。根据本例情况，应选择甲方案。

（2）净现值率（NPVR）

净现值率是指投资项目的净现值占原始投资现值总和的比率，也可理解为单位原始投资的现值所创造的净现值。净现值率的计算公式为

$$净现值率（NPVR） = \frac{项目的净现值}{原始投资的现值合计} \tag{8-35}$$

【例题 8-24】 有关资料参考例题 8-23，计算该项目各方案的净现值率，并依据计算结果作出决策。

解
$$NPVR_{甲} = \frac{65\,501.4}{100\,000} \approx 0.655\,0$$

$$NPVR_{乙} = \frac{58\,766.2}{100\,000} \approx 0.587\,7$$

$$NPVR_{丙} = \frac{38\,414.74}{100\,000} \approx 0.384\,1$$

结论：净现值率从动态角度反映了项目资金投入与净产出之间的对比关系，净现值率越大越好。如果只有一个方案，净现值率≥0（除非折现率为资金成本时，要求净现值率＞0），方案可行；如果有多个备选方案，首先淘汰净现值率＜0 的方案，其他方案中，净现值率最大的是最优方案。净现值率是相对数指标，可用于投资额不同各方案决策。根据本例情况，应选择甲方案。

（3）现值指数（PI）

现值指数，也叫获利指数，是指投产后各年净现金流量的现值合计与原始投资额的现值合计之比。现值指数的计算公式为

$$现值指数（PI） = \frac{投产后各年净现金流量的现值合计}{原始投资的现值合计} = 1 + 净现值率 \tag{8-36}$$

【例题 8-25】 有关资料参考例题 8-23，计算该项目各方案的现值指数，并依据计算结果作出决策。

解
$$PI_{甲} = \frac{165\,501.4}{100\,000} \approx 1.655\,0$$

$$PI_{乙} = \frac{158\,766.2}{100\,000} \approx 1.587\,7$$

$$PI_{丙} = \frac{138\ 414.74}{100\ 000} \approx 1.384\ 1$$

结论：现值指数从动态角度反映项目资金投入与总产出之间的关系，现值指数与净现值率的关系是现值指数等于净现值率加1。因此现值指数越大越好。如果只有一个方案，现值指数≥1（除非折现率为资金成本时，要求现值指数＞1），方案可行；如果有多个备选方案，首先淘汰现值指数＜1的方案，其他方案中，现值指数最大的是最优方案。现值指数是相对数指标，可用于投资额不同的各方案决策。根据本例情况，应选择甲方案。

（4）内部收益率（IRR）

净现值、净现值率及现值指数从动态角度反映了资金投入与产出之间的对比，但是均不能反映投资项目的实际收益率水平。内部收益率是项目投资实际可望达到的收益率，它是能使项目的净现值等于零时的折现率。IRR满足下列等式。

$$\sum_{t=0}^{n}\left[NCF_t \times (P/F, IRR, t)\right] = 0 \tag{8-37}$$

内部收益率的计算有两种情况，第一种情况是特殊情况，须符合下述条件：项目的全部投资均于建设起点一次投入；建设期为零；投产后每年净现金流量相等，这些条件缺一不可。在这种情况下，投产后的净现金流量表现为普通年金，可以直接利用年金现值系数计算内部收益率。凡是不符合第一种情况的，都属于第二种情况。第二种情况是一般情况，采用逐次测试法和插值法计算内部收益率。

【例题8-26】 项目净现金流量数据参考例题8-23，计算各方案内部收益率。

解　（1）甲方案内部收益率

甲方案属于第一种情况，故

$$NCF_0 = -100\ 000\ （元）$$
$$NCF_{1-6} = 38\ 000\ （元）$$

第一步，计算年金现值系数。

$$38\ 000 \times (P/A, IRR, 6) - 100\ 000 = 0$$
$$(P/A, IRR, 6) = \frac{100\ 000}{38\ 000} = 2.631\ 6$$

第二步，确定内部收益率或其所在区间。查年金现值系数表，当 $n=6$ 时

$$(P/A, 28\%, 6) = 2.759\ 4,\ (P/A, 32\%, 6) = 2.534\ 2$$

可见，IRR介于28%～32%之间。

第三步，用插值法计算内部收益率，如图8-16所示。

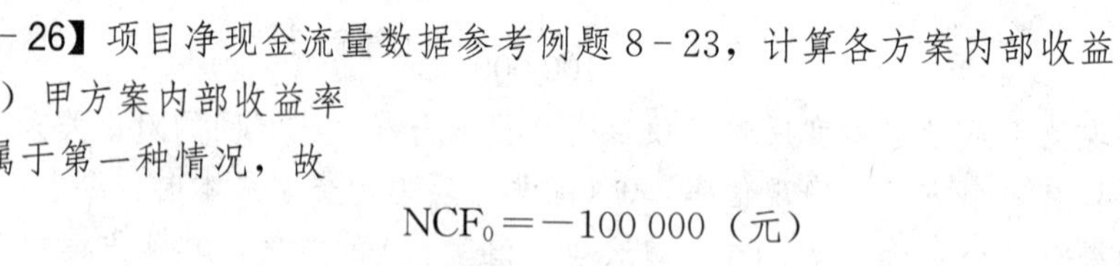

图8-16　插值法计算内部收益率示意图一

$$\frac{28\%-\text{IRR}}{28\%-32\%}=\frac{2.759\ 4-2.631\ 6}{2.759\ 4-2.534\ 2}$$

$$\text{IRR}=28\%+\frac{2.759\ 4-2.631\ 6}{2.759\ 4-2.534\ 2}\times(32\%-28\%)=30.27\%$$

(2) 乙方案内部收益率

乙方案投产后各年净现金流量不等，所以属于第二种情况。在这种情况下，因为投产后各年净现金流量不是普通年金，所以以上方法失灵，采用逐次测试法计算内部收益率。

第一步，设定一个折现率，并按该折现率计算净现值。

设 $i_1=28\%$，故

$\text{NPV}_1=-100\ 000+35\ 000\times(P/F,\ 28\%,\ 1)+42\ 000\times(P/F,\ 28\%,\ 2)+28\ 000\times$ $(P/F,\ 28\%,\ 3)+34\ 000\times(P/F,\ 28\%,\ 4)+40\ 000\times(P/F,\ 28\%,\ 5)+41\ 000\times(P/F,\ 28\%,\ 6)$ $=-100\ 000+27\ 345.5+25\ 636.8+13\ 350.4+12\ 665+11\ 640+9\ 323.4=-38.9$（元）

折现率为 28% 时，净现值为负值。我们的目标是找一个净现值为零的折现率，即内部收益率，再设定的折现率应使净现值增加，那么应进一步提高折现率还是降低折现率呢？可以查一下复利现值表或年金现值表，有一个特点，就是利率越高，现值系数越小；利率越低，现值系数越大。要想使净现值增加，那么必须增加现值系数，因此再次测试时，应降低折现率。

第二步，再设 $i_2=24\%$，并按该折现率计算净现值。

$\text{NPV}_2=-100\ 000+35\ 000\times(P/F,\ 24\%,\ 1)+42\ 000\times(P/F,\ 24\%,\ 2)+28\ 000\times$ $(P/F,\ 24\%,\ 3)+34\ 000\times(P/F,\ 24\%,\ 4)+40\ 000\times(P/F,\ 24\%,\ 5)+41\ 000\times(P/F,\ 24\%,\ 6)$ $=-100\ 000+28\ 227.5+27\ 316.8+14\ 686+14\ 382+13\ 644+11\ 279.1=9\ 535.4$（元）

按折现率 24% 和 28% 计算的净现值是与 0 最邻近的一正一负折现率，确定 IRR 介于 24%～28% 之间。如果按折现率 24% 计算的净现值仍旧是负数，要进一步降低折现率再试，直到找到使净现值一正一负并且与零最邻近的两个折现率。

第三步，用插值法计算内部收益率，如图 8-17 所示。

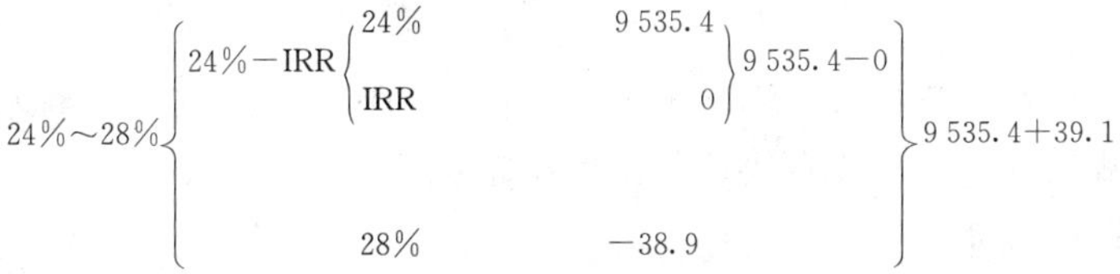

$$24\%\sim28\% \left\{ \begin{array}{l} 24\%-\text{IRR}\left\{\begin{array}{l}24\%\qquad\qquad\quad 9\ 535.4 \\ \text{IRR}\qquad\qquad\qquad\quad 0\end{array}\right\}9\ 535.4-0 \\ \\ \\ 28\%\qquad\qquad -38.9 \end{array}\right\}9\ 535.4+39.1$$

图 8-17 插值法计算内部收益率示意图二

$$\frac{24\%-\text{IRR}}{24\%-28\%}=\frac{9\ 535.4-0}{9\ 535.4+38.9}$$

$$\text{IRR}=24\%+\frac{9\ 535.4-0}{9\ 535.4+38.9}\times(28\%-24\%)\approx27.98\%$$

思考讨论

你会计算丙方案的内部收益率吗？如何根据内部收益率大小作出投资决策？

丙方案属于第二种情况。首先设折现率 $i_1 = 20\%$，有

$$NPV_1 = -100\,000 + 40\,000 \times (P/A, 20\%, 4) \times (P/F, 20\%, 1) + 41\,000 \times (P/F, 20\%, 6)$$

$$= -100\,000 + 40\,000 \times 2.588\,7 \times 0.833\,3 + 41\,000 \times 0.334\,9 \approx 17.45 \text{（元）}$$

再次设折现率 $i_2 = 24\%$，有

$$NPV_2 = -100\,000 + 40\,000 \times (P/A, 24\%, 4) \times (P/F, 24\%, 1) + 41\,000 \times (P/F, 24\%, 6)$$

$$= -100\,000 + 40\,000 \times 2.404\,3 \times 0.806\,5 + 41\,000 \times 0.275\,1 \approx -11\,158.18 \text{（元）}$$

$$IRR_丙 = 20\% + \frac{17.45 - 0}{17.45 - (-11\,158.18)} \times (24\% - 20\%) \approx 20.01\%$$

结论：内部收益率从动态角度直接反映项目的实际收益率水平，只有当内部收益率大于资金成本（或大于等于基准折现率）时，投资项目才具有可行性。如果有多个内部收益率大于资金成本且投资额相等的备选方案，内部收益率与资金成本之间差异最大的方案是最优方案。如果各方案的投资额不等，则决策的标准是：（内部收益率－资金成本）/投资额最大的方案最优。根据本例情况，应选甲方案。

关键提示：

净现值率、现值指数及内部收益率的计算均与净现值存在很大联系，可以说净现值是计算其他三个主要指标的基础，而计算净现值需要两项基础知识，即净现金流量的计算和资金时间价值的计算。

净现值、净现值率、现值指数和内部收益率的计算都会受到项目计算期长短、投资方式，以及各年净现金流量的数量特征等因素的影响。所不同的是净现值是绝对数指标，其余为相对数指标，计算净现值、净现值率和获利指数所依据的都是事先已知的折现率，而内部收益率的计算就是利率计算，没有事先已知的折现率。

2）非贴现指标

非贴现指标是指在计算过程中不考虑资金时间价值因素的指标，又称静态评价指标，简称静态指标。这些指标是项目投资决策的次要或辅助指标。

（1）静态投资回收期

静态投资回收期（简称回收期），是指以投资项目经营净现金流量抵偿原始总投资所需要的全部时间。它有"包括建设期的投资回收期（记作 PP）"和"不包括建设期的投资回收期（记作 PP'）"两种形式。

回收期的计算有两种情况，第一种情况是特殊情况，必须符合下述条件：项目的投资均集中发生在建设期内，投产后一定期间内每年经营净现金流量相等，且其合计大于或等于原

始投资额，这些条件缺一不可。在第一种情况下，可以通过公式直接求出投资回收期。凡不符合第一种情况的，都属于第二种情况。第二种情况是一般情况，通过累计净现金流量来推算。

下面通过例题介绍投资回收期的计算。

【例题 8-27】项目净现金流量数据参考例题 8-23。

解 (1)甲方案的投资回收期

甲方案投资在建设起点一次投入，投产后 1～6 年各年的净现金流量相等，且其总和大于原始投资，符合第一种情况。

$$不包括建设期的回收期 = \frac{原始投资额}{投产后前若干年每年相等的净现金流量} = \frac{100\,000}{38\,000} \approx 2.63 \text{（年）}$$

$$(8-38)$$

$$包括建设期的回收期 = 不包括建设期的回收期 + 建设期 = 2.63 + 0 = 2.63 \text{（年）}$$

$$(8-39)$$

(2)乙方案的投资回收期

乙方案投产后各年的净现金流量不等，属于第二种情况。现金流量如表 8-2 所示。

表 8-2 乙方案现金流量表

项目计算期	净现金流量	累计净现金流量
0	−100 000	−100 000
1	35 000	−65 000
2	42 000	−23 000
3	28 000	5 000
4	34 000	39 000
5	40 000	79 000
6	41 000	120 000

包括建设期的投资回收期恰好是累计净现金流量等于 0 所对应的年数，如果无法在"累计净现金流量"栏内找到 0，必须按下式计算包括建设期的投资回收期。

$$包括建设期的投资回收期 = 最后一项为负值的累计净现金流量对应的年数 +$$
$$\frac{最后一项为负值的累计净现金流量绝对值}{下年净现金流量}$$
$$(8-40)$$

$$乙方案的投资回收期 = 2 + \frac{23\,000}{28\,000} \approx 2.82 \text{（年）}$$

思考讨论

你会计算丙方案的投资回收期吗？你能从回收期角度选出最优方案吗？

丙方案建设投资在建设起点一次投入，投产后连续四年净现金流量相等，且其总和大于投资额，所以符合第一种情况。

$$不包括建设期的投资回收期 = \frac{100\ 000}{40\ 000} = 2.5（年）$$

$$包括建设期的投资回收期 = 2.5 + 1 = 3.5（年）$$

结论：投资回收期反映原始总投资的返本期限，是反指标，越短越好。根据本例情况，甲方案回收期最短，从回收期角度来说是最优的。

（2）投资收益率（ROI）

投资收益率又称投资报酬率，是指达产期正常年份的年息税前利润或运营期正常年均息税前利润（不包括终结点的残值收入）占项目总投资（含建设期的资本化利息）的百分比。

$$投资收益率 = \frac{年息税前利润或年均息税前利润}{项目总投资} \times 100\% \qquad (8-41)$$

【例题8-28】 某企业有甲、乙两个投资方案，投资总额均为 150 000 元，两方案各年的息税前利润资料如表 8-3 所示。

表 8-3　项目各年息税前利润表　　　　　　　　　　　　　　单位：元

项目计算期	甲方案息税前利润	乙方案息税前利润
0		
1	25 000	20 000
2	25 000	24 000
3	25 000	26 000
4	25 000	28 000
5	25 000	30 000
合计	125 000	128 000

解

$$甲方案的投资收益率 = \frac{25\ 000}{150\ 000} \times 100\% = 16.67\%$$

$$乙方案的投资收益率 = \frac{128\ 000 \div 5}{150\ 000} \times 100\% = 17.07\%$$

关键提示：

净现值、净现值率、现值指数和内含报酬率考虑了货币时间价值，是贴现指标（动态指标），投资回收期和投资收益率没有考虑货币时间价值，是非贴现指标（静态指标），6 个指标各有利弊。4 个动态指标是主要指标，静态指标仅作为参考，6 个指标中只有投资回收期是反指标，其他均为正指标。

3. 项目投资评价指标的运用

项目投资的关键，就是结合具体情况选择适当的决策方法，计算并运用投资决策评价指标作出科学的投资决策。

1）在单一项目投资方案的运用

如果某项目只有一个方案，那么决策的结果只有两个：一个结果是方案可行，接受该方案；另一个结果是方案不可行，放弃该方案。那么如何判断方案是否可行呢？

首先要明确投资评价指标的可行区间，具体是：

① 净现值 NPV≥0；

② 净现值率 NPVR≥0；

③ 现值指数 PI≥1；

④ 内部收益率 IRR＞资金成本（或内部收益率≥必要报酬率）；

⑤ 包括建设期的静态投资回收期 PP≤$n/2$（即项目计算期的一半）；

⑥ 不包括建设期的静态投资回收期≤$P/2$（即运营期的一半）；

⑦ 投资收益率 ROI≥基准投资收益率 i（事先给定）。

按某方案投资指标的具体数据共有 4 种情况可能发生：一是上述所有指标均处于可行区间，可以断定该投资方案完全具备财务可行性；二是上述主要指标（即前四个指标）处于可行区间，次要或辅助指标（即后三个指标）处于非可行区间，可以断定该投资方案基本具备财务可行性；三是上述所有指标均处于非可行区间，可以断定该投资方案完全不具备财务可行性；四是上述主要指标（即前四个指标）处于非可行区间，次要或辅助指标（即后三个指标）处于可行区间，可以断定该投资方案基本不具备财务可行性。

完全具备财务可行性或基本具备财务可行性的投资方案都是可以接受的；完全不具备财务可行性或基本不具备财务可行性的投资方案都是应放弃的。

【例题 8-29】 某固定资产投资项目只有一个方案，其原始投资为 1 000 万元，项目计算期为 12 年（其中建设期 2 年，生产经营期 10 年），基准投资收益率为 10%，资金成本为 8%。有关投资评价决策评价指标如下：NPV＝112 万元，NPVR＝0.112，PI＝1.112，IRR＝13.25%，ROI＝10%，PP＝7 年，PP′＝5 年，判断该项目是否可行？

解 NPV＝112 万元＞0，NPVR＝0.112＞0，PI＝1.112＞1，IRR＝13.25%＞8%

PP＝7 年＞12/2，PP′＝5 年＝10/2

结论：只有包括建设期的投资回收期处于非可行区间，其他指标均处于可行区间，该投资项目基本具备财务可行性，可以投资。

关键提示：

利用动态指标对同一个投资项目进行评价和决策会得出完全相同的结论，动态指标是主要评价指标，在评价过程中起主导作用。当静态指标的评价结论与动态指标评价结论发生矛盾时，应当以动态指标的结论为准。

2）在多个项目投资方案中的运用

（1）多个互斥方案的比较决策

互斥方案是指相互关联、相互排斥的方案，即一组方案中的各个方案彼此可以相互代替，采纳方案组中的某一方案，就会自动排斥这组方案中的其他方案。因此，互斥方案具有排他性。

多个互斥方案比较决策是指在每一个入选方案已具备财务可行性的前提下，利用具体决策方法比较各个方案的优劣，利用评价指标从各个备选方案中最终选出一个最优方案的过程。

① 净现值法。净现值法是通过比较所有已具备财务可行性投资方案的净现值指标的大小来选择最优方案的方法。该法适用于原始投资相同且项目计算期相等的多方案比较决策。在此法下，净现值最大的方案为优。

【例题8－30】 某固定资产投资项目需要原始投资 500 万元，有 A、B、C、D 四个互相排斥的备选方案可供选择，各方案的净现值指标分别为 87.34 万元、128.16 万元、－29.39 万元、98.47 万元，项目计算期均相同。要求选出最优方案。

解 四个备选方案投资额和项目计算期均相同，可采用净现值法。四个方案中 C 方案净现值＜0，首先被淘汰。其他三个方案中，B 方案净现值最大，所以该方案为最优方案。

② 净现值率法。净现值率法是通过比较所有已具备财务可行性投资方案的净现值率指标的大小来选择最优方案的方法。在此法下，净现值率最大的方案为优。

在投资额相同的互斥方案比较决策中，采用净现值率法会与净现值法得到完全相同的结论，但投资额不同时，情况就不同了。净现值率法适用于投资不同、项目计算期相等的多方案比较决策。

【例题8－31】 某项目有 A 和 B 两个互斥方案，它们的项目计算期相同。A 方案原始投资的现值为 180 万元，净现值为 30 万元；B 方案的原始投资额为 120 万元，净现值为 25 万元。要求在 A 和 B 方案中选优。

解 A 和 B 方案项目计算期相同，投资额不等，应采用净现值率法。两方案的净现值都大于 0，说明都具备财务可行性。

$$\text{NPVR}_A = \frac{30}{180} \approx 0.17, \quad \text{NPVR}_B = \frac{25}{120} \approx 0.21$$

B方案的净现值率大于A方案的净现值率,所以B方案优于A方案。

③ 差额投资内部收益率法。差额投资内部收益率法,是指在两个原始投资额不同的差量净现金流量(记作 ΔNCF)的基础上,计算出差额内部收益率(记作 ΔIRR),并据以与行业基准折现率或设定折现率比较,进而判断方案孰优孰劣的方法。该法适用于两个原始投资不相同,但项目计算期相同的多方案比较决策。当差额内部收益率指标大于或等于基准折现率或设定折现率时,原始投资额大的方案较优;反之,则投资额少的方案为优。

差额投资内部收益率 ΔIRR 的计算过程同内部收益率 IRR 完全一样,只是依据的是差量净现金流量 ΔNCF。

该方法经常被用于更新改造项目的投资决策中,当该项目的差额内部收益率指标大于或等于基准折现率或设定折现率时,应当进行更新改造;反之,就不应当进行更新改造。后面将专门介绍固定资产更新改造项目的投资决策。

【例题8-32】某投资项目有A、B两个方案,均具备财务可行性,A方案的原始投资额为200万元,1~10年的净现金流量为38万元;B方案的原始投资额为150万元,1~10年的净现金流量为32万元,行业基准折现率为10%。要求计算差额内部收益率并据此作出投资决策。

解 (1)差额净现金流量

$$\Delta NCF_0 = -200 - (-150) = -50 \text{(万元)}$$

$$\Delta NCF_{1-10} = 38 - 32 = 6 \text{(万元)}$$

(2)差额内部收益率

$$6 \times (P/A, \Delta IRR, 10) - 50 = 0$$

$$(P/A, \Delta IRR, 10) = \frac{50}{6} = 8.333\,3$$

查年金现值系数表有

$$(P/A, 3\%, 10) = 8.530\,2, \quad (P/A, 4\%, 10) = 8.110\,9$$

因为 8.530 2>8.333 3>8.110 9,且差额内部收益率介于3%和4%之间,肯定低于行业基准折现率10%,所以应选择投资额小的B方案。

决策结论已显而易见了,也可继续用内插法计算差额内部收益。

$$\Delta IRR = 3\% + \frac{8.530\,2 - 8.333\,3}{8.530\,2 - 8.110\,9} \times (4\% - 3\%)$$

$$\Delta IRR \approx 3.47\%$$

④ 年等额净回收额法。年等额净回收额法,是通过比较所有投资方案的年等额净回收额(记作 NA)指标的大小来选择最优方案的决策方法。该法适用于原始投资不相同,特别是项目计算期不同的多方案比较决策。在此法下,年等额净回收额最大的方案为优。

【例题8-33】某企业拟投资建设一条生产线,现有3个方案可供选择:甲方案的原始投资额为200万元,项目计算期为5年,净现值为68万元;乙方案的原始投资额为232万元，项目计算期为 10 年，净现值为 80 万元；丙方案原始投资额为 500 万元，项目计算期为 10 年，净现值为—5 万元。行业基准折现率为 10%，试用年等额净回收额法作出投资决策。

解　首先，判断各方案是否具有财务可行性。甲方案和乙方案的净现值均大于 0，具备财务可行性，丙方案的净现值小于 0，不具备财务可行性，首先淘汰。因为甲方案和乙方案计算期不等，净现值不具备可比性，应计算每年平均的净现值，即年等额净回收额。

以甲方案的年等额净回收额为例进行分析，如图 8-18 所示。

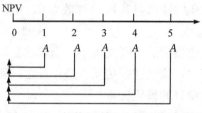

图 8-18　年等额净回收额计算示意图

年等额净回收额是平均每年的净现值，符合普通年金概念，记作 A。年等额净回收额与净现值有如下关系。

$$A \times (P/A, i, n) = \text{NPV}$$

$$A = \frac{\text{NPV}}{(P/A, i, n)} \tag{8-42}$$

根据上式有

$$A_{甲} = \frac{68}{(P/A, 10\%, 5)} = \frac{68}{3.790\,8} \approx 17.938\,2（万元）$$

$$A_{乙} = \frac{80}{(P/A, 10\%, 10)} = \frac{80}{6.144\,6} \approx 13.019\,6（万元）$$

结论：因为甲方案年等额净回收额大于乙方案，所以甲方案较优。

⑤ 计算期统一法。计算期统一法是指通过对计算期不相等的多个互斥方案选定一个共同的计算分析期，以满足时间可比性的要求，进而根据调整后的评价指标来选择最优方案的方法。该法适用于原始投资额不相同、项目计算期也不同的多个互斥方案决策。

计算期统一法包括方案重复法和最短计算期法两种具体处理方法。

方案重复法也称计算期最小公倍数法，是将各方案计算期的最小公倍数作为比较方案的计算期，进而调整有关指标，并据此进行多方案比较决策的一种方法。

【例题 8-34】 A、B 方案的计算期分别为 4 年和 6 年，A 方案的净现值为 50 万元，B 方案的净现值为 70 万元，基准折现率为 8%。

解　A 方案项目计算期 4 年，B 方案项目计算期 6 年，最小公倍数为 12 年，A 方案重复 2 次，而 B 方案重复 1 次，如图 8-19 和图 8-20 所示。

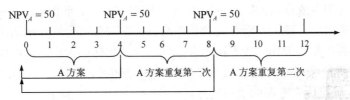

图 8-19 A 方案采用方案重复法调整计算净现值示意图

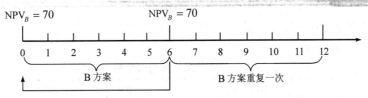

图 8-20 B 方案采用方案重复法调整计算净现值示意图

调整后 A 方案的净现值为

$$NPV_A' = 50 + 50 \times (P/F, 8\%, 4) + 50 \times (P/F, 8\%, 8)$$
$$= 50 + 50 \times 0.7350 + 50 \times 0.5403 = 113.765 \text{（万元）}$$

$$NPV_B' = 70 + 70 \times (P/F, 8\%, 6) = 70 + 70 \times 0.6302 = 114.114 \text{（万元）}$$

结论：将 A、B 两方案的计算期统一为 12 年，调整计算净现值，因为 $NPV_B' > NPV_A'$，故应选择 B 方案。

最短计算期法是指在将项目计算期长的方案的净现值还原为等额年回收额的基础上，再按照最短的计算期来计算出相应净现值，进而根据调整后的净现值指标进行多方案比较决策的一种方法。

【例题 8-35】仍按例题 8-34 的资料，用最小计算期法作出最终的投资决策。

解 A、B 两个投资方案相比，A 方案的项目计算期较短，A 方案的净现值不用调整。分两步调整 B 方案的净现值。

第一步，计算 B 方案的年等额净回收额，即每年平均的净现值，实际上是已知普通年金现值（净现值）求年金（年等额净回收额）的问题。

$$年等额净回收额 = \frac{70}{(P/A, 8\%, 6)} = \frac{70}{4.6229} \approx 15.1420 \text{（万元）}$$

第二步，按 A 方案的计算期调整计算 B 方案净现值，即假设连续 4 年每年的净现值是 15.1420 万元，计算总的净现值，实际上是一个普通年金现值的问题。

$$NPV_B'' = 15.1420 \times (P/A, 8\%, 4) = 15.1420 \times 3.3121 = 50.1518 \text{（万元）}$$

结论：$NPV_B'' > NPV_A$，所以应选择 B 方案。

（2）多方案组合排队投资决策

如果一组方案既不属于相互独立，又不属于相互排斥，而是可以实现任意组合或排队，则这些方案被称作组合或排队方案，其中又包括先决方案、互补方案和不完全互斥方案等形式。在这种方案决策中，除了要求首先评价所有方案的财务可行性，淘汰不具备财务可行性的方案外，还需要反复衡量和比较不同组合条件下有关指标的大小，从而作出最终决策。

这类决策分两种情况：一是在资金总量不受限制的情况下，可按每一项目的净现值 NPV 大小排队，确定优先考虑的项目顺序；

二是在资金总量受到限制时，则需按净现值率 NPVR 或获利指数 PI 的大小，结合净现 NPV 进行各种组合排队，从中选出能使∑NPV 最大的最优组合。

【例题 8-36】 A、B、C、D、E 五个投资项目为非互斥方案，有关原始投资额、净现值、净现值率数据如表 8-4 所示。

表 8-4　投资方案相关资料 　　　　　　　　　　单位：万元

项目	原始投资额	净现值	净现值率
A	200	100	0.5
B	300	120	0.4
C	100	44	0.44
D	400	180	0.45
E	200	84	0.42

要求： 分别就以下不相关情况作出多方案组合决策。

（1）投资总额不受限制；

（2）投资总额受到限制，分别为 200 万元、300 万元、400 万元、500 万元、600 万元、700 万元、800 万元。

解　（1）当投资额不受限制或限额大于或等于 1 200 万元时，按每一项目的净现值大小排队，确定优先考虑的顺序，因此最优投资组合方案为 D+B+A+E+C。

（2）当投资额受到限制，即各项目原始投资额的资金总需求大于企业投资总额。在这种情况下，首先按各方案净现值率的大小排序，如表 8-5 所示。

表 8-5　相关项目排序表 　　　　　　　　　　　单位：万元

顺序	项目	原始投资额	净现值	净现值率
1	A	200	100	0.5
2	D	400	180	0.45
3	C	100	44	0.44
4	E	200	84	0.42
5	B	300	120	0.40

当限定投资额为 200 万元时，A 或 E 项目投资额均为 200 万元，但是 A 项目的净现值 100 万元＞E 方案的净现值 84 万元，因此应选 A 项目。

当限定投资额为 300 万元时，有 3 个备选组合：A+C、C+E、B。A+C 组合的总净现值为 144 万元；C+E 组合的总净现值为 128 万元；B 方案的净现值为 120 万元。因此应选

A+C。

当限定投资额为400万元时，有3个备选组合：A+E、D、C+B。A+E组合的总净现值为184万元；D的净现值为180万元；C+B组合的总净现值为164万元，因此应选A+E。

当限定投资额为500万元时，有4个备选组合：A+C+E、D+C、E+B、A+B。A+C+E组合的总净现值为228万元；D+C组合的总净现值为224万元；E+B组合的总净现值为204万元；A+B组合的总净现值为220万元，因此应选A+C+E。

当限定投资额为600万元时，有4个备选组合：A+D、A+C+B、D+E、C+E+B。A+D总净现值为280万元；A+C+B总净现值为264万元；D+E的总净现值为264万元；C+E+B的总净现值为248万元，因此应选A+D。

当限定投资额为700万元时，有4个备选组合：A+D+C、A+E+B、D+C+E、D+B。A+D+C总净现值为324万元；A+E+B总净现值为304万元；D+C+E总净现值为308万元；D+B总净现值为300万元，因此应选A+D+C。

当限定投资额为800万元时，有3个备选方案：A+D+E、A+C+E+B、D+C+B。A+D+E总净现值为364万元；A+C+E+B总净现值为348万元；D+C+B总净现值为344万元，因此应选A+D+E。

思考讨论

当企业限定投资额为900万元、1 000万元时、1 100万元及1 200万元时，作出多方案组合决策。

当限定投资为900万元时，有3个备选组合：A+D+C+E、A+D+B、D+E+B。A+D+C+E总净现值为408万元；A+D+B总净现值为400万元；D+E+B总净现值为384万元，因此应选A+D+C+E。

当限定投资为1 000万元时，有2个备选组合：A+D+C+B、D+C+E+B。A+D+C+B总净现值为444万元；D+C+E+B总净现值为428万元，因此应选A+D+C+B。

当限定投资为1 100万元时，只有A+D+E+B一个投资组合，总净现值为484万元。

当限定投资为1 200万元时，因为5个项目总投资额为1 200万元，所以5个项目可以全上，按各项目净现值的大小排队，确定优先考虑顺序，最优投资组合方案为D+B+A+E+C。

关键提示：

在主要考虑投资效益的条件下，多方案比较组合排队投资决策的主要依据是能否保证在充分利用资金的前提下，获得尽可能多的净现值总量。

4. 项目投资评价方法在固定资产更新改造项目中的具体应用

固定资产更新是对旧的或经济上不宜继续使用的固定资产，用新的资产予以更换或用先进的技术对其进行局部改造的过程。固定资产更新决策一般采用差额净现值法或差额投资内部收益率法。差额净现值法计算量较小，下面以此为例，介绍固定资产更新改造项目决策分析过程。首先，计算新旧设备各年的差量净现金流量，这是固定资产更新改造项目决策的关键；其次，按差量净现金流量计算净现值，即差额净现值；最后，根据差额净现值的大小作出决策，当差额净现值大于 0 时，选择更新改造，否则应继续使用旧设备。

【**例题 8-37**】更新设备各年的差量净现金流量及其他相关资料参考例题 8-21，该企业的资金成本为 6%，作出固定资产是否更新改造的投资决策。

解 如图 8-22 所示。

$$\Delta NCF_0 = -80\,000 \ （元）$$
$$\Delta NCF_1 = 39\,000 \times (1-25\%) + 16\,000 + 2\,000 = 47\,250 \ （元）$$
$$\Delta NCF_{2-5} = 39\,000 \times (1-25\%) + 16\,000 = 45\,250 \ （元）$$

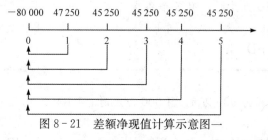

图 8-21　差额净现值计算示意图一

$$\Delta NPV = -80\,000 + 47\,250 \times (P/F, 6\%, 1) + 45\,250 \times [(P/A, 6\%, 5) - (P/A, 6\%, 1)]$$
$$= -80\,000 + 47\,250 \times 0.943\,4 + 45\,250 \times (4.212\,4 - 0.943\,4)$$
$$= -80\,000 + 44\,575.65 + 147\,922.25 = 112\,497.9 \ （元）$$

还可以这样计算：

$$\Delta NPV = -80\,000 + 45\,250 \times (P/A, 6\%, 5) + 2\,000 \times (P/F, 6\%, 1) = 112\,497.9 \ （元）$$

结论：因为 $\Delta NPV > 0$，所以选择更新旧设备。

【**例题 8-38**】胜皇公司 5 年前购置一台预期可使用 10 年的设备，其价值为 80 万元，残值为 5 万元。采用直线法计提折旧，目前已提折旧 37.5 万元。使用该设备企业每年发生付现成本 60 万元，营业收入 100 万元。如果购买新设备进行替换，新设备价值为 150 万元，使用寿命为 5 年，预计残值为 20 万元，预期每年的营业收入为 180 万元，付现成本为 100 万元。如果购买新设备，旧设备的出售价格为 20 万元。该公司的资金成本为 6%，所得税税率为 25%，问该公司是否应对固定资产更新呢？

解 如图 8-22 所示。

更新设备比继续使用旧设备增加的投资额＝新设备的投资－旧设备的变价净收入＝150－20＝130（万元）

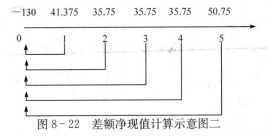

图 8-22 差额净现值计算示意图二

经营期各年因更新改造而增加的折旧 $=\dfrac{(150-20)-(20-5)}{5}=23$（万元）

经营期各年因更新改造而增加的息税前利润 $=(180-100)-(100-60)-23=17$（万元）

因旧设备提前报废发生的处理固定资产净损失为 $=$ 旧固定资产折余价值$-$变价净收入$=$ $(80-37.5)-20=22.5$（万元）

因旧设备提前报废发生净损失而抵减的所得税税额 $=22.5\times25\%=5.625$（万元）

$\Delta NCF_0=-130$（万元）

$\Delta NCF_1=17\times(1-25\%)+23+5.625=41.375$（万元）

$\Delta NCF_{2-4}=17\times(1-25\%)+23=35.75$（万元）

$\Delta NCF_5=17\times(1-25\%)+23+(20-5)=50.75$（万元）

$\Delta NPV=-130+41.375\times(P/F,\ 6\%,\ 1)+35.75\times[(P/A,\ 6\%,\ 4)-(P/A,\ 6\%,\ 1)]+$
$\qquad 50.75\times(P/F,\ 6\%,\ 5)$

$\qquad =-130+41.375\times0.9434+35.75\times(3.4651-0.9434)+50.75\times0.7473$

$\qquad =-130+39.0332+90.1508+37.9255=37.1095$（万元）

结论：由于 $\Delta NPV>0$，所以应选择更新设备。

【例题 8-39】 利源公司 5 年前购置一台设备，其价值为 55 万元，预期寿命为 10 年，残值为 5 万元。采用直线法计提折旧，目前已提折旧 25 万元。使用该设备企业每年发生付现成本 60 万元，营业收入 100 万元。如果购买新设备进行替换，新设备价值为 120 万元，使用寿命为 10 年，预计残值为 10 万元，预期每年的营业收入为 160 万元，付现成本为 90 万元。如果购买新设备，旧设备的出售价格为 20 万元。该公司的资金成本为 6%，所得税税率为 25%，问该公司是否应对固定资产更新呢？

解 新设备使用年限与旧设备尚可使用年限不等，差量净现值法不适合，可分别计算继续使用旧设备及出售旧设备、购置新设备的年等额净回收额，选择年等额净回收额较大的方案。

（1）继续使用旧设备的年等额回收额

第一步，计算继续使用旧设备的净现值。

$NCF_0=0$

$NCF_{1-4}=\left(100-60-\dfrac{20-5}{5}\right)\times(1-25\%)+\dfrac{20-5}{5}=30.75$（万元）

$NCF_5 = 30.75 + 5 = 35.75$（万元）

$NPV = 30.75 \times (P/A, 6\%, 4) + 35.75 \times (P/F, 6\%, 5) \approx 133.27$（万元）

第二步，计算继续使用旧设备的年等额净回收额。

$$A = \frac{133.27}{(P/A, 6\%, 5)} = \frac{133.27}{4.2124} \approx 31.64 \text{（万元）}$$

（2）出售旧设备购置新设备

第一步，计算出售旧设备、购置新设备的净现值。

$NCF_0 = -120 + 20 = -100$（万元）

$NCF_1 = \left(160 - 90 - \frac{120-10}{10}\right) \times (1 - 25\%) + \frac{120-10}{10} + \left[\left(55 - \frac{55-5}{10} \times 5\right) - 20\right] \times 25\% = 57.75$（万元）

$NCF_{2-9} = \left(160 - 90 - \frac{120-10}{10}\right) \times (1 - 25\%) + \frac{120-10}{10} = 55.25$（万元）

$NCF_{10} = 55.25 + 10 = 65.25$（万元）

$NPV = -100 + 57.75 \times (P/F, 6\%, 1) + 55.25 \times [(P/A, 6\%, 9) - (P/A, 6\%, 1)] + 65.25 \times (P/F, 6\%, 10) \approx 314.58$（万元）。

第二步，计算出售旧设备、购置新设备的年等额净回收额。

$$A = \frac{314.58}{(P/A, 6\%, 10)} = \frac{314.58}{7.3601} \approx 42.74 \text{（万元）}$$

结论：因为出售旧设备、购置新设备的年等额净回收额较大，所以应选择出售旧设备、购置新设备。

任务6.3 项目投资风险分析

任务书

主任务	子任务	具体要求及完成步骤
项目投资风险分析	运用风险调整贴现率法进行项目投资风险分析	① 计算风险调整贴现率 ② 根据风险调整贴现率计算净现值 ③ 根据各方案净现值大小作出决策
	运用肯定当量法进行项目投资风险分析	① 计算各方案年现金净流量的肯定当量系数 ② 根据肯定当量系数计算净现值 ③根据各方案净现值大小作出决策

现实中，项目投资决策充满了不确定性，要准确预测未来的现金流量也是比较困难的。

如果决策面临的不确定性比较小，一般可以忽略其影响，那么就将决策视为确定情况下的决策；如果决策面临的不确定性和风险比较大，足以影响方案的选择，那么就应对风险进行计量并在决策时加以考虑。项目投资风险分析的常用方法是风险调整贴现率法和肯定当量法。

1. 风险调整贴现率法

风险调整贴现率法的基本思路是：贴现率是投资者进行项目投资所要求的最低报酬率。当项目投资的风险增大时，投资者要求的报酬率也上升；反之，当项目投资的风险降低时，投资者要求的报酬率也随之下降。所以风险越大，贴现率应越高；风险越小，贴现率应越低。对于风险不同的项目，采用不同的贴现率计算净现值，然后根据净现值来选择投资方案。

对于风险调整贴现率法来说，最主要的问题就是风险调整贴现率的确定。其计算公式为

$$k = i + bQ \qquad (8-43)$$

式中：k——风险调整贴现率；

i——无风险贴现率；

b——风险报酬斜率；

Q——风险程度。

一般来说，i为企业的资金成本或投资者要求的最低报酬率，b可以根据历史或同业数据经验推断，需要确定的是风险程度Q的值。

【例题8-40】某公司资金成本为8%，现有两个投资方案，相关情况如表8-6所示。用风险调整贴现率法计算A、B两个方案的净现值，并作出投资决策。

表8-6 A、B方案相关资料表

年 份	A方案		B方案	
	净现金流量	概率	净现金流量	概率
0	−75	1	−20	1
1	60	0.3		
	40	0.5		
	15	0.2		
2	80	0.3		
	50	0.4		
	20	0.3		
3	50	0.3	60	0.4
	40	0.4	50	0.3
	10	0.3	30	0.3

解 先计算A方案的风险贴现率及净现值。

第一步，计算风险程度 Q。A 方案净现金流量的期望值为

$$E_1=60\times0.3+40\times0.5+15\times0.2=41（万元）$$
$$E_2=80\times0.3+50\times0.4+20\times0.3=50（万元）$$
$$E_3=50\times0.3+40\times0.4+10\times0.3=34（万元）$$

净现金流量的标准差为

$$d_1=\sqrt{(60-41)^2\times0.3+(40-41)^2\times0.5+(15-41)^2\times0.2}=\sqrt{244}\approx15.62（万元）$$

$$d_2=\sqrt{(80-50)^2\times0.3+(50-50)^2\times0.4+(20-50)^2\times0.3}\approx23.24（万元）$$

$$d_3=\sqrt{(50-34)^2\times0.3+(40-34)^2\times0.4+(10-34)^2\times0.3}\approx16.25（万元）$$

A 方案三年现金流量的综合标准差为

$$D=\sqrt{\sum_{t=1}^{n}\frac{d_t^2}{(1+i)^{2t}}}=\sqrt{\frac{15.62^2}{(1+8\%)^2}+\frac{23.24^2}{(1+8\%)^4}+\frac{16.25^2}{(1+8\%)^6}}\approx27.79（万元）$$

$$Q=\frac{综合标准差}{净现金流量预期现值}=\frac{27.79}{41/(1+8\%)+50/(1+8\%)^2+34/(1+8\%)^3}\approx0.2578$$

第二步，计算风险报酬率。已知企业资金成本为 8%，假设风险报酬斜率 b 为 0.2，则

$$k_A=8\%+0.2\times0.2578\approx13.16\%$$

第三步，计算项目的净现值。

$$NPV_A=\frac{41}{(1+13.16\%)^1}+\frac{50}{(1+13.16\%)^2}+\frac{34}{(1+13.16\%)^3}-75\approx23.74（万元）$$

再计算 B 方案的风险贴现率及净现值。

第一步，计算风险程度 Q。

B 方案现金流量的期望值为

$$E_1=0（万元）$$
$$E_2=0（万元）$$
$$E_3=60\times0.4+50\times0.3+30\times0.3=48（万元）$$

现金流入的标准差为

$$d_1=0（万元）$$
$$d_2=0（万元）$$
$$d_3=\sqrt{(60-48)^2\times0.4+(50-48)^2\times0.3+(30-48)^2\times0.3}\approx12.49（万元）$$

B 方案三年现金流量的综合标准差为

$$D=\sqrt{\sum_{t=1}^{n}\frac{d_t^2}{(1+i)^{2t}}}=\sqrt{0+\frac{12.49^2}{(1+8\%)^6}}\approx9.92（万元）$$

$$Q=\frac{综合标准差}{净现金流量预期现值}=\frac{9.92}{0+48/(1+8\%)^3}\approx0.2604$$

第二步，计算风险报酬率。已知企业资金成本为 8%，假设风险报酬斜率 b 为 0.2，则

$$k_A = 8\% + 0.2 \times 0.260\,4 \approx 13.21\%$$

第三步，计算项目的净现值。

$$NPV_B = 0 + \frac{48}{(1+13.21\%)^3} - 20 \approx 13.08 \text{（万元）}$$

因为 $NPV_A > NPV_B$，所以应选择 A 方案。

风险调整贴现率法把时间价值和风险价值混在一起，并据此对现金流量进行贴现，从而导致风险随着时间的推移而加大，有时与事实不符。例如，某些行业前几年的现金流量难以预料，越往后却越有把握，如宾馆、饭店等。

2. 肯定当量法

由于风险的存在，使各年的现金流量变得不确定。风险调整贴现率法存在着随着时间的推移而风险加大的理论缺陷，所以人们往往先按风险来调整项目未来的现金流量，然后再按企业要求的最低报酬率求出项目现金流量的净现值，以此进行决策。这种方法就是风险调整现金流量法。对现金流量进行风险调整的方法有很多，较为常见的是肯定当量法。

肯定当量法，是按照一定肯定当量系数，把项目每年现金净流量调整为无风险的现金净流量，然后根据无风险的报酬率计算净现值并据此评价风险投资项目的决策方法。

肯定当量系数，是指将有风险的 1 元现金流量调整为无风险的现金流量金额的系数。实际工作中，肯定当量系数往往是在估计风险程度的基础上依靠经验确定的。经验的变化系数和肯定当量系数的对照表如表 8-7 所示。

表 8-7　变化系数和肯定当量系数对照表

变化系数	肯定当量系数
0.00～0.07	1
0.08～0.15	0.9
0.16～0.23	0.8
0.24～0.32	0.7
0.33～0.42	0.6
0.43～0.54	0.5
0.55～0.70	0.4
…	…

【例题 8-41】 参考例题 8-40 的资料，用肯定当量法计算 A、B 方案的净现值并作出投资决策。

解　（1）A 方案

第一步，计算 A 方案各年现金流量的变化系数。

$$q_1 = \frac{d_1}{E_1} = \frac{15.62}{41} \approx 0.38$$

$$q_2 = \frac{d_2}{E_2} = \frac{23.24}{50} \approx 0.46$$

$$q_3 = \frac{d_3}{E_3} = \frac{16.25}{34} \approx 0.48$$

第二步，对照表8-7，确定A方案各年现金流量的肯定当量系数。

$$a_1 = 0.6$$
$$a_2 = 0.5$$
$$a_3 = 0.5$$

第三步，计算净现值。

$$NPV_A = \frac{41 \times 0.6}{1+8\%} + \frac{50 \times 0.5}{(1+8\%)^2} + \frac{34 \times 0.5}{(1+8\%)^3} - 75 \approx -17.30 \ (万元)$$

（2）B方案

第一步，计算方案各年现金流量的变化系数。

$$q_3 = \frac{d_3}{E_3} = \frac{12.49}{48} \approx 0.26$$

第二步，对照表8-7，确定B方案各年现金流量的肯定当量系数。

$$a_3 = 0.7$$

第三步，计算净现值。

$$NPV_B = \frac{48 \times 0.7}{(1+8\%)^3} - 20 \approx 6.67 \ (万元)$$

按照肯定当量法，$NPV_A < 0$，$NPV_B > 0$，所以应选择B方案。

比较肯定当量法和风险调整贴现率法的计算结果可以发现，正是因为在风险调整贴现率法下B方案第三年风险被夸大，从而导致两种方法计算结果不同。

肯定当量法是用调整净现值公式中的分子的办法来考虑风险，克服了风险调整贴现率法夸大远期风险的缺点。根据各年不同的风险程度，分别采用不同的肯定当量系数，但如何合理地确定肯定当量系数则是个难题。项目现金流量的变化系数与肯定当量系数并没有客观公认的对应关系，只是一种经验的对应，需要与企业管理当局对风险的好恶程度结合起来分析。

能 力 测 试

一、计算题

1. 甲公司拟购买某公司债券作为长期投资（持有至到期日），要求的必要收益率为6%。

现有两家公司同时发行 5 年期、面值均为 1 000 元的债券,其中 A 公司债券的票面利率为 8%,每年付息一次,到期还本,债券发行价格为 950 元;B 公司债券的票面利率为 8%,单利计息,到期一次还本付息,债券发行价格为 900 元。请为甲公司作出投资决策。

2. 王先生欲在市场上购买某公司曾在 20×× 年 1 月 1 日平价发行的债券,每张面值为 1 000 元,票面利率为 10%,10 年到期,每年 12 月 31 日付息。假定三年后的 1 月 1 日市场利率下降到 8%,若王先生在此时购买,债券的价格为多少时才可购买?

3. 乙公司持有 A、B、C 三种股票,在由上述股票组成的证券投资组合中,各股票所占的比重分别为 40%、50%、10%,其 β 系数分别为 2.0、1.5 和 1.2。市场收益率为 12%,无风险收益率为 6%。A 股票当前每股市价为 10 元,刚收到上一年度派发的每股 1 元的现金股利,预计股利以后每年将增长 5%。要求计算:(1) 乙公司证券组合的必要投资收益率;(2) 若乙公司想出售 A 股票,这个决策对公司有利吗?

4. 丙公司有一投资项目,原始投资 250 万元,其中设备投资 220 万元,其余为流动资金投资。该项目建设期为 1 年,建设期资本化利息为 10 万元。设备投资于建设起点投入,流动资金于设备投产日垫支。该项目寿命期为 5 年,按直线法折旧,预计残值为 10 万元。预计项目投产后每年可获息税前利润 120 万元。该公司适用的所得税率为 25%,该公司要求的最低投资报酬率为 12%。试计算主要投资评价指标,并对该项目的财务可行性作出评价。

5. 丁公司拟更新一台旧设备,其账面折余价值为 10 万元,目前出售可得收入 7.5 万元,预计还可使用 5 年,该公司采用直线法提取折旧。现该公司拟购买新设备替换旧设备,以提高生产率。新设备购置成本为 40 万元,使用年限为 5 年,同样用直线法提取折旧,预计残值与使用旧设备的残值一致。使用新设备后公司每年的销售额每年可从 100 万元上升到 110 万元,每年的经营成本将从 110 万元下降到 105 万元。该企业的所得税税率为 25%,资金成本率为 8%,试为丁公司作出是否更新旧设备的决策分析。

二、案例分析题

分析固特异轮胎公司投资项目的可行性[①]

固特异轮胎公司经过长期细致的研发工作,于近期研制出了一种新轮胎——"超级胎面",现需要对生产和销售"超级胎面"的投资必要性进行决策。

这种新轮胎除了能用于一般的快车道外,对行驶于湿滑路面和野地也非常合适。到目前为止,该公司为研制"超级胎面"已花费了 1 000 万美元的研发成本,此后又花费了 500 万美元的市场调研费用,得出了这样一个结论:"超级胎面"轮胎有相当大的市场,上市后至少可在市场上销售 4 年。固特异轮胎公司需要马上投资 12 000 万美元购买生产设备以制造"超级轮胎",此设备预计有 8 年的使用寿命,期末无残值,第 4 年末时可以 5 142.85 美元出售。固特异公司打算在以下两类市场上销售"超级胎面"。

一是初级设备制造商（OEM）市场。OEM 市场包括为新车购买轮胎的主要大汽车公司（如通用汽车公司）。在 OEM 市场上，"超级胎面"预计能以 36 美元/只的价格出售，生产轮胎的变动成本为 18 美元/只。

二是更换市场。更换市场包括所有汽车出厂后购买的轮胎。这个市场上的利润率较高，估计售价为 59 美元/只，变动成本与 OEM 市场相同。

汽车行业分析家预测汽车制造商每年将生产出 200 万辆新车，每辆新车需要 4 只轮胎，固特异公司能占有 11% 的 OEM 市场。

行业分析家预测更换轮胎市场每年的规模为 1 400 万只，固特异公司期望能占有该市场 8% 的份额。

另外，"超级胎面"项目初始营运资本需求为 1 100 万美元，每年将发生 2 500 万美元的销售和管理费用，固特异公司的所得税税率为 40%，公司使用 16% 的折现率来评价新产品决策，假设采用直线法折旧，期末无残值。

假设你是固特异公司的财务分析师，请运用所学的有关项目投资决策知识，对"超级胎面"项目进行评估并提供一份是否进行投资的建议书。

项目七

利润分配管理

【能力目标】
- 能结合企业具体情况选择适宜的利润分配政策;
- 能够设计企业的股利分配方案。

【知识目标】
- 了解多种股利分配理论;
- 掌握多种股利分配政策及其特点;
- 掌握股利分配方案确定的影响因素。

众所周知,企业经营实现的盈余要在各利益关系主体之间进行分配。你知道企业收益分配的方向吗? 你想了解不同类型的企业是如何设计收益分配政策的吗?

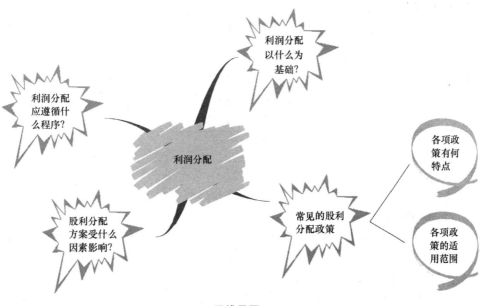

利润分配以什么为基础?

利润分配应遵循什么程序?

利润分配

各项政策有何特点

股利分配方案受什么因素影响?

常见的股利分配政策

各项政策的适用范围

思维导图

工作过程

立达公司20××年公司税后盈利为10 000万元，当年发放股利共2 500万元。次年，因公司面临一投资机会，投资总额为9 000万元，公司目标资本结构负债/权益为4/5。假设公司进入稳定增长期，公司盈余的长期成长率为3％。现在公司面临股利分配政策的选择，可供选择的股利分配政策有固定股利支付率政策、剩余股利政策、固定或持续增长的股利政策。

要求：

1. 班内划分若干小组，每小组5～8人，各小组分析立达公司的具体情况，如公司的经营业绩、所处行业周期、财务状况、未来投资机会、资本结构、筹资能力、投资者偏好等，并分析对收益分配的影响。

2. 各小组分析讨论可供企业选择的股利分配政策。

3. 确定次年立达公司实行不同股利政策的股利水平。

4. 每组确定备选股利分配政策方案，并对其进行适应性评价。

5. 每组代表说明各自的股利分配政策方案及理由。

任务7.1　股利政策的选择与确定

任务书

主任务	子任务	具体要求	完成步骤
股利政策的选择与确定	了解常见的股利理论	① 熟悉常见的股利理论 ② 分析股利理论对企业选择股利政策的影响	① 通过查阅资料、讨论，弄清企业自身情况及行业状况 ② 明确多种股利政策的特点 ③ 结合企业实际情况确定适宜的股利分配政策
	选择股利政策	① 分析实际工作中可选择的股利政策 ② 针对企业实际，合理选择股利政策	

思考讨论

如果当年企业经营业绩较好，在进行收益分配前应重点考虑什么？

1. 常见的收益分配政策有什么？

企业收益分配政策是在收益分配理论的指导下长期经验的总结，常见分配政策有剩余股利政策、固定股利政策、固定股利支付率政策和低正常股利加额外股利政策等。

2. 各收益分配政策的适用性是什么？

3. 如何结合实际确定本企业的股利分配政策？

1. 股利理论

股利是指股份有限公司支付给股东的投资报酬。影响股份公司股利分配的理论主要有股利无关论、股利相关论和股利分配的税收效应理论。

1）股利无关论

关键提示：

　　股利无关论认为公司市场价值的高低与公司选定的股利分配政策无关，完全是由投资的好坏决定的。这一理论是建立在"完美且完全的资本市场"这一严格假设前提基础上的。

这一假设包括以下几点。

① 完全证券市场竞争假设。公司的投资者和管理当局都能获得相同的投资机会的信息。

② 证券交易成本为零假设。假定证券的发行、交易不存在佣金、手续费等多种费用，这样利润分配政策就不存在股利分配与资本利得之间的差异。

③ 理性投资者假设。

上述假设是一种完美无缺的市场假设环境，因此股利无关论也被称为完全市场理论。

2）股利相关理论

股利相关理论认为，股利分配政策对公司的市场价值有影响，即二者是相关的。现实生活中，股利无关理论的市场环境是不存在的，公司选择的股利政策是在多种因素影响下进行的，因此股利政策的选择对股票市价、公司的资本结构及股东财富都有着重大影响。由于关注点不同，股利相关理论又产生了多重理论分支。

（1）"一鸟在手"理论

该理论认为，由于人们对风险普遍存在规避的态度，因此对于自身投资报酬的两种获取方式——股利和资本利得存在不同的喜好，多数人喜欢接受既成事实的投资报酬获取方式，即股利，而很少有人偏好风险较高的留存收益再投资获取回报的方式—资本利得。因为相对于股利这种投资报酬而言，再投资的资本利得获利方式存在更大的风险性，即所谓的"二鸟在林，不如一鸟在手"。因此，该理论也被称为"一鸟在手"理论。

（2）信号传递理论

信号传递理论认为，信息在市场参与者之间分布不均，即信息不对称。公司经理人掌握的信息远大于公众掌握的信息，而股利政策恰恰可以向公众传递公司经营预期收益能力较强的信号，因为人们通常会认为，只有预期收益能力较强的企业才会有较强的股利支付能力。

3）股利分配的税收效应理论

在许多国家的税法中，长期资本利得的所得税税率要低于普通所得税税率，正因如此，投资者更愿意少分配现金股利而将其转作再投资，以提高股票价格，从而通过股票转让获取更多的资本利得。

相关知识

股利政策理论

股利政策是公司经理们所面临的重要财务决策，同时它也是经济学家们关注的重要问题。1956年，哈佛大学教授约翰·林特纳（John Lintner）首次提出了公司股利分配行为的理论模型，而1961年米勒和莫迪利亚尼所提出的著名"股利无相关假说"，则成为股利政策理论的基石。此后的近40年里。股利政策理论得到了进一步的丰富和发展，并逐渐成为企业金融学的重要内容之一。

1. 股利无相关假说

米勒和莫迪利亚尼认为，公司市场价值的高低是由公司所选择的投资政策的好坏所决定的。由于公司对股东的分红只是盈利减去投资之后的差额部分，且分红只能采取派现或股票回购等方式，因此一旦投资政策已定，那么在完美且完全的资本市场上，股利政策的改变就仅仅意味着收益在现金股利与资本利得之间分配上的变化。如果投资者按理性行事，这种改变就不会影响公司的市场价值及股东的财富。

2. 股利分配的税收效应理论

在不存在税收因素的情况下，公司选择何种股利支付方式并不重要。但是，如果对现金红利和来自股票回购的资本利得课以不同的税赋（如现金股利的税赋高于资本利得的税赋），那么在公司及投资者看来，支付现金股利就不再是最优的股利分配政策。由此可见，在存在差别税赋的前提下，公司选择不同的股利支付方式，不仅会对公司的市场价值产生不同的影响，而且也会使公司（及个人）的税收负担出现差异。即使在税率相同的情况下，由于资本利得只有在实现之时才缴纳资本增值税，因此相对于现金股利保税而言，其仍然具有延迟纳税的好处。

3. 股利分配的信号传递理论

当信息对称时，所有的市场参与者（包括公司自身在内）都具有相同的信息。然而，现实中常见的情况却是信息不对称。信号传递理论认为，在信息不对称的情况下，公司可以通过股利政策向市场传递有关公司未来盈利能力的信息。一般来说，高质量的公司往往愿意通过相对较高的股利支付率把自己同低质量的公司区别开来，以吸引更多的投资者。对市场上的投资者来说，股利政策的差异或许是反映公司质量差异的极有价值的信号。如果公司连续保持较为稳定的股利支付率，那么投资者就可能对公司未来的盈利能力与现金流量抱有较为乐观的预期。不过，公司以支付现金股利的方式向市场传递信息，通常也要付出较为高昂的代价。这些代价包括：较高的所得税负担；一旦公司因分派现金股利造成现金流量短缺，就有可能被迫重返资本市场发行新股，而这一方面会随之产生必不可少的交易成本，另一方面又会扩大股本，摊薄每股的税后盈利，对公司的市场价值产生不利影响；如果公司因分派现金股利造成投资不足，并丧失有利的投资机会，那么还会产生一定的机会成本。尽管以派现方式向市场传递利好信号需要付出很高的成本，但为什么公司仍要选择派现作为公司股利支付的主要方式呢？这个难以破解的理论问题被布莱克（Black，1976）称之为"股利分配之谜"。

2. 股利政策

关键提示：

股利政策是指在法律允许的范围内，企业是否发放股利、发放多少股利及何时发放股利的方针及对策。股利政策的关键是确定分配和留存的比例。股利政策不仅影响股东的财富，而且会影响企业在资本市场的形象及公司股价。因此，合理的股利政策的选择，对企业来说是非常重要的。在实际工作中，通常有下述股利政策可供企业选择。

（1）剩余股利政策

所谓剩余股利政策，是指公司生产经营所获得的净收益首先应满足企业自身资金的需求，需求之外尚有剩余就派发股利，否者就不派发股利。我们知道，企业经营风险与财务风险的高低与自身的资本结构有着重要的关系，而企业资本结构是由投资所需资金构成的。不同分配和留存比例的股利分配政策，在一定程度上影响着企业资金量的多寡。因此，对于那些预期未来有着较好投资机会，需要保持自己最佳资本结构的企业，往往就会采用剩余股利政策。

采用剩余股利政策一般需要遵循以下 4 个步骤来确定其股利分配额。

① 确定目标资本结构。即确定权益资本和债务资本的比率。

② 根据公司的最佳资本结构预计资金需要总量中所需权益资本的数额。

③ 最大限度地使用留存收益来满足投资中所需的权益资本的数额。

④ 投资所需权益资本获得满足后，若有剩余再将其作为股利发放给股东。

【例题9-1】 假定某公司当年实现税后净利 1 000 万元，下年投资计划所需资金 1 600 万元，公司的目标资本结构为自有资金占 60%、借入资金占 40%，则按照目标资本结构的要求，公司投资方案所需自有资金为

$$1\ 600 \times 60\% = 960\ （万元）$$

公司当年全部可用于分配股利的盈余为 1 000 万元，在满足上述投资方案所需权益资本数额的基础上尚有剩余，剩余部分可以作为股利发放。按照剩余股利政策的要求，当年可向投资者发放的股利数额为

$$1\ 000 - 960 = 40\ （万元）$$

剩余股利政策能够使企业充分利用低成本的留存收益资金特点，保持理想的资本结构，从而使企业综合资金成本最低。但同时，剩余股利政策的完全执行也会使得每年的股利发放

情况随着下年度的投资机会和企业资本结构的变化而不断变化，不利于投资者合理安排收支，也不利于树立良好的公司形象。因此，剩余股利政策一般适用于公司初创时期。

（2）固定或稳定增长股利政策

固定或稳定增长股利政策是指公司将每年派发的股利固定在某一特定的水平，或是在此基础上维持某一固定比率逐年稳定增长。它是只有当企业确认未来盈利具有长期性和不可逆转性时，才可能会增加股利支付的一种股利政策。这种政策有利于树立公司持续稳定的良好经营形象，也有利于投资者合理安排收支，从而增强投资者投资信心。但不可否认的是，由于固定股利分配政策与公司实际盈利水平脱节，直接造成了投资风险与投资收益的不对等。同时在公司出现经营利润下滑时，固定股利支付会加重企业的财务负担，甚至出现侵蚀自有资本的情况。

（3）固定股利支付率政策

固定股利支付率政策是指公司将每年净收益的某一固定百分比作为股利分配给股东。这一百分比通常称为股利支付率。执行固定股利支付率政策的股份公司往往根据企业的经营状况及行业宏观情况等因素确定股利支付率。股利支付率一旦确定，一般不随意变更。

固定股利支付率政策的优点是：使股利与企业盈余紧密结合，以体现多盈多分、少盈少分、不盈不分的原则；由于公司的盈利能力在年度间是经常变化的，因此每年的股利也应随着公司收益的变动而变动，保持分配与利润留存收益间的一定比例关系。从企业支付能力的角度看，固定股利支付率政策是一种稳定的股利政策。

固定股利支付率政策的不足在于以下几点。

① 传递信息的波动性给企业带来不利影响。在固定股利支付率政策下，由于各年收益不均衡，会直接导致各年股利分配的波动，而频繁的股利分配数额的变动会向投资者传递出公司经营不稳定、收益不确定的不利信号，从而不利于股票价格的稳定与上涨。

② 容易导致公司面临财务压力。固定股利支付率是一种在净利基础上的收益分配。换言之，年度利润多，股利分配也相应多。但在股利分配采用现金的形式下，由于利润的多少并不代表企业现金流量的充裕程度，因此当企业现金流量不足却还要按固定股利支付率派发股利时，会给公司带来财务压力。

③ 公司每年按固定比例从净利润中支付股利，缺乏财务弹性。股利政策的选择是公司一项重要的财务手段和方法。在经营的不同时期，企业应结合自身的财务情况制定不同的股利政策，从而实现公司的财务目标。但在固定股利支付率政策下，公司丧失了利用股利政策的灵活性，缺乏财务弹性。

④ 确定合理的固定股利支付率难度较大。由于公司的经营情况、投资机会及筹资渠道等多种因素都在影响股利分配，因此股利支付率政策在实际中不适于长期使用，一般适用于经营和财务状况都较为稳定的公司。

（4）低正常股利加额外股利政策

低正常股利加额外股利政策是指公司事先设定一个固定的、数额较低的股利，只有在企业盈利较多、财务状况较好时，在发放正常股利的基础上再发放一定量的额外股利。实行这种股利政策的优点如下。

① 低正常股利加额外股利政策具有较大的灵活性。当公司盈余较少或投资需要较多时，可以维持设定的较低水平的股利分配政策；现金流量充足且无良好投资机会时，可以适度增发股利，让渡经济利益给投资人。不同股利发放水平，可以推动公司实现最优资本结构，进而实现公司财务目标。

② 低正常股利加额外股利政策有助于稳定公司股价。正常的股利发放水平向投资者传递一种公司经营稳定的信号，这时公司可以利用留存收益增加投资机会。而当公司盈利较好、现金流量充足时，就可以在正常股利的基础上额外派发股利，增强投资者信心，从而推动股价上扬。

鉴于此，低正常股利加额外股利政策在资本市场上颇受投资者和公司的欢迎。

以上所介绍的几种股利分配政策各有所长，公司在政策的选定上应结合自身实际情况及政策本身的基本决策思想，制定出适合自身需要的股利分配政策。

相关知识

影响股利政策的因素

（1）法律法规限制

我国的法律法规对公司股利政策的影响有如下 3 种情况。第一，《公司法》的规定。《公司法》第 130 条规定股份的发行必须同股同权，同股同利。第 177 条规定了股利分配的顺序，即公司分配当年税后利润时，应当先提取法定公积金、法定公益金（提取法定公积金和法定公益金之前应当先利用当年利润弥补亏损），然后才可按股东持有的股份比例分配。第 179 条规定股份有限公司经股东大会决议将法定公积金转为资本时，所留存的该项公积金不得少于注册资本的 25%。第二，《个人所得税法》的规定。按照《个人所得税法》和国家税务总局《关于征收个人所得税若干问题的通知》，个人拥有的股权取得的股息、红利和股票股利应征收 20% 的所得税。第三，《关于规范上市公司若干问题的通知》的规定。① 上市公司确实必须进行中期分红派息的，其分配方案必须在中期财务报告经过具有从事证券业务资格的会计师事务所审计后制定；公布中期分配方案的日期不得先于上市公司中期报告的公布日期；中期分配方案经股东大会批准后，公司董事会应当在股东大会召开两个月内完成股利（或股份）的派发事项。② 制定公平的分配方案，不得向一部分股东派发现金股利，而向其他股东派发股票股利。③ 上市公司制定配股方案同时制定分红方案的，不得以配股作为分红的先决条件。④ 上市公司的送股方案必须将以利润送红股和以公积金转为股本明确区分，并在股东大会上分别作出决议，分项披露，不得将二者均表述为送红股。

（2）国家宏观经济环境

一国经济的发展具有周期性。当一国经济处在不同的发展周期时，对该国企业股利政策的制定也有不同的影响。相应地，我国上市公司在制定股利政策时同样受到宏观经济环境的影响。当前，在形式上表现为由前几年的大比例送配股，到近年来现金股利的逐年增加。

（3）通货膨胀

当发生通货膨胀时，折旧储备的资金往往不能满足重置资产的需要，公司为了维持其原有的生产能力，需要从留存利润中予以补足，这时管理当局可能调整其股利政策，使股利支付水平下降。

（4）企业的融资环境

当客观上存在一个较为宽松的融资环境时，企业可以发放债务融资性的股利和权益融资性的股利，亦即公司借新债或发新股来为股利融资。一般来说，企业规模越大，实力越雄厚，其在资本市场融资的能力就越强，财务灵活性也越大，当然其支付股利的能力也就越强。对于许多小公司或新成立的公司而言，难以采取融资性的股利政策。

（5）市场的成熟程度

衡量市场的成熟程度，通常可有三种形式，即弱式有效市场、半强式有效市场和强式有效市场。市场越有效，成熟度也就越高。实证研究结果显示，在比较成熟的资本市场（半强式有效市场）中，现金股利是最重要的一种股利形式，股票股利则呈下降趋势。我国的资本市场和成熟的市场相比，尚属新兴市场，因此股票股利仍属于一种重要的股利形式。

（6）企业所在的行业

股利政策具有明显的行业特征。一般来说，成熟产业的股利支付率高于新兴产业，公用事业公司的股利支付率高于其他行业公司。经验数据据表明，行业的平均股利支付率同该行业的投资机会成负相关关系。

（7）企业资产的流动性

所谓资产的流动性，是指企业资产转化为现金的难易程度。企业的现金流量与资产整体流动性越好，其支付现金股利的能力就越强。但处于成长中的、盈利性较好的企业，如果其大部分资金都投在固定资产和永久性营运资金上，则它们通常不愿意支付现金股利而危及企业的安全。

（8）企业的生命周期

通常把企业的生命周期划分为成长阶段、发展阶段和成熟阶段。在不同的阶段，企业的股利政策会受到不同的影响。在成长阶段，企业亟须资金投入，一般来讲，股利支付率相对较低；在发展阶段，公司开始能以较大的股利支付比率把收益转移给股东；在成熟阶段，由于投入产出相对稳定，股利支付率和股票收益率都将几乎保持不变。

（9）企业的投资机会

股利政策在很大程度上受投资机会的左右。如果公司有较多的投资机会，往往采用低股利、高留存利润的政策；反之，如果投资机会较少，就可能采用高股利政策。当然，在采用低股利政策时，公司管理层必须向股东充分披露以留存利润投资于盈利高的项目，以取得股东的信任和支持。

任务 7.2 利润分配程序与方案

任务书

主任务	子任务	具体要求	完成步骤
利润分配程序的方案	利润分配程序	熟悉股份有限公司和有限责任公司的利润分配程序	① 设计本公司收益分配政策 ② 讨论适用于本公司的收益分配方案，并作可行性分析 ③ 作出科学结论
	利润分配方案的确定	① 能确定利润分配方案的影响因素 ② 结合企业自身实际设计股利分配方案	

关键提示：

在企业追加筹资时，不能仅仅只考虑目前所使用的资金的成本，还要考虑为投资项目新筹集的资金的成本，这就需要计算资金的边际成本。只有当资金成本低于资金的收益率时，在经济上才是可行的。

1. 股份有限公司的利润分配程序

按照我国《公司法》的规定，公司利润分配主要由盈余公积和股利分配两部分组成。公司税后利润的分配顺序如下。

（1）弥补以前年度亏损

以前年度亏损是指超过用所得税前的利润抵补亏损的法定期限后，仍未补足的亏损。应当转用税后利润弥补亏损。

（2）提取法定盈余公积金

按照《公司法》的规定，法定公积金按照净利润扣除弥补以前年度亏损后净利润的

10%提取，法定公积金达到注册资本的 50%时，可不再提取。法定盈余公积金主要用于弥补亏损、转增资本金等方面，但企业用盈余公积金转增资本后，法定盈余公积金的余额不得低于转增前公司注册资本的 25%。

（3）提取法定公益金

法定公益金按当年净利润的 5%～10%提取，主要用于职工宿舍等集体福利设施支出。

（4）提取任意盈余公积金

任意公积金按照公司章程或股东会议决议提取和使用，其目的是为了控制向投资者分配利润的水平及调整各年利润分配波动，通过这种方法对投资者分利加以限制和调节。

（5）向股东（投资者）分配股利（利润）

根据《公司法》的规定，公司弥补亏损和提取公积金后剩余净利润，可以向股东（投资者）分配股利（利润）。一般来说，有限责任公司股东按照实际缴付的出资比例分配利润，股份有限公司按照股东持有的股份比例分配股利。

2. 股利分配方案的确定

股利分配方案的确定，主要是考虑确定以下 4 个方面的问题：第一，选择股利政策类型；第二，确定股利支付水平的高低；第三，确定股利支付形式，即确定合适的股利分配形式；第四，确定股利发放的日期等。

1）选择股利政策类型

股利政策不仅会影响股东收益，也会影响公司的运营及未来发展。因此，选择恰当的股利政策就显得尤为重要。企业选择股利政策类型通常需要考虑其所处的成长与发展阶段、支付能力及获利能力的稳定性、目前的投资机会、投资者的态度及企业的融资能力等多种因素。公司在不同成长与发展阶段所采取的股利政策一般可用表 9-1 来描述。

表 9-1　公司在不同阶段的股利政策

公司发展阶段	经营特点	适用的股利政策
初创阶段	经营风险高，有投资需求但融资能力差	剩余股利政策
快速发展阶段	经营快速发展，投资需求扩大	低正常加额外股利政策
稳定增长阶段	公司业务稳定增长，获利能力和现金流量增加，每股收益呈上升趋势	固定或稳定增长的股利政策
成熟阶段	留存收益和资金积累较为充裕	固定支付率股利政策
衰退阶段	业务下降，获利能力和支付能力明显减弱	剩余股利政策

2）确定股利支付水平

股利支付水平通常用股利支付率来衡量。股利支付率是当年发放股利与当年净利润之比，或每股股利除以每股收益。一般来说，股利支付水平的高低会对公司产生多种影响。股利支付水平高，对股东和潜在的投资者的吸引力大，有利于建立良好的公司信誉。但高的股利支付水平会使公司的留存收益减少，面对较好投资机会时会增加举债成本。同时公司选择较高的股利支付水平也会增加其财务压力，最终影响公司的未来收益和股东权益。因此，企业应结合自身的行业状态、筹资能力及企业资本结构的需要合理确定自己的股利支付水平。

3）确定股利支付形式

股份有限公司常见的股利支付形式有现金股利和股票股利。

（1）现金股利形式

现金股利是指股份公司以现金的形式发放给股东股利，它是股利支付的主要形式。发放现金股利不仅要求公司盈余积累多，同时也要求现金流量充裕。上市公司发放现金股利主要出于3个原因：投资者偏好、减少代理成本和传递公司的未来信息。

（2）股票股利形式

股票股利形式是指企业以股票形式发放的股利。当公司注册资本尚未足额投入时，公司可以以股东认购的股票作为股利支付，也可以是发行新股支付股利。发放股票股利又称为送股或送红股。

发放股票股利的优点主要有：避免现金流出，当企业盈利能力与现金支付能力不相等时，可通过股票股利的发放形式减轻财务压力；股票变现能力强，易流通，对于企业的长期投资者而言，更愿意接受股票股利以获得所得税收益；可传递公司未来经营绩效的信号，增强经营者对公司未来的信心。

在这里需注意，股票股利不会引起公司资产的流出与负债的增加，它只涉及股东权益内部结构的调整，即在减少未分配利润项目金额的同时增加公司股本额，还可能引起资本公积的增减变化，而股东权益总额并不改变。

除上述两种基本股利形式外，还有财产股利（如实物股利、证券股利）、负债股利（如公司债券股利）和股票回购等形式。

4）确定股利发放日期

股份有限公司向股东支付股利时需要经历以下几个重要日期。

（1）股利宣告日

即公司董事会将股利支付情况予以公告的日期。公告中将宣布每股股利、股权登记日、除息（除权）日和股利支付日等事项。

（2）股权登记日

即有权利领取股利的股东登记截止日期。只有在股权登记日之前在公司股东名册上有名的股东，才有权分享股利。证券交易所的中央清算登记系统为股权登记提供了很大的方便，一般在营业结束的当天即可打印出股东名册。

（3）除息（除权）日

即领取股利的权利与股票相互分离的日期。在除息（除权）日前，股利取得权从属于股票，持有股票者即享有领取股利的权利，从除息（除权）日开始，股利权与股票相分离，新购入股票的人不能分享股利。

（4）股利支付日

即向股东发放股利的日期。

能 力 测 试

一、单项选择题

1. 企业采用剩余股利分配政策的根本理由是（   ）。
    A. 最大限度地用收益满足筹资的需要   B. 向市场传递企业不断发展的信息
    C. 使企业保持理想的资本结构   D. 使企业在资金使用上有较大的灵活性
2. 以下股利分配政策中，最有利于股价稳定的是（   ）。
    A. 剩余股利政策   B. 固定或稳定增长的股利政策
    C. 固定股利支付率政策   D. 低正常股利加额外股利政策
3. 企业奉行剩余股利政策是为了（   ）。
    A. 稳定股价   B. 使加权平均资本最低
    C. 维持股利分配的灵活性   D. 使得股利的支付和盈余紧密配合
4. 下列说法不正确的是（   ）。
    A. 处于经营收缩的公司，由于资金短缺，因此多采取低股利政策
    B. 在通货膨胀时期公司股利政策往往偏紧
    C. 盈余不稳定的公司一般采取低股利政策
    D. 举债能力弱的公司往往采取较紧的股利政策
5. 股利分配涉及的内容中最主要的是（   ）。
    A. 股利支付比率的确定
    B. 股利支付形式的确定
    C. 支付现金股利所需资金的筹集方式的确定
    D. 股利支付程序中各日期的确定

二、多项选择题

1. 法定公积金的用途包括（   ）。
    A. 用于弥补公司亏损   B. 扩大公司生产经营
    C. 转为增加公司资本   D. 支付股利
2. 下列说法不正确的是（   ）。
    A. 只要本年净利润大于 0，就可以进行利润分配
    B. 只要可供分配利润大于 0，就必须提取法定公积金
    C. 不能用资本发放股利，也不能在没有累计盈余的情况下提取公积金
    D. 如果存在年初累计亏损，则计提公积金之前应该先按照税法规定补亏
3. 下列关于发放股票股利的说法，不正确的是（   ）。

    A. 可以直接增加股东的财富

    B. 对公司股东权益总额产生影响

    C. 改变每位股东所持股份的比例

    D. 改变股东权益内部项目的比例关系

4. 关于剩余股利政策的说法不正确的是（　　）。

    A. "保持目标资本结构"是指一年中始终保持同样的资本结构

    B. 法律规定留存的公积金可以长期使用，是利润留存的一部分

    C. 如果需要补充资金，则不会动用以前年度的未分配利润分配股利

    D. 需要的资金数额等于资产增加额

三、思考题：某集团公司增发为何受挫？[①]

    20××年12月12日，某集团公司股份实现挂牌交易，股权结构为：国家股1 063 500万股，社会公众股187 700万股，发行价为4.18元/股。上市以后，由于业绩优良，该集团公司股份已累计四次分红，总额为税后每股0.505元。据此，该集团公司的大股东该集团公司累计分得537 067.5万元。

    第4年的8月12日，该集团公司董事会首度提出增发方案，计划增发不超过50亿股A股，融资280.2亿元，但方案推出之后，遭到投资者的强烈反对。公司在第4年的9月22日修改了增发方案，修改后具体内容为：增发不超过50亿股，包括向该集团公司定向增发国家股（占60%比例）和向社会公众增发社会公众股（占40%比例）两部分，原社会公众股股东以10∶10的比例享有优先认购权。募集资金将用于收购该集团公司标的评估值为280.244亿元的资产。修改后的增发方案获得股东大会通过，但后因证监会新股发行工作暂停而搁置。次年的1月19日，在新年后的首届发审委工作会议上，该集团公司股份增发50亿股股票的申请顺利获得发审委审核通过。

    根据增发方案，该集团公司股份的增发价格以登记日前30个交易日收盘价平均值为基准，询价区间为该基准值的80%～85%。昨日即次年的1月19日），该集团公司收盘价为5.79元，依据过去30个交易日的平均值计算，如果未来股价没有大的波动，增发价格预计为4.60元～4.90元之间。目前该集团公司有流通股18.77亿股，按照10∶10的比例认购，流通股东将至少拿出90亿元的现金，而这也正是近期市场各方人士尤其是普通投资者对此比较抵触的原因所在。

    随后，在当年的2月22日，该集团公司董事长向媒体透露，鉴于目前市场疲软，尽管公司增发新股目前已经通过，但暂缓增发行为。他认为：公司将一如既往地恪守对投资者的承诺，并且会充分考虑到各方的利益，在合适的时候完成公司股份的增发。她同时认为，公司股份的增发还是要看市场的情况，以前也跟投资者承诺过，要选择合适的时机来增发。她说，股市回暖是增发的必备条件。

---

    ① 资料来源：http://business.sohu.com/20050120/n224028884.shtml.

四、案例分析题

甲公司不存在优先股，只发放现金股利，20××年的净利润为 1 000 万元，支付现金股利 200 万元，利润分配之后的股东权益为 5 000 万元，每股净资产为 10 元。下一年保持上年的经营效率和资产负债率不变。

要求回答下列互不相关的问题：

（1）假设下一年预计通货膨胀率为 4%，销量增长率为 10%，不从外部筹集权益资金，计算下一年的股利支付率及每股股利和每股收益；

（2）假设下一年的净利润为 1 200 万元，按照规定应该提取 120 万元的法定公积金，预计再下一年需要增加投资资本 1 000 万元，按照权益资本占 60% 的目标资本结构筹资，企业采用的是剩余股利政策，计算下一年的股利支付率。

项目八

财务预算

预算是一个数字体系，它把企业生产经营活动各环节用货币和数字衔接起来，明确了企业各部门在计划期内应承担的经济责任和应完成的任务。做好预算是保证企业经营目标实现的法宝。

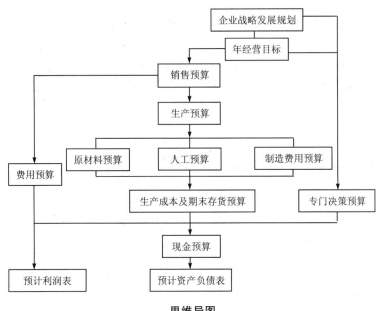

思维导图

工作过程

假设立达公司主要产品单位售价为 6 800 元/吨，计划年度保利产销量为 40 000 吨，根据市场情况及企业生产经营实际各季产品预计产销量分别为 8 000 吨、10 000 吨、10 000 吨和 12 000 吨，产品和用料比为 1：1.6，每吨材料单价为 1 500 元/吨，单位产品工时定额为 150 小时，工资率标准为 10 元/工时，变动制造费用分配率为 3 元，单位销售及管理费用为 60 元，计划期全年固定制造费用总额预计为 400 万元，其中固定资产折旧 180 万元，全年固定销售及管理费用预计为 200 万元。

（1）编制该公司销售预算。另外，立达公司计划期初应收账款为 2 500 万元，销货款于当季收回 50%，下季收回 50%，编制该公司的预计现金收入计划表。

（2）假设立达公司每季季末保留下季销量 10% 的存货，年初存货为 800 吨，年末存货为 1 000 吨，编制生产预算。

（3）假设立达公司各季期末材料库存按下季生产用料的 20% 计算，计划年初材料为 1 200 吨，年末保留材料 1 000 吨，编制材料采购预算。另外，该公司年初应付账款余额为 1 000 万元，材料采购款当季付 60%，下季付 40%。编制该公司预计现金支出计划表。

（4）编制人工预算、制造费用预算及生产成本预算。

（5）编制销售及管理费用预算。

（6）假设立达公司最低要求的现金余额为 200 万元，期初现金余额为 250 万元，每季预交所得税 300 万元，第二季度立达公司欲购置一台 1 800 万元的设备，第四季度分派股利 4 000 万元，该公司现金不足时向银行借款，现金剩余时，偿还借款本息，银行借款利率为 6%，编制现金预算。

（7）根据计划期各项预算编制计划期预计利润表和预计资产负债表。

要求： 各小组分别代表销售科、采购科、生产车间和财务科及预算委员会、各职能科室编制各项预算，预算委员会审核平衡后提交领导。立达公司基期资产负债表如表 10－1 所示。

表 10－1　立达公司基期资产负债表　　　　　　　单位：万元

资　产	金　额	负债及所有者权益	金　额
货币资金	250	应付账款	1 000
交易性金融资产	0	长期借款	15 000
应收账款	2 500	负债小计	16 000
原材料	180	普通股股本	25 000
产成品	356	留存收益	12 286
流动资产小计	3 286	股东权益小计	37 286

资　产	金　额	负债及所有者权益	金　额
固定资产	65 000		
减：累计折旧	15 000		
固定资产净值	50 000		
资产合计	53 286	负债及股东权益合计	53 286

任务 8.1　编制现金预算

任务书

主任务	子任务	具体要求	完成步骤
编制现金预算	编制业务预算	① 编制销售预算 ② 编制生产预算 ③ 编制直接材料预算 ④ 编制直接人工预算 ⑤ 编制制造费用预算 ⑥ 编制生产成本预算 ⑦ 编制销售及管理费用预算	① 根据目标利润和市场情况预测计划期销售量和销售单价 ② 逐个编制各项业务预算 ③ 编制专门决策预算或预计企业日常经营外的其他各项支出 ④ 根据上述各项预算，预计现金收入、现金支出、现金余缺及现金筹集与运用情况，形成现金预算
	编制现金预算	根据业务预算和企业的专门决策预算编制现金预算	

现金预算是以日常业务预算和特种决策预算为基础编制的反映企业预算期间现金收支情况的预算。主要包括四部分：现金收入、现金支出、现金余缺、资金运用或融资。

（1）现金收入

现金收入包括期初的现金结存数和预算期内可能发生的现金收入，其主要来源是销售收入和应收账款的收回，可以从销售预算中获得有关资料。

（2）现金支出

现金支出包括预算期内可能发生的现金支出、各项经营性现金支出及用于缴纳税金、股利分配的支出，购买设备等资本性支出，可以从直接材料、直接人工、制造费用、销售及管理费用及专门决策预算中获得资料。

（3）现金余缺

现金余缺是指现金收支相抵后的余额。

（4）资金运用或融资

若现金收入大于现金支出，则表现为现金盈余，可用于偿还银行借款的本金和利息，还可购买短期证券；若现金收入小于现金支出，则表现为现金短缺，企业需通过向银行借款或发放短期债券筹集资金等形式融资以弥补资金缺口。

1. 编制销售预算

销售预算是指为规划一定预算期内预计销售收入而编制的一种日常业务预算，是编制全面预算的起点。其他预算都需要在销售预算的基础上编制或者大都与销售预算的数据有关，因此销售预算应尽量准确。销售预算根据年度目标利润所规定的销售量和销售单价来编制，其准确性取决于准确的销售预测。销售量可以通过预测确定，单价可以用企业确定的目标价格或以前年度的销售价格，也可以在以前年度销售价格的基础上进行适当调整。预计销售收入的计算公式为

$$预计销售收入＝预计销售量×预计销售单价 \qquad (10-1)$$

如果生产多种产品，企业需分别计算各种产品的预计销售收入后再汇总。为了简化起见，例题中假设公司只生产一种产品。另外，销售预算通常附有一份预计收现表，便于编制现金预算。

【例题 10-1】假设泰兴公司仅生产和销售一种产品，该公司 20××年初应收账款余额为 15 万元，每季度 60％的销售收入能收到现金，其余销售收入下季度收回。泰兴公司 20××年度销售预算如表 10-2 所示。

表 10-2 20××年度泰兴公司销售预算

时间 项目	第一季度	第二季度	第三季度	第四季度	全年合计
预计销售量/件	4 500	4 800	4 500	5 000	18 800
销售单价/元	100	100	100	100	100
预计销售收入/元	450 000	480 000	450 000	500 000	1 880 000
预计现金收入 — 年初应收账款	150 000				150 000
预计现金收入 — 第一季度销售收入	270 000	180 000			450 000
预计现金收入 — 第二季度销售收入		288 000	192 000		480 000
预计现金收入 — 第三季度销售收入			270 000	180 000	450 000
预计现金收入 — 第四季度销售收入				300 000	300 000
预计现金收入 — 现金收入合计	420 000	468 000	462 000	480 000	1 830 000

2. 编制生产预算

生产预算是在销售预算的基础上编制的，是为规划一定预算期内预计生产量水平而编制的一种日常业务预算。企业除了要生产足够多的产品来满足市场需求以外，还必须保留一定

的期末存货，以防实际销售超出预计。同时，期初产成品存货已满足了一部分产品需求，因此预计生产量的计算公式如下。

$$预计生产量＝预计销售量＋预计期末存货数量－预计期初存货数量 \qquad (10-2)$$

上式中，预计销售量可在销售预算中找到；预计期初存货量等于上期期末存货量；预计期末存货量应根据长期销售趋势来确定，在实践中一般按下期预计销售量的一定比例进行估算。

【例题 10-2】假设泰兴公司各个季度的期末存货按下一季度销售量的 10％ 计算，年初存货 450 件，年末留存 500 件。泰兴公司 20××年度生产预算如表 10-3 所示。

表 10-3   20××年度泰兴公司生产预算

时间 项目	第一季度	第二季度	第三季度	第四季度	全年合计
预计销售量/件	4 500	4 800	4 500	5 000	18 800
加：预计期末存货量/件	480	450	500	500	500
减：期初存货量/件	450	480	450	500	450
预计生产量/件	4 530	4 770	4 550	5 000	18 850

3. 编制直接材料预算

直接材料预算是指为规划一定预算期内直接材料需用量和采购数量的一种日常业务预算。企业除了要采购足够多的材料来满足生产需求外，还必须保留一定的期末存货，以防实际需求超出预计。同时，企业有一些期初库存原材料，因此预计直接材料采购量的计算公式如下。

$$直接材料预计采购量＝预计生产量×单位产品耗用量＋$$
$$预计期末材料库存量－预计期初材料库存量 \qquad (10-3)$$

上式中，预计生产量数据来源于生产预算；单位产品耗用量可参照产品耗用该种材料的消耗定额；预计期末材料库存量通常按下期需要的经验数据确定，在实践中可按下期预计需用量的一定比例估算；预计期初材料库存量等于上期期末材料库存量。

如果企业生产产品不只需要一种材料，应按材料的种类编制预算后再汇总。另外，直接材料预算通常附有一份预计现金支出表，为编制现金预算做准备。

【例题 10-3】假设泰兴公司生产产品仅需耗用一种材料，单位产品耗材 1.5 千克，每千克 20 元，各季度的期末材料库存量按下一季度生产用量的 20％ 计算，预计年末的材料库存量为 1 550 千克。各季度的材料采购款，有 50％ 在本季度付清，另外 50％ 在下季度付清。20××年初期初存货为 1 359 千克，期初应付账款为 55 000 元。泰兴公司直接材料预算如表 10-4 所示。

表 10-4 20××年度泰兴公司直接材料预算

时间 项目		第一季度	第二季度	第三季度	第四季度	全年合计
预计生产量/件		4 530	4 770	4 550	5 000	18 850
单位产品材料用量/千克		1.5	1.5	1.5	1.5	1.5
生产需用总量		6 795	7 155	6 825	7 500	28 275
加：预计期末存货/千克		1 431	1 365	1 500	1 550	1 550
减：预计期初存货/千克		1 359	1 431	1 365	1 500	1 359
预计采购量/千克		6 867	7 089	6 960	7 550	28 466
材料单价/元		20	20	20	20	20
预计采购额/元		137 340	141 780	139 200	151 000	569 320
预计现金支出	年初应付账款	55 000				55 000
	第一季度采购额	68 670	68 670			137 340
	第二季度采购额		70 890	70 890		141 780
	第三季度采购额			69 600	69 600	139 200
	第四季度采购额				75 500	75 500
	现金支出合计	123 670	139 560	140 490	145 100	548 820

4. 编制直接人工预算

直接人工预算是指为规划一定预算期内人工工时的消耗水平和人工成本水平而编制的一种经营预算。预计直接人工成本的计算公式如下。

$$预计的直接人工成本 = 预计生产量 \times 单位产品直接人工工时 \times 小时工资率$$

$$(10-4)$$

上式中，预计生产量数据来源于生产预算；单位产品直接人工工时可参照产品单位工时定额，不同的产品可能有不同的工时定额；小时工资率是企业根据一定时期全厂直接工资总额和同期全厂直接人工工时总数确定的。

【例题 10-4】假设泰兴公司单位产品的工时定额为 1.2 小时，每小时人工成本为 10 元，20××年度泰兴公司的直接人工预算如表 10-5 所示。

表 10-5 20××年度泰兴公司直接人工预算

时间 项目	第一季度	第二季度	第三季度	第四季度	全年合计
预计生产量/件	4 530	4 770	4 550	5 000	18 850
单位产品工时定额/小时	1.2	1.2	1.2	1.2	1.2
直接人工总工时/小时	5 436	5 724	5 460	6 000	22 620
单位工时工资率	10	10	10	10	10
预计的直接人工成本/元	54 360	57 240	54 600	60 000	226 200

5. 编制制造费用预算

制造费用预算是指为规划一定预算期内除直接材料和直接人工预算以外预计发生的其他生产费用水平而编制的一种日常业务预算。

当以变动成本法为基础编制制造费用预算时，可按变动性制造费用和固定性制造费用两部分内容分别编制。固定制造费用总额在相关范围内不随生产量的变化而变化，包括厂房和设备的折旧、租金及一些车间管理费用、财产税等，它们支撑企业总体的生产经营能力，一经形成，在短期内会保持不变，其预算通常是依据上年的实际水平做适当调整得到。变动制造费用总额在相关范围内随生产量变化成正比例变化，包括动力费、维修费、间接材料费、间接人工费等。变动制造费用根据预计直接人工工时乘以变动制造费用分配率计算。有关公式如下：

$$预计制造费用 = 预计变动制造费用 + 预计固定制造费用 \qquad (10-5)$$

$$预计变动性制造费用 = 预计直接人工工时 \times 变动性制造费用分配率 \qquad (10-6)$$

$$变动性制造费用分配率 = \frac{变动性制造费用预算总额}{直接人工预算总工时} \qquad (10-7)$$

为了编制现金预算做准备，制造费用预算后附有预计需支付现金的制造费用。由于折旧是非付现成本，所以在计算需支付现金的制造费用时，应将其扣除。

$$预计需支付现金的制造费用 = 预计制造费用 - 折旧 \qquad (10-8)$$

【例题 10-5】假设泰兴公司变动性制造费用分配率为 8 元，全年固定制造费用为 228 000 元，除了当期提取的固定资产折旧外，制造费用均用现金支出。20××年度泰兴公司的制造费用预算如表 10-6 所示。

表 10-6 20××年度泰兴公司制造费用预算

项目	费用分配率 （元/小时）	第一季度 （5 436 小时）	第二季度 （5 724 小时）	第三季度 （5 460 小时）	第四季度 （6 000 小时）	全年合计 （22 620 小时）
变动性制造费用						
间接人工	2	10 872	11 448	10 920	12 000	45 240
间接材料	2.5	13 590	14 310	13 650	15 000	56 550
维修费	0.8	4 348.8	4 579.2	4 368	4 800	18 096
水电费	1.2	6 523.2	6 868.8	6 552	7 200	27 144
劳动保护费	0.5	2 718	2 862	2 730	3 000	11 310
其他	1	5 436	5 724	5 460	6 000	22 620
小计	8	43 488	45 792	43 680	48 000	180 960

续表

项目	费用分配率 （元/小时）	第一季度 （5 436 小时）	第二季度 （5 724 小时）	第三季度 （5 460 小时）	第四季度 （6 000 小时）	全年合计 （22 620 小时）
固定制造费用						
折旧费		20 000	20 000	20 000	20 000	80 000
维修费		3 000	3 000	3 000	3 000	12 000
管理人员工资		14 000	14 000	14 000	14 000	56 000
保险费		12 000	12 000	12 000	12 000	48 000
其他		8 000	8 000	8 000	8 000	32 000
小计		57 000	57 000	57 000	57 000	228 000
制造费用合计 减：折旧		100 488 20 000	102 792 20 000	100 680 20 000	105 000 20 000	408 960 80 000
需付现的制造费用		80 488	82 792	80 680	85 000	328 960

6. 编制产品成本预算

产品生产成本预算是反映预算期各种产品生产成本水平的一种预算。编制这种预算时，单位产品成本的有关数据来自直接材料预算、直接人工预算和制造费用预算，产品生产量、期末存货量的有关数据来自生产预算，产品销量数据来自销售预算。

【例题 10-6】根据有关资料，按变动成本法编制 20×× 年度泰兴公司的产品成本预算如表 10-7 所示。如果采用全部成本法，20×× 年度泰兴公司的产品成本预算如表 10-8 所示。

表 10-7　20×× 年度泰兴公司产品成本及期末存货预算（变动成本法）

项　目	单位成本			生产成本 （18 850 件）	期末存货成本 （500 件）
	标准分配率	标准耗用量	成本/元		
直接材料	20 元/千克	1.5 千克	30	565 500	15 000
直接人工	10 元/小时	1.2 小时	12	226 200	6 000
变动性制造费用	8 元/小时	1.2 小时	9.6	180 960	4 800
合　计			51.6	972 660	25 800

表 10-8　20×× 年度泰兴公司产品成本及期末存货预算（全部成本法）

项　目	单位成本			生产成本 （18 850 件）	期末存货成本 （500 件）
	标准分配率	标准耗用量	成本/元		
直接材料	20 元/千克	1.5 千克	30	565 500	15 000
直接人工	10 元/小时	1.2 小时	12	226 200	6 000
变动性制造费用	8 元/小时	1.2 小时	9.6	180 960	4 800
固定性制造费用	①10.079 6 元/小时	1.2 小时	12.095 5	228 000	6 048
合　计			63.695 5	1 200 660	31 848

① 10.079 6＝228 000/22 620

7. 编制销售及管理费用预算

销售及管理费用预算是反映企业预算期内为实现销售预算和进行一般行政管理工作而发生的预期各项费用数额的一种预算。像制造费用一样，销售与管理费用也可以分为变动部分和固定部分。变动销售与管理费用通常包括销售佣金、运杂费和物料用品费用等，它们随着销售量的变动而变动；固定销售与管理费用在一定范围内不受销售量的影响，如租金、保险、折旧和基本工资等。编制销售预算时，不仅要认真分析、考察过去销售费用及管理费用的必要性及其效果，而且要以销售预算或过去的实际开支为基础，考虑预算期可能发生的变化，按预算期实际需要逐项预计销售及管理费用的支付额。

【例题 10-7】假设兴泰公司单位变动销售及管理费用为 8 元，全年固定销售及管理费用为 80 000 元，编制 20××年度泰兴公司销售及管理费用预算如表 10-9 所示。

表 10-9　20××年度泰兴公司销售及管理费用预算

项　目	第一季度	第二季度	第三季度	第四季度	全年合计
预计销售量/件	4 500	4 800	4 500	5 000	18 800
单位变动销售费用及管理费用	8	8	8	8	8
变动销售及管理费用小计	36 000	38 400	36 000	40 000	150 400
固定销售及管理费用	20 000	20 000	20 000	20 000	80 000
合　计	56 000	58 400	56 000	60 000	230 400

8. 编制现金预算

现金预算是企业描述预算期所有营业活动现金收支的汇总，通常包括现金收入、现金支出、现金多余或不足及资金筹集与运用四部分。管理者通过现金预算，确保企业有足够的现金开展所计划的各项活动，提前安排适当的融资渠道，以防负担过高的融资成本。对持有的多余现金，管理者也应进行投资筹划，以争取获得最高的收益。因此，现金预算可视为全面预算中的一个重要环节，有助于企业事先对其现金需要进行有计划的安排。现金预算是根据前面各种预算中的现金收入和现金支出的资料编制，"年初现金余额"资料由上年末资产负债表提供。

【例题 10-8】假设除日常开支外，泰兴公司还将发生以下经济业务：每季预交所得税30 000 元，第二季度购买一套设备，价款为 150 000 元，年初和年末各支付现金股利100 000元。试根据泰兴公司 20××年度预计现金收入和现金支出情况编制现金预算。假设该公司规定现金的最低期末余额为 10 000 元，不足数额向银行借入。银行借款额以 1 000 元为单位。需要时，借款于季初借入，季末归还，借款年利率为 6%。

20××年度泰兴公司现金预算如表 10-10 所示。

表 10 - 10 20××年度泰兴公司现金预算

项目	第一季度	第二季度	第三季度	第四季度	全年合计
期初现金余额	36 000	11 482	11 490	10 220	36 000
加：销货现金收入（表10-2）	420 000	468 000	462 000	480 000	1 830 000
可供使用的现金	456 000	479 482	473 490	490 220	1 866 000
减：各项支出					
直接材料（表10-4）	123 670	139 560	140 490	145 100	548 820
直接人工（表10-5）	54 360	57 240	54 600	60 000	226 200
制造费用（表10-6）	80 488	82 792	80 680	85 000	328 960
销售及管理费用（表10-9）	56 000	58 400	56 000	60 000	230 400
应交所得税	30 000	30 000	30 000	30 000	120 000
购买固定资产		150 000			150 000
支付股利	100 000			100 000	200 000
支出合计	444 518	517 992	361 770	480 100	1 804 380
现金多余或不足	11 482	−38 510	111 720	10 120	61 620
加：资金筹集					
向银行借款		50 000			50 000
出售短期证券					
减：资金运用					
还银行借款			50 000		50 000
还借款利息			1 500		1 500
短期投资			50 000		50 000
期末现金余额	11 482	11 490	10 220	10 120	10 120

任务 8.2　编制预计利润表

任务书

主任务	完成步骤
编制预计利润表	① 根据销售预算查出计划期销售收入额 ② 根据生产预算和生产成本预算的相关资料计算销售成本；根据销售及管理费用预算查出变动（固定）销售及管理费用 ③ 计算贡献毛益 ④ 计算息税前利润 ⑤ 计算利润总额 ⑥ 计算净利润

　　预计利润表是以货币形式综合反映预算期内企业经营活动成果计划水平的一种财务预算，可提供未来一段时期内企业的盈利能力估计，揭示企业预期的盈利状况。该预算需要在销售预算、产品成本预算、销售及管理费用预算及现金预算的基础上编制。编制这种预算的

目的在于明确预算实现的利润水平，如果利润预算数与企业事先确定的目标利润存在较大差距，就需要调整有关预算，设法达到目标利润或者经企业领导同意后修改目标利润。预计的利润表与实际的利润表内容、格式相同，只不过数据是面向预算期的计划数或预测数。

【例题 10-9】按变动成本法编制的 20××年度泰兴公司预计利润表如表 10-11 所示。

表 10-11　20××年度泰兴公司预计利润表（按变动成本法编制）

项　　目	金　　额	数据来源
销售收入	1 880 000	表 10-2
减：变动成本		
销售成本	970 080	表 10-2、10-7
销售及管理费用	150 400	表 10-9
小　　计	1 120 480	
贡献毛益	759 520	
减：固定成本		
制造费用	228 000	表 10-6
销售及管理费用	80 000	表 10-9
小　　计	308 000	
息税前利润	451 520	
减：利息	1 500	表 10-10
利润总额	450 020	
减：所得税	120 000	表 10-10
净利润	330 020	

假设泰兴公司上年单位成本同 20××年单位成本，则按全部成本法编制的 20××年度泰兴公司预计利润表如表 10-12 所示。

表 10-12　20××年度泰兴公司预计利润表（按全部成本法编制）

项　　目	金额/元	数据来源
销售收入	1 880 000	表 10-2
减：销售成本	1 197 475①	表 10-3、10-8
销售毛利	682 525	
减：销售及管理费用	230 400	表 10-9
利息	1 500	表 10-10
利润总额	450 625	
减：所得税	120 000	表 10-10
净利润	330 625	

① 1 197 475＝450×63.695 5+1 200 660-31 848

说明：全部成本法下净利润比变动成本法下净利润大 605 元，是因为变动成本法将当期发生的固定制造费用 228 000 元在本期全部扣除；而全部成本法仅扣除了销售部分的固定制造费用 227 395 元〔（228 000/18 850）×18 800〕。

任务8.3　编制预计资产负债表

任务书

主任务	完成步骤
编制预计资产负债表	① 根据基期资产负债表填列资产负债表期初数 ② 根据现金预算查出货币资金及交易性金融资产的期末余额 ③ 根据销售预算计算应收账款的期末余额 ④ 根据直接材料预算和生产成本预算推算原材料和产成品的期末余额 ⑤ 计算流动资产总额 ⑥ 根据期初固定资产、计划期预计购置固定资产价值填列固定资产期末余额；根据期初累计折旧、计划期预计新增累计折旧填列累计折旧期末余额；计算并填列期末固定资产净值 ⑦ 流动资产加固定资产净值为资产合计 ⑧ 根据直接材料预算计算应付账款期末余额 ⑨ 如企业计划期没增发普通股，普通股股本期末数应等于期初数 ⑩ 计划期留存收益等于基期留存收益加计划期预计利润减去计划期预计分配的现金股利 ⑪ 计算负债与所有者权益合计数

预计资产负债表是以货币为计量单位反映企业预算期期末财务状况的总括性预算。这种预算是利用基期期末资产负债表，根据预算期销售、生产、成本等预算的有关数据加以调整编制的。编制这种预算的目的在于明确预算反映的财务状况的稳定性和流动性。如果通过预计资产负债表分析，发现企业财务状况不佳，必要时可修改有关预算。预计资产债表与实际的资产负债表内容、格式相同，只不过数据是反映预算期末的财务状况。该表是利用本期期初资产负债表，根据销售、生产、现金等预算的有关数据加以调整编制而成的。

【例题 10-10】编制泰兴公司 20××年度的预计资产负债表，如表 10-13 所示。

表 10-13　20××年度泰兴公司预计资产负债表

单位：元

项　　目	期初数	期末数	项　　目	期初数	期末数
资　　产			负债及所有者权益		
货币资金	36 000	10 120	应付账款	55 000	75 500
交易性金融资产		50 000	负债小计	55 000	75 500
应收账款	150 000	200 000	普通股股本	300 000	300 000
原材料	27 180	31 000	留存收益	206 843	337 468①
产成品	28 663	31 848	股东权益小计	506 843	637 468
流动资产小计	241 843	322 968			
固定资产	440 000	590 000			
减：累计折旧	120 000	200 000			
固定资产净值	320 000	390 000			
资产合计	561 843	712 968	负债及股东权益合计	561 843	712 968

① 337 468＝206 843＋330 625－200 000

相关知识

　　企业财务预算的编制程序一般分为以下几个环节。

　　① 最高领导层根据企业长期规划和有关预测决策资料提出企业一定时期内的经营总目标，并提前约三个月分解下达各基层预算执行单位和各职能部门。

　　② 最基层经营管理人员根据基层单位实际情况草拟尽可能可靠的本单位预算草案，并提前两个半月交所属职能部门。

　　③ 各职能部门汇总、协调本部门的预算，分别编制出销售、生产、财务等预算并提前两个月报送企业预算委员会。

　　④ 预算委员会审查、平衡业务预算，继而汇总出企业的全面预算，并提前一个半月报送企业领导和审议机构。

　　⑤ 企业领导和审议机构通过或责令修改预算，并提前一个月提交董事会通过。

　　⑥ 董事会通过、批准后的预算下达各预算执行部门执行。

能 力 测 试

一、计算题

1. 信合公司是一个商品流通企业，经营和销售甲产品，该公司每季度销售收入中可收现 60%，其余 40% 下季度收回。要求完成该公司 20××年度的销售预算（表 10 - 14）、采购预算（表 10 - 15）和经营预算（表 10 - 16）。

表 10 - 14 　20××年度信合公司销售预算

项　　目 ＼ 时　间	第一季度	第二季度	第三季度	第四季度	全年合计
预计销售量/件	1 000	1 500	2 000	1 800	6 300
销售单价/元	100	100	100	100	100
预计销售收入/元					
预计现金收入 年初应收账款	62 000				
预计现金收入 第一季度销售收入					
预计现金收入 第二季度销售收入					
预计现金收入 第三季度销售收入					
预计现金收入 第四季度销售收入					
预计现金收入 现金收入合计					

表 10‑15　20××年度信合公司采购预算

时间 项目	第一季度	第二季度	第三季度	第四季度	全年合计
预计销售量					
加：预计期末存货（按下季度销售量的 10％安排）					200
合　计					
减：预计期初存货	100				
预计采购量					
采购单价/元	50	50	50	50	50
采购金额（全部当月支付）					

表 10‑16　20××年度信合公司经营预算

时间 项目	第一季度	第二季度	第三季度	第四季度	全年合计
固定经营费用/元	60 000	60 000	60 000	60 000	240 000
单位变动成本/（元/件）	10	10	10	10	10
预计销售量/件					
变动经营费用					
经营费用合计					

2. 假定华跃公司各季度最低现金余额为 50 000 元。若期末现金不足时可以向银行借款，假设借款季初借入，季末还款，借款数以 1 000 元为单位，银行借款利率为 6％，利息随本金一起清偿。请完成该公司 20××年度的现金预算（表 10‑17）。

表 10‑17　20××年度华跃公司现金预算　　　　　　　　　　单位：元

时间 项目	第一季度	第二季度	第三季度	第四季度	全年合计
期初现金余额	58 000	D	G	L	P
加：现金收入	256 000	E	H	280 000	Q
可供使用的现金	A	F	I	M	R
减：现金支出	320 000	350 000	280 000	N	S
现金余缺	B	55 000	116 000	61 000	T
资金筹集与运用					U
银行借款（期初）	56 000				V
偿还借款（期末）			56 000		W
利息支出			J		X
期末现金余额	C	55 000	K	61 000	Y

二、案例分析题

卡啦公司的预算编制①

卡啦公司是一家全国性的零售商，该公司获得一项新型打火机的独家经销权。过去数年间，此项打火机的销路急剧上升，故卡啦公司不得不增聘管理人员。假定你被卡啦公司聘用，负责有关预算制度的推行。公司总经理交付你的第一项任务是要编制一份从4月1日起的3个月的总预算。由于你非常希望能做好该项工作，你先收集了如下各项资料。

① 公司对于每月的期末现金余额希望至少能保持10 000元。该项打火机的售价将为每只10元。最近数月及预测今后数月的打火机销售数量如表10-18所示。

② 各月份的期末存货应为下个月销售量80%。该项打火机的进价成本为每只6元。

③ 该公司进货付款方法为：进货当月付款60%，其余的40%于下月付清。该公司的销货为赊销，无折扣。销售当月月底前能收到货款30%，次月收到50%，再次1个月收到其余的20%，坏账极少，可以不计。表10-19为该公司的每月的营业费用。

在上述各项营业费用中，除折旧及保险费外，均需于费用发生的当月以现金付清。该公司预计5月份将需要购置固定资产30 000元，以现金支付。该公司预计每季度预交所得税为25 000元，于季度第一个月上缴。该公司3月31日的资产负债表如表10-20所示。

该公司可向其往来的公司借款，年利率为10%。该公司月初借款，月底还款，借款和还本都以1000元为单位。

要求：编制该公司6月30日为止3个月的总预算，并应包括下列各项分项预算。

（1）按月及全季度合计的销货预算；销货及应收账款的分月及全季现金收账预算表；按月及全季度合计的进货预算；按月及全季度总额的进货现金支出预算表。

（2）编制一份现金预算，列明分月预算及全季度预算。

（3）编制该公司该季度的预计利润表。

（4）编制该公司6月30日的预计资产负债表。

表 10-18 销售数量统计表

月　　份	实际销售数量
1	40 000
2	48 000
3	56 000
4	70 000

① 资料来源：周亚力. 管理会计：理论·方法·案例. 上海：立信会计出版社，2006：345.

续表

月 份	实际销售数量
5	90 000
6	120 000
7	80 000
8	72 000
9	64 000

表 10-19 月营业费用统计表

项 目	金 额
变动费用	2 元/只
固定费用	
工资	56 000
水电	2 000
保险费	2 400
折旧	3 000
其他	4 000

表 10-20 资产负债表
20××年3月31日

资 产	金 额	负债及所有者权益	金 额
现金	14 000	应付账款	134 400
应收账款（2月份销售48 000只，三月份销售56 000只）	488 000	应付税金	25 000
存货（打火机56 000只）	336 000	实收资本	600 000
预付保险费	7 200	未分配利润	113 000
固定资产（减折旧）	27 200	所有者权益	713 000
资产合计	872 400	负债及所有者权益合计	872 400

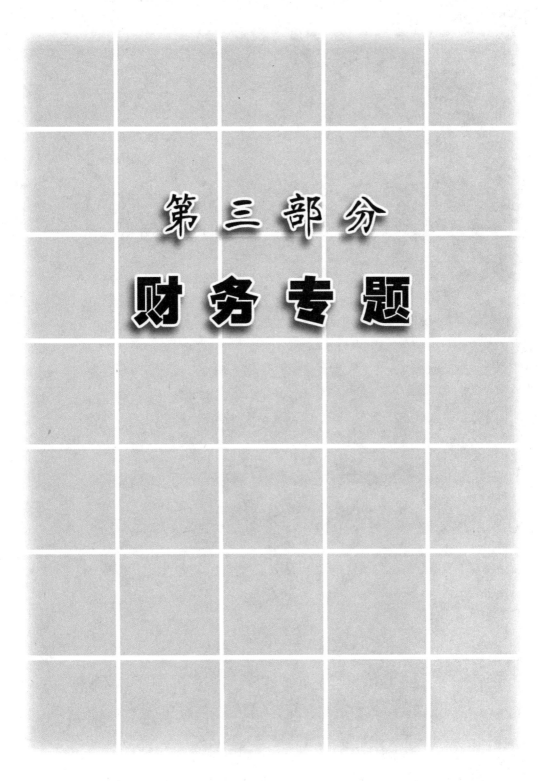

第 三 部 分

财 务 专 题

财务专题一　经济附加值（EVA）[①]

20 世纪 80 年代以来，人们在对传统绩效评价指标提出批评的基础上，提出了一些以股东财富、公司价值为中心的业绩评价指标，如经济利润（EP）、经济附加值（EVA）、市场增加值（MVA）、股东增加值（SVA）、平衡计分卡（BSC）等。

EVA 作为公司价值衡量指标，克服了传统会计利润指标的局限性，较好地体现了"股东价值最大化"的理财目标，受到越来越多公司的追捧。EVA 的实质内涵在于"4M"体系，包括业绩计量系统、管理流程和决策工具、基于价值的激励系统和追求价值的经营理念。在实施 EVA 管理系统时，建立基于 EVA 理念的绩效和薪酬系统尤为重要。

1. EVA 的含义

EVA 即经济利润、经济附加值，是指在减除资本占用后企业经营所产生的剩余价值，也即税后净营运利润减去投入资本的机会成本后的所得，如图 11-1 所示。

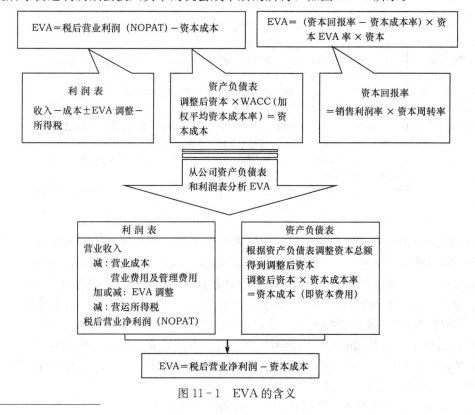

图 11-1　EVA 的含义

① 摘自：张云亭. 顶级财务总监. 北京：中信出版社，2003.

1) 传统会计利润指标的弊端

由于会计利润仅是当期收入与费用的配比，存在着固有缺陷，所示现行会计利润评价指标容易诱发短期经营行为和会计造假。用会计利润评价企业价值的主要缺陷如图 11 - 2 所示。

传统会计利润指标的弊端	EVA 的优越性
① 忽视货币时间价值，牺牲企业长远发展	① 全面核算了资本成本和资源效率
② 管理者操纵会计利润，欺骗投资者	② 与薪酬挂钩，将经营者行为纳入到符合股东价值最大化的规范中
③ 会计利润不能揭示股东价值创造过程	③ 全面、准确地揭示了公司价值创造动因，提高经营者行为的目的性
④ 权责发生制的处理原则可能隐含现金流量风险	④ 避免模糊的年度利润概念，考虑股东未来在现金流量方面的不确定性，更符合股东的长远和根本利益
⑤ 不考虑股权成本，引发短期和粗放的经营行为	

对 EVA 实践价值的评价

EVA 逐渐成为全球通用的企业价值衡量标准，在全球范围内被广泛应用。

① 《财富》杂志称之为"当今最为炙手可热的财务理念。"

② 彼得·德鲁克指出，"作为一种度量全要素生产率的关键指标，EVA 反映了管理价值的所有方面"。

③ 高盛公司认为，"与每股收益、股东回报率或自由现金流等其他传统的评估方法相比，EVA 能更准确地反映经济现实和会计结果"。

④ 所罗门美邦认为，"EVA 不仅将管理重点放在为股东创造价值上，还帮助投资人和管理者更好地评价、观察和理解公司价值的驱动因素和破坏因素"。

⑤ 中国证监会认为，"EVA 将会被中国资本市场及广大投资者接受，成为普及的投资价值指标之一"。

图 11 - 2 EVA 的产生背景和意义

① 利润最大化目标忽略资金的时间价值差异及不同投资方案之间的风险差异。当就两个报酬相同而风险不同的方案进行选择时，大多数人都选择短期风险较低的方案，会失去长期发展的机会；或者经营者只追求短期的高利润而盲目投资，隐藏长期的财务风险。

② 利润最大化容易将利润动机集中于公司经营管理者，经营者可以通过直接经营管理受托资产的有利地位和信息不对称，用会计手段来操纵年度利润，欺骗投资者。

③ 以每股盈余为基础的利润指标不能清楚地解释决定企业价值大的资金成本和经营利润变量之间的投入产出关系，难以揭示股东价值的创造过程，容易造成像世界通信公司那样，将当期收益性支出转移到资本性支出，虚增利润。

④ 会计利润是当期收入与费用的配比，用权责发生制核算。企业在无现金流入的情况下容易伪造凭证采用商品搬家和关联交易的无效调拨方式虚列销售收入（如安然公司和中国

银广夏公司），也可以执行不同的会计政策调整折旧和商誉等费用摊销的年限及计量方法，虚拟公司的账面利润，同时增加应收款、存储成本和资金占用。

⑤ 重视利润评价的最隐秘后果是诱发短期和粗放的经营行为，鼓励管理者对成熟行业过度投资。由于会计利润不考虑股权融资成本，误导管理者甚至对净现值为负值的投资项目也盲目投资，导致资本的高投入低产出。

2）EVA 更能体现股东价值最大化目标

在 EVA 框架下，企业价值等于投资资本与全部经济利润的限制之和，股东价值等于企业价值减去负债价值。

EVA 将会计价值转化为经济值，体现了企业在某个时期创造或损坏了的财富价值量，真正成为了股东所定义的利润，EVA 是以股东价值为核心且符合经济现实的理念；对于经理层来说，通过衡量投入资本的机会成本，EVA 使其不得不权衡所获得的利润与所投入的资本二者之间的关系，从而更全面地理解企业的经营。

EVA 的优点如下。

① 经济利润消除了传统会计核算无偿耗用股东资本的弊端，要求扣除全部所用资源的成本，正确地核算企业经济状况，有效地度量所有生产要素的总和生产率。

② 考核评价经济利润简明易懂，便于实施。通过建立评价经济利润并直接与薪酬挂钩的激励制度，真正把管理者的利益和股东利益一致起来，可以使管理人像股东那样思维和行动，从而克服管理者在传统会计制度下常常被扭曲的经济行为。

③ 经济利润指标便于层层分解占用资本和产出利润指标，从资本的投入产出两个反向考核各责任中心，揭示价值创造过程中现金流、风险和回报的持续变化，能够更好地解释股东价值的创造过程，是治理公司的内部资本控制指标。

④ 对于股东而言，强调"股东价值最大"要比强调"利润最大化"更符合根本利益。股东价值最大化将利润明确集中于公司所有者；通过股东财富最大化，能直接阐明长期利润最大化的问题。这是因为：首先，股东价值非常明确，它基于期望流向股东的未来现金流量，而不是模糊的年度利润或收入概念；其次，股东财富明确地取决于未来现金流量的时间和经营的持续性，使股东财富的计量过程考虑风险因素，能防范潜在的财务危机。

3）对 EVA 的积极评价

作为公司治理和业绩评估标准，EVA 正在全球范围内被广泛应用，并逐渐成为一种全球通用的衡量标准。

EVA 被《财富》杂志称为"当今最炙手可热的财务理念"。美国管理之父彼得·德鲁克在《哈佛商业评论》上撰文指出："作为一种度量全要素生产率的关键指标，EVA 反映了管理价值的所有方面。"

高盛公司认为，"与每股收益、股东回报率或自由现金流等其他传统的评估方法相比，EVA 能更准确地反映经济现实和会计结果"。

所罗门美邦认为，"EVA 不仅将管理重点放在为股东创造价值上，还帮助投资人和管理者更好地评价、观察和理解公司价值的驱动因素和破坏因素。"

中国证监会认为，"EVA 将会被中国资本市场及广大投资者接受，成为普及的投资价值指标之一。"

2. EVA 的 "4M" 体系

为了更好地阐释 EVA 体系，常常用 4 个 M 来归纳 EVA 的实质内涵，它们分别是反映价值的业绩计量系统、管理流程和决策工具、基于价值的激励系统和追求价值的经营理念，如图 11-3 所示。

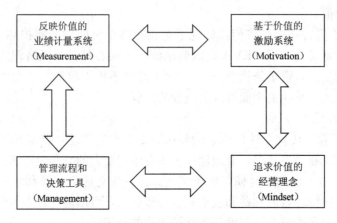

图 11-3　EVA 的 "4M" 体系

（1）反映价值的业绩计量系统

无论处于何种生命周期阶段的公司业绩，EVA 都可以作出最准确最恰当的评价。在计算 EVA 的过程中，首先要对传统的会计数字进行一系列调整，以便消除会计扭曲，使业绩评级结果尽量与经济现况相吻合。例如，公司的研发支出往往是对未来产业或业务的一种投资，而现有的会计准则却要求公司把它当年一次性计入费用。为了反映研发行为的经济意义，EVA 将研发支出进行了资本化处理，不再一次性计入费用，而是作为可摊销的无形资产，在适当的时间（比如 5 年）内分期摊销。

（2）管理流程和决策工具

EVA 的真正价值，在于公司可以把它作为财务管理体系的基础。建立在 EVA 基础之上的管理体系密切关注股东财富的创造，并以此指导公司决策的制定和营运管理，使战略企划、资本分配、并购或出售等公司行为更加符合股东利益，并使年度计划甚至每天的运作计划更加有效。

从 EVA 法人角度看，提升公司价值有三条途径：一是更有效的经营现有的业务和资本，提高经营收入；二是投资预期回报率超出资本成本项目；三是出售对别人更有价值的资产，或者通过提高资金使用效率，加快资金流转速度，把资金沉淀从现存营运中解放出来。

（3）基于价值的激励系统

EVA还是一种很好的激励制度，使管理者在为股东着想的同时也像股东一样得到报偿。这主要是通过EVA奖励计划和"内部LBO（杠杆收购）"计划来实现的，EVA奖励计划能够让员工像股东一样得到报酬，而"内部LBO"计划可以实现员工对企业的真正所有。在EVA奖励制度之下，管理人员创造的EVA越多，就可以得到越多的奖励；同时，管理人员得到的奖励越多，股东越高兴。因为EVA的奖金没有上限，并且脱离了年度预算，EVA制度下的管理人员更有动力做长远打算，而不是只注重短期效果，在进行投资时也会重点考虑公司发展的长远利益。

（4）追求价值的经营理念

EVA的引入，还会给企业带来一种清新的观念。在EVA制度下，所有营运功能都从同一基点出发，为公司各部门员工提供了一条有效共同的渠道；由于公司经营的唯一目标是提升EVA，各部门就会自动加强合作，决策部门和营运部门会自动建立联系，部门之间互不信任的状况得以根除。因此，EVA是一套有效的公司公法人治理制度，这套制度自动引导和鼓励管理人员和普通员工为股东的利益思考和做事。

3. EVA管理系统的实施

对EVA工具的应用，不应仅仅停留在理念层面上，还应将EVA工具与公司的绩效和薪酬系统挂上钩，将EVA理念有机融入企业的管理控制系统。应用EVA，需要解决好以下问题。

（1）正确认识EVA

在管理实践中，EVA能做到：确定公司哪些业务创造价值或破坏价值；让员工（特别是经理人员）意识到资本是有成本的；促使管理人员加强对资产负债表的管理；提高了公司资源（特别是资金）利用效率；促使经理者以股东思维来思考公司管理问题，并付诸行动计划；促进业务部门和公司总部的沟通和交流；重要的决策在用事实说话，重视量化分析的结果。

但在加快决策速度和提高创新能力方面，EVA所起的作用非常有限，还需要其他管理工具与之相配合，起到弥补作用。

（2）成功实施的关键因素

EVA管理系统实施的五个关键成功因素包括：董事会的支持和投入，明确表明对价值管理的决心；CEO牵头、CFO为总设计师的"1+1"组织驱动；EVA测算、考核方案简单明了，可操作性强；实施广泛的EVA奖励制度；全员培训和持续不断的沟通。

（3）主要工作步骤

全面实施EVA工作主要包括四个步骤：测算企业真实经济效益；实施以价值为基础的EVA财务管理体制；设计并实施EVA业绩计量和奖金激励机制；培训EVA冠军，树立样板，加强示范。其中，设计并实施EVA业绩计量和薪酬激励机制是最为关键的环节。

（4）基于EVA的绩效和薪酬系统

① 工作内容和程序。基于EVA的业绩计量系统的工作内容和程序如图11-4所示。

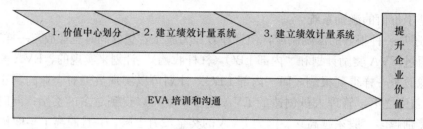

图 11-4　基于 EVA 的绩效和薪酬系统

② 基于 EVA 与价值驱动杠杆在绩效计量系统中的作用，体现出这些特点：在公司的管理层级中，越是层级高的管理人员，EVA 绩效对其总绩效的影响程度越大；越是层级低的管理人员，EVA 的影响程度越低，如图 11-5 所示。

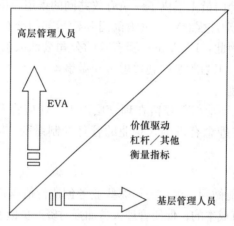

图 11-5　基于 EVA 的绩效系统

③ 基于 EVA 的全面薪酬系统。基于 EVA 的薪酬系统的明显特点是注重长期激励。在全面薪酬中，EVA 绩效一般不影响工资，但对年度奖金、长期奖金和股票期权的影响程度较大，在程度上是随着激励期限变长而逐渐加强，如图 11-6 所示。

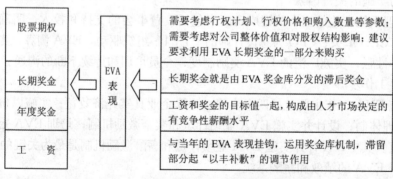

图 11-6　基于 EVA 的全面薪酬系统

财务专题二　财务管理目标与资本结构优化的关系[①]

随着我国经济体制改革的不断深化，对企业财务管理体制的完善和发展提出了新的要求。如何科学的设置财务管理最优目标，对于研究财务管理理论，确定资本的最优结构，有效地指导财务管理实践具有一定的现实意义。

1. 财务管理得最优目标：企业价值最大化

财务管理目标是在特定的理财环境中，通过组织财务活动，处理财务关系所要达到的目的。比较具有代表性的财务管理目标主要有以下几种观点：企业利润最大化、股东财富最大化、企业价值最大化、企业经济效益最大化。根据现代企业财务管理理论和实践，并通过关于财务管理目标的几种主要观点的比较，企业价值最大化应作为财务管理的最优目标。

企业价值是指企业全部资产的市场价值，它是以一定期间企业所得的报酬（按净现金流量表示），按与取得该报酬相应的风险报酬率作为贴现率计算的现值来表示的。企业价值不同于利润，利润只是新创造价值的一部分，而企业价值不仅包含了新创造的价值，还包含了潜在或预期的获利能力。企业的价值只有在其报酬与风险达到较好的均衡时才能达到最大。以企业价值最大化作为财务管理目标，其理由主要有以下两点。

① 以企业价值最大化作为财务管理目标弥补了利润最大化的不足如果以利润最大化作为财务管理目标，一方面，没有考虑企业所创造的利润与投入之间的关系，不利于不同资本规模的企业或同个企业不同时期之间的比较；另一方面，它没有考虑时间价值和风险价值，取得的同一利润额所用的时间不同，其价值不同，承担的风险也可能不同。

② 以企业价值最大化作为财务管理目标更符合我国国情。在我国，有人认为应将企业经济效益最大化作为财务管理目标，因为经济效益是指投入与产出的关系，即以一定限度的资源消耗获得最大限度的收益。这是一个比利润更广义的概念，它是三类量化指标的综合：一是以资本、成本、利润的绝对数及相对数表示的价值指标；二是以产量、质量、市场份额等表示的实物量指标；三是以劳动生产率、资产利润率、保值增值率等表示的效率指标。并认为第一类指标反映的是企业现实的盈利水平，第二类、第三类指标反映的是企业潜在的盈利水平或未来的增值能力，因为该指标在利润中加入了时间因素，可以认为该指标考虑了时间价值各风险价值。以企业价值最大化作为财务管理目标，体现了对经济效益的深层认识，不仅考虑了风险与报酬的关系，还将影响企业财务管理活动及各利益关系人的关系协调起来，使企业所有者、债权人、职工和政府都能够在企业价值的增长中使自己的利益得到满足，从而使企业财务管理和经济效益均进入良性循环状态。因此，企业价值最大化应是财务

① 摘自：金圣才. 财务管理学. 北京：中国石化出版社，2004.

管理的最佳目标。

2. 资本结构理论与企业价值的最大化

资本结构理论是西方当代财务管理的主要研究成果之一。企业的资本结构是由于企业采取不同的筹资方式形成的，表现为企业长期资本的构成及其比例关系即企业资产负债表右方的长期负债、优先股、普通股权益的结构。

MM 理论的发展阶段如下。

（1）最初的 MM 理论（无税条件下的资本结构理论）

最初的 MM 理论，在不考虑公司所得税，且企业经营风险相同而只有资本结构不同时，公司的资本结构与公司的市场价值无关。或者说，当公司的债务比率由零增加到 100％时，企业的资本总成本及总价值不会发生任何变动，即企业价值与企业是否负债无关，不存在最佳资本结构问题。

（2）修正的 MM 理论（含税条件下的资本结构理论）

修正的 MM 理论，在考虑公司所得税的情况下，由于负债的利息是免税支出，可以降低综合资本成本，增加企业的价值。因此，公司只要通过财务杠杆利益的不断增加，而不断降低其资本成本，负债越多，杠杆作用越明显，公司价值越大。当债务资本在资本结构中趋近 100％时，才是最佳的资本结构，此时企业价值达到最大。最初的 MM 理论和修正的 MM 理论是资本结构理论中关于债务配置的两个极端看法。

（3）米勒模型理论

米勒模型是用个人所得税对修正的 MM 理论进行了校正，认为修正的 MM 理论高估了负债的好处，实际上个人所得税在某种程度上抵消了个人从投资中所得的利息收入，他们所交的个人所得税的损失与公司追求负债，减少公司所得税的优惠大体相等。

（4）权衡模型理论

该理论认为，MM 理论忽略了现代社会中的两个因素：财务拮据成本和代理成本，而只要运用负债经营，就可能会发生财务拮据成本和代理成本。随着负债减税收益的增加，两种成本的现值也会增加。只有在负债减税利益和负债产生的财务拮据成本及代理成本之间保持平衡时，才能够确定公司的最佳资本结构。即最佳的资本结构应为减税收益等于两种成本现值之和时的负债比例。

3. 衡量资本结构重要指标：财务杠杆利益

由于企业一般都采用债务筹资和股权筹资的组合，由此形成的资本结构一般成为"杠杆资本结构"，其杠杆比率即为资本结构中债务资本和股权资本的比例关系。因此，财务杠杆利益就成为衡量企业资本结构，评价企业负债经营的重要指标。

财务杠杆利益是企业运用负债对普通股收益的影响额。财务杠杆理论的重心是负债对股东报酬的扩张作用。其计量公式为

普通股利润率＝投资利润率＋负债股东权益×投资利润率－负债率×（1－所得税税率）

由上式可知，当企业全部资金为权益资金，或当企业投资利润率与负债利率一致的情况下，企业不会形成财务杠杆利益；当投资利润率高于举债利率时，借入资金的存在可提高普通股的每股利润，表现为正财务杠杆利益。当投资利润率低于举债利率时，则普通股的利润率将低于税后投资利润率，股东收益下降，表现为负财务杠杆利益。为充分运用正的财务杠杆利益，限制或消除负的财务杠杆利益，应注意以下两方面的问题。

（1）提高企业的盈利能力

因为企业投资利润率与财务杠杆利益呈正方向变动，企业盈利能力的提高有利于正财务杠杆利益的提高。企业应通过合理配置资产，加速资金周转，降低产品成本，改进产品质量和结构等措施，促进企业盈利能力的增长。并将企业各类负债的加权平均利润率作为投资利润率的最低控制线，以防止发生负的财务杠杆利益。因此，企业在追求高投资报酬率时，应注意投资报酬与经营风险的协调平衡。

（2）降低企业负债利率

企业负债利率与财务杠杆利益呈反方向变动关系，降低负债利率能增加财务杠杆利益。企业应通过比较各金融机构的信贷条件和各种举债方式的特点，选择适合企业生产经营所必需且利息成本较低的负债资金。另外，企业还可以通过选择合理的还本付息方式，最大限度地降低借款利率；根据企业资产配置大的要求，优化借款结构，在不增加筹资风险的情况下，最大限度地利用短期贷款。

4. 优化资本结构应考虑的主要因素

衡量资本结构是否合理的关键是确定负债与股东权益的适宜比例，当企业资本结构最优化时，财务杠杆利益最大。从理论上来讲，投资利润率与负债利率差额为正；负债比率越高，则正财务杠杆利益越大。反之，差额为负，负债比例不宜过高，以防普通股股东遭受更大的损失。企业负债比例以多大为宜，这固然没有也不应该有统一的标准。在实际工作中除要考虑财务杠杆利益外，还要考虑以下几个因素。

（1）经济周期因素

在市场经济条件下，任何国家的经济都不会较长时间的增长，也不会较长时间的衰退，而是在波动中发展的。这种波动大体上呈现复苏、繁荣、衰退和萧条的阶段性周期循环，即为经济周期。一般而言，在经济衰退、萧条阶段，由于整个宏观经济不景气，多数企业经营举步维艰，财务状况常常陷入窘境，甚至恶化，经济效益较差。在此期间，企业应尽可能压缩负债，甚至采用"零负债"策略，不失为一种明智之举。而在经济复苏、繁荣阶段，一般来说，由于经济走出低谷，市场供求趋旺，大部分企业的销售顺畅，利润水平不断上升，此时，企业应增加负债，以抓住机遇，迅速发展。

（2）市场竞争环境因素

即使处于同一宏观经济环境下的企业，因各自所处的市场竞争环境不同，其负债水平也不应一概而论。一般来说，在市场竞争中处于垄断性行业的企业，如我国目前的煤气、自来水、电力等企业，以及在同行业中处于垄断地位的企业，由于这类企业销售不会发生问题，生产经营不会产生较大的波动，利润稳中有升，因此，可适当提高负债比率，以利用债务资金，提高生产能力，形成规模效益，巩固其垄断地位；而对于一般竞争性企业，由于其销售完全由市场来决定，价格易于波动，利润难以稳定，因此，不宜过多地采用负债方式筹集资金。

（3）行业因素

不同的行业，由于生产经营活动的内容不同，其资金结构相应也会有所差别。商品流通企业因主要是为了增加存货而筹资，而存货的周转期较短，变现能力较强，所以其负债水平可以相对高一些；而对于那些高风险、需要大量科研经费、产品试制周期特别长的企业，过多地利用债务资金显然是不适当的。

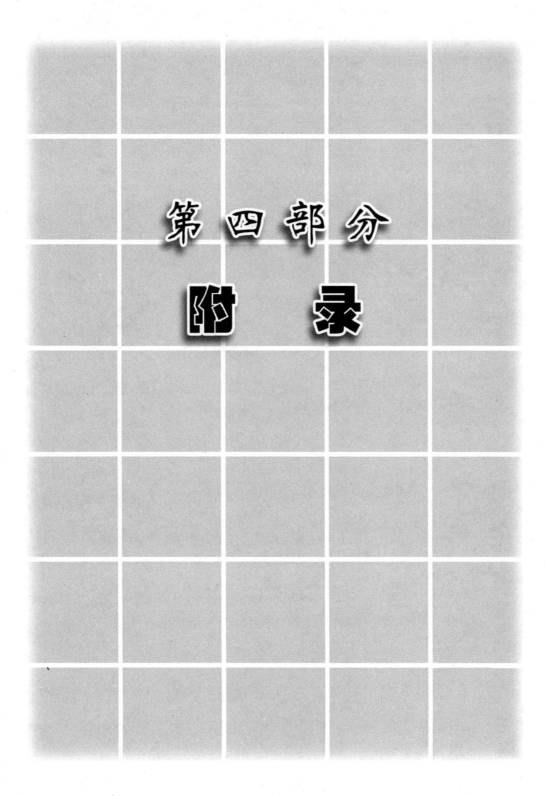

第四部分

附 录

附录 A　复利终值系数表、复利现值系数表、年金终值系数表和年金现值系数表

表 A－1 复利终值系数表

期数	1%	2%	3%	4%	5%	6%	7%	8%	9%	10%	11%	12%	13%	14%	15%
1	1.010 0	1.020 0	1.030 0	1.040 0	1.050 0	1.060 0	1.070 0	1.080 0	1.090 0	1.100 0	1.110 0	1.120 0	1.130 0	1.140 0	1.150 0
2	1.020 1	1.040 4	1.060 9	1.081 6	1.102 5	1.123 6	1.144 9	1.166 4	1.188 1	1.210 0	1.232 1	1.254 4	1.276 9	1.299 6	1.322 5
3	1.030 3	1.061 2	1.092 7	1.124 9	1.157 6	1.191 0	1.225 0	1.259 7	1.295 0	1.331 0	1.367 6	1.404 9	1.442 9	1.481 5	1.520 9
4	1.040 6	1.082 4	1.125 5	1.169 9	1.215 5	1.262 5	1.310 8	1.360 5	1.411 6	1.464 1	1.518 1	1.573 5	1.630 5	1.689 0	1.749 0
5	1.051 0	1.104 1	1.159 3	1.216 7	1.276 3	1.338 2	1.402 6	1.469 3	1.538 6	1.610 5	1.685 1	1.762 3	1.842 4	1.925 4	2.011 4
6	1.061 5	1.126 2	1.194 1	1.265 3	1.340 1	1.418 5	1.500 7	1.586 9	1.677 1	1.771 6	1.870 4	1.973 8	2.082 0	2.195 0	2.313 1
7	1.072 1	1.148 7	1.229 9	1.315 9	1.407 1	1.503 6	1.605 8	1.713 8	1.828 0	1.948 7	2.076 2	2.210 7	2.352 6	2.502 3	2.660 0
8	1.082 9	1.171 7	1.266 8	1.368 6	1.477 5	1.593 8	1.718 2	1.850 9	1.992 6	2.143 6	2.304 5	2.476 0	2.658 4	2.852 6	3.059 0
9	1.093 7	1.195 1	1.304 8	1.423 3	1.551 3	1.689 5	1.838 5	1.999 0	2.171 9	2.357 9	2.558 0	2.773 1	3.004 0	3.251 9	3.517 9
10	1.104 6	1.219 0	1.343 9	1.480 2	1.628 9	1.790 8	1.967 2	2.158 9	2.367 4	2.593 7	2.839 4	3.105 8	3.394 6	3.707 2	4.045 6
11	1.115 7	1.243 4	1.384 2	1.539 5	1.710 3	1.898 3	2.104 9	2.331 6	2.580 4	2.853 1	3.151 8	3.478 5	3.835 9	4.226 2	4.652 4
12	1.126 8	1.268 2	1.425 8	1.601 0	1.795 9	2.012 2	2.252 2	2.518 2	2.812 7	3.138 4	3.498 5	3.896 0	4.334 5	4.817 9	5.350 3
13	1.138 1	1.293 6	1.468 5	1.665 1	1.885 6	2.132 9	2.409 8	2.719 6	3.065 8	3.452 3	3.883 3	4.363 5	4.898 0	5.492 4	6.152 8
14	1.149 5	1.319 5	1.512 6	1.731 7	1.979 9	2.260 9	2.578 5	2.937 2	3.341 7	3.797 5	4.310 4	4.887 1	5.534 8	6.261 3	7.075 7
15	1.161 0	1.345 9	1.558 0	1.800 9	2.078 9	2.396 6	2.759 0	3.172 2	3.642 5	4.177 2	4.784 6	5.473 6	6.254 3	7.137 9	8.137 1
16	1.172 6	1.372 8	1.604 7	1.873 0	2.182 9	2.540 4	2.952 2	3.425 9	3.970 3	4.595 0	5.310 9	6.130 4	7.067 3	8.137 2	9.357 6
17	1.184 3	1.400 2	1.652 8	1.947 9	2.292 0	2.692 8	3.158 8	3.700 0	4.327 6	5.054 5	5.895 1	6.866 0	7.986 1	9.276 5	10.761 3
18	1.196 1	1.428 2	1.702 4	2.025 8	2.406 6	2.854 3	3.379 9	3.996 0	4.717 1	5.559 9	6.543 6	7.690 0	9.024 3	10.575 2	12.375 5
19	1.208 1	1.456 8	1.753 5	2.106 8	2.527 0	3.025 6	3.616 5	4.315 7	5.141 7	6.115 9	7.263 3	8.612 8	10.197 4	12.055 7	14.231 8
20	1.220 2	1.485 9	1.806 1	2.191 1	2.653 3	3.207 1	3.869 7	4.661 0	5.604 4	6.727 5	8.062 3	9.646 3	11.523 1	13.743 5	16.366 5
21	1.232 4	1.515 7	1.860 3	2.278 8	2.786 0	3.399 6	4.140 6	5.033 8	6.108 8	7.400 2	8.949 2	10.803 8	13.021 1	15.667 6	18.821 5
22	1.244 7	1.546 0	1.916 1	2.369 9	2.925 3	3.603 5	4.430 4	5.436 5	6.658 6	8.140 3	9.933 6	12.100 3	14.713 8	17.861 0	21.644 7
23	1.257 2	1.576 9	1.973 6	2.464 7	3.071 5	3.819 7	4.740 5	5.871 5	7.257 9	8.954 3	11.026 3	13.552 3	16.626 6	20.361 6	24.891 5
24	1.269 7	1.608 4	2.032 8	2.563 3	3.225 1	4.048 9	5.072 4	6.341 2	7.911 1	9.849 7	12.239 2	15.178 6	18.788 1	23.212 2	28.625 2
25	1.282 4	1.640 6	2.093 8	2.665 8	3.386 4	4.291 9	5.427 4	6.848 5	8.623 1	10.834 7	13.585 5	17.000 1	21.230 5	26.461 9	32.919 0
26	1.295 3	1.673 4	2.156 6	2.772 5	3.555 7	4.549 4	5.807 4	7.396 4	9.399 2	11.918 2	15.079 9	19.040 1	23.990 5	30.166 6	37.856 8
27	1.308 2	1.706 9	2.221 3	2.883 4	3.733 5	4.822 3	6.213 9	7.988 1	10.245 1	13.110 0	16.738 6	21.324 9	27.109 3	34.389 9	43.535 3
28	1.321 3	1.741 0	2.287 9	2.998 7	3.920 1	5.111 7	6.648 8	8.627 1	11.167 1	14.421 0	18.579 9	23.883 9	30.633 5	39.204 5	50.065 6
29	1.334 5	1.775 8	2.356 6	3.118 7	4.116 1	5.418 4	7.114 3	9.317 3	12.172 2	15.863 1	20.623 7	26.749 9	34.615 8	44.693 1	57.575 5
30	1.347 8	1.811 4	2.427 3	3.243 4	4.321 9	5.743 5	7.612 3	10.062 7	13.267 7	17.449 4	22.892 3	29.959 9	39.115 9	50.950 2	66.211 8
31	1.361 3	1.847 6	2.500 1	3.373 1	4.538 0	6.088 1	8.145 1	10.867 7	14.461 8	19.194 3	25.410 4	33.555 1	44.201 0	58.083 2	76.143 5
32	1.374 9	1.884 5	2.575 1	3.508 1	4.764 9	6.453 4	8.715 3	11.737 1	15.763 3	21.113 8	28.205 6	37.581 7	49.947 1	66.214 8	87.565 1

$(F/P,i,n)=(1+i)^n$

16%	17%	18%	19%	20%	21%	22%	23%	24%	25%	26%	27%	28%	29%	30%	期数
1.160 0	1.170 0	1.180 0	1.190 0	1.200 0	1.210 0	1.220 0	1.230 0	1.240 0	1.250 0	1.260 0	1.270 0	1.280 0	1.290 0	1.300 0	1
1.345 6	1.368 9	1.392 4	1.416 1	1.440 0	1.464 1	1.488 4	1.512 9	1.537 6	1.562 5	1.587 6	1.612 9	1.638 4	1.664 1	1.690 0	2
1.560 9	1.601 6	1.643 0	1.685 2	1.728 0	1.771 6	1.815 8	1.860 9	1.906 6	1.953 1	2.000 4	2.048 4	2.097 2	2.146 7	2.197 0	3
1.810 6	1.873 9	1.938 8	2.005 3	2.073 6	2.143 6	2.215 3	2.288 9	2.364 2	2.441 4	2.520 5	2.601 4	2.684 4	2.769 2	2.856 1	4
2.100 3	2.192 4	2.287 8	2.386 4	2.488 3	2.593 7	2.702 7	2.815 3	2.931 6	3.051 8	3.175 8	3.303 8	3.436 0	3.572 3	3.712 9	5
2.436 4	2.565 2	2.699 6	2.839 8	2.986 0	3.138 4	3.297 3	3.462 8	3.635 2	3.814 7	4.001 5	4.195 9	4.398 0	4.608 3	4.826 8	6
2.826 2	3.001 2	3.185 5	3.379 3	3.583 2	3.797 5	4.022 7	4.259 3	4.507 7	4.768 4	5.041 9	5.328 5	5.629 5	5.944 7	6.274 9	7
3.278 4	3.511 5	3.758 9	4.021 4	4.299 8	4.595 0	4.907 7	5.238 9	5.589 5	5.960 5	6.352 8	6.767 5	7.205 8	7.668 6	8.157 3	8
3.803 0	4.108 4	4.435 5	4.785 4	5.159 8	5.559 9	5.987 4	6.443 9	6.931 0	7.450 6	8.004 5	8.594 8	9.223 4	9.892 5	10.604 5	9
4.411 4	4.806 8	5.233 8	5.694 7	6.191 7	6.727 5	7.304 6	7.925 9	8.594 4	9.313 2	10.085 7	10.915 3	11.805 9	12.761 4	13.785 8	10
5.117 3	5.624 0	6.175 9	6.776 7	7.430 1	8.140 3	8.911 7	9.748 9	10.657 1	11.641 5	12.708 0	13.862 5	15.111 6	16.462 2	17.921 6	11
5.936 0	6.580 1	7.287 6	8.064 2	8.916 1	9.849 7	10.872 2	11.991 2	13.214 8	14.551 9	16.012 0	17.605 3	19.342 8	21.236 2	23.298 1	12
6.885 8	7.698 7	8.599 4	9.596 4	10.699 3	11.918 2	13.264 1	14.749 1	16.386 3	18.189 9	20.175 2	22.358 8	24.758 8	27.394 7	30.287 5	13
7.987 5	9.007 5	10.147 2	11.419 8	12.839 2	14.421 0	16.182 2	18.141 4	20.319 1	22.737 4	25.420 7	28.395 7	31.691 3	35.339 1	39.373 8	14
9.265 5	10.538 7	11.973 7	13.589 5	15.407 0	17.449 4	19.742 3	22.314 0	25.195 6	28.421 7	32.030 1	36.062 5	40.564 8	45.587 5	51.185 9	15
10.748 0	12.330 3	14.129 0	16.171 5	18.488 4	21.113 8	24.085 6	27.446 2	31.242 6	35.527 1	40.357 9	45.799 4	51.923 0	58.807 9	66.541 7	16
12.467 7	14.426 5	16.672 2	19.244 1	22.186 1	25.547 7	29.384 4	33.758 8	38.740 8	44.408 9	50.851 0	58.165 2	66.461 4	75.862 1	86.504 2	17
14.462 5	16.879 0	19.673 3	22.900 5	26.623 3	30.912 7	35.849 0	41.523 3	48.038 6	55.511 2	64.072 2	73.869 8	85.070 6	97.862 2	112.455 4	18
16.776 5	19.748 4	23.214 4	27.251 6	31.948 0	37.404 3	43.735 8	51.073 7	59.567 9	69.388 9	80.731 0	93.814 7	108.890 4	126.242 2	146.192 0	19
19.460 8	23.105 6	27.393 0	32.429 4	38.337 6	45.259 3	53.357 6	62.820 6	73.864 1	86.736 2	101.721 1	119.144 6	139.379 7	162.852 4	190.049 6	20
22.574 5	27.033 6	32.323 8	38.591 0	46.005 1	54.763 7	65.096 3	77.269 4	91.591 5	108.420 2	128.168 5	151.313 7	178.406 0	210.079 6	247.064 5	21
26.186 4	31.629 3	38.142 1	45.923 9	55.206 1	66.264 1	79.417 5	95.041 3	113.573 5	135.525 3	161.492 4	192.168 3	228.359 6	271.002 7	321.183 9	22
30.376 2	37.006 2	45.007 6	54.648 7	66.247 4	80.179 5	96.889 4	116.900 8	140.831 2	169.406 6	203.480 4	244.053 8	292.300 3	349.593 5	417.539 1	23
35.236 4	43.297 3	53.109 0	65.032 0	79.496 8	97.017 2	118.205 0	143.788 0	174.630 6	211.758 2	256.385 3	309.948 3	374.144 4	450.975 6	542.800 8	24
40.874 2	50.657 8	62.668 6	77.388 1	95.396 2	117.390 9	144.210 1	176.859 3	216.542 0	264.697 8	323.045 4	393.634 4	478.904 9	581.758 5	705.641 0	25
47.414 1	59.269 7	73.949 0	92.091 8	114.475 5	142.042 9	175.936 4	217.536 9	268.512 1	330.872 2	407.037 3	499.915 7	612.998 2	750.468 5	917.333 3	26
55.000 4	69.345 5	87.259 8	109.589 3	137.370 6	171.871 9	214.642 4	267.570 4	332.955 0	413.590 3	512.867 0	634.892 9	784.637 7	968.104 4	1 192.533 3	27
63.800 4	81.134 2	102.966 6	130.411 2	164.844 7	207.965 1	261.863 7	329.111 5	412.864 2	516.987 9	646.212 4	806.314 0	1 004.336 3	1 248.854 6	1 550.293 3	28
74.008 5	94.927 1	121.500 5	155.189 3	197.813 6	251.637 9	319.473 7	404.807 2	511.951 6	646.234 9	814.227 6	1 024.018 7	1 285.550 4	1 611.022 5	2 015.381 3	29
85.849 9	111.064 7	143.370 6	184.675 3	237.376 3	304.481 8	389.757 9	497.912 9	634.819 9	807.793 6	1 025.926 7	1 300.503 8	1 645.504 6	2 078.219 0	2 619.995 6	30
99.585 9	129.945 6	169.177 4	219.763 6	284.851 6	368.422 8	475.504 6	612.432 8	787.176 7	1 009.742 0	1 292.667 7	1 651.639 8	2 106.245 8	2 680.902 5	3 405.994 3	31
115.519 6	152.036 4	199.629 3	261.518 7	341.821 9	445.791 6	580.115 6	753.292 4	976.099 1	1 262.177 4	1 628.761 3	2 097.582 6	2 695.994 7	3 458.364 2	4 427.792 6	32

期数	1%	2%	3%	4%	5%	6%	7%	8%	9%	10%	11%	12%	13%	14%	15%
33	1.388 7	1.922 2	2.652 3	3.648 4	5.003 2	6.840 6	9.325 3	12.676 0	17.182 0	23.225 2	31.308 2	42.091 5	56.440 2	75.484 9	100.699 8
34	1.402 6	1.960 7	2.731 9	3.794 3	5.253 3	7.251 0	9.978 1	13.690 1	18.728 4	25.547 7	34.752 1	47.142 5	63.777 4	86.052 8	115.804 8
35	1.416 6	1.999 9	2.813 9	3.946 1	5.516 0	7.686 1	10.676 6	14.785 3	20.414 0	28.102 4	38.574 9	52.799 6	72.068 5	98.100 2	133.175 5
36	1.430 8	2.039 9	2.898 3	4.103 9	5.791 8	8.147 3	11.423 9	15.968 2	22.251 2	30.912 7	42.818 1	59.135 6	81.437 4	111.834 2	153.151 9
37	1.445 1	2.080 7	2.985 2	4.268 1	6.081 4	8.636 1	12.223 6	17.245 6	24.253 8	34.003 9	47.528 1	66.231 8	92.024 3	127.491 0	176.124 6
38	1.459 5	2.122 3	3.074 8	4.438 8	6.385 5	9.154 3	13.079 3	18.625 3	26.436 7	37.404 3	52.756 2	74.179 7	103.987 4	145.339 7	202.543 3
39	1.474 1	2.164 7	3.167 0	4.616 4	6.704 8	9.703 5	13.994 8	20.115 3	28.816 0	41.144 8	58.559 3	83.081 2	117.505 8	165.687 3	232.924 8
40	1.488 9	2.208 0	3.262 0	4.801 0	7.040 0	10.285 7	14.974 5	21.724 5	31.409 4	45.259 3	65.000 9	93.051 0	132.781 6	188.883 5	267.863 5
41	1.503 8	2.252 2	3.359 9	4.993 1	7.392 0	10.902 9	16.022 7	23.462 5	34.236 3	49.785 2	72.151 0	104.217 1	150.043 2	215.327 2	308.043 1
42	1.518 8	2.297 2	3.460 7	5.192 8	7.761 6	11.557 0	17.144 3	25.339 5	37.317 5	54.763 7	80.087 6	116.723 1	169.548 8	245.473 0	354.249 5
43	1.534 0	2.343 2	3.564 5	5.400 5	8.149 7	12.250 5	18.344 4	27.366 6	40.676 1	60.240 1	88.897 2	130.729 9	191.590 1	279.839 2	407.387 0
44	1.549 3	2.390 1	3.671 5	5.616 5	8.557 2	12.985 5	19.628 5	29.556 0	44.337 0	66.264 1	98.675 9	146.417 5	216.496 8	319.016 7	468.495 0
45	1.564 8	2.437 9	3.781 6	5.841 2	8.985 0	13.764 6	21.002 5	31.920 4	48.327 3	72.890 5	109.530 2	163.987 6	244.641 4	363.679 1	538.769 3

续表

16%	17%	18%	19%	20%	21%	22%	23%	24%	25%	26%	27%	28%	29%	30%	期数
134.0027	177.8826	235.5625	311.2073	410.1863	539.4078	707.7411	926.5496	1210.3629	1577.7218	2052.2392	2663.9299	3450.8732	4461.2898	5756.1304	33
155.4432	208.1226	277.9638	370.3366	492.2235	652.6834	863.4441	1139.6560	1500.8500	1972.1523	2585.8215	3383.1910	4417.1177	5755.0639	7482.9696	34
180.3141	243.5035	327.9973	440.7006	590.6682	789.7470	1053.4018	1401.7769	1861.0540	2465.1903	3258.1350	4296.6525	5653.9106	7424.0324	9727.8604	35
209.1643	284.8991	387.0368	524.4337	708.8019	955.5938	1285.1502	1724.1856	2307.7070	3081.4879	4105.2501	5456.7487	7237.0056	9577.0018	12646.2186	36
242.6306	333.3319	456.7034	624.0761	850.5622	1156.2685	1567.8833	2120.7483	2861.5567	3851.8599	5172.6152	6930.0709	9263.3671	12354.3324	16440.0841	37
281.4515	389.9983	538.9100	742.6506	1020.6747	1399.0849	1912.8176	2608.5204	3548.3303	4814.8249	6517.4951	8801.1900	11857.1099	15937.0888	21372.1094	38
326.4838	456.2980	635.9139	883.7542	1224.8096	1692.8927	2333.6375	3208.4801	4399.9295	6018.5311	8212.0438	11177.5113	15177.1007	20558.8445	27783.7422	39
378.7212	533.8687	750.3783	1051.6675	1469.7716	2048.4002	2847.0378	3946.4305	5455.9126	7523.1638	10347.1752	14195.4393	19426.6889	26520.9094	36118.8648	40
439.3165	624.6264	885.4464	1251.4843	1763.7259	2478.5643	3473.3861	4854.1095	6765.3317	9403.9548	13037.4408	18028.2080	24866.1618	34211.9731	46954.5243	41
509.6072	730.8129	1044.8268	1489.2664	2116.4712	2999.0628	4237.5310	5970.5547	8389.0113	11754.9435	16427.1754	22895.8241	31828.6871	44133.4453	61040.8815	42
591.1443	855.0511	1232.8956	1772.2270	2539.7653	3628.8659	5169.7878	7343.7823	10402.3740	14693.6794	20698.2410	29077.6966	40740.7195	56932.1445	79353.1460	43
685.7274	1000.4098	1454.8168	2108.9501	3047.7183	4390.9274	6307.1411	9032.8522	12898.9437	18367.0992	26079.7837	36928.6747	52148.1210	73442.4664	103159.0898	44
795.4438	1170.4794	1716.6839	2509.6506	3657.2620	5313.0226	7694.7122	11110.4082	15994.6902	22958.8740	32860.5275	46899.4169	66749.5949	94740.7816	134106.8167	45

表 A-2　复利现值系数表

期数	1%	2%	3%	4%	5%	6%	7%	8%	9%	10%	11%	12%	13%	14%	15%
1	0.990 1	0.980 4	0.970 9	0.961 5	0.952 4	0.943 4	0.934 6	0.925 9	0.917 4	0.909 1	0.900 9	0.892 9	0.885 0	0.877 2	0.869 6
2	0.980 3	0.961 2	0.942 6	0.924 6	0.907 0	0.890 0	0.873 4	0.857 3	0.841 7	0.826 4	0.811 6	0.797 2	0.783 1	0.769 5	0.756 1
3	0.970 6	0.942 3	0.915 1	0.889 0	0.863 8	0.839 6	0.816 3	0.793 8	0.772 2	0.751 3	0.731 2	0.711 8	0.693 1	0.675 0	0.657 5
4	0.961 0	0.923 8	0.888 5	0.854 8	0.822 7	0.792 1	0.762 9	0.735 0	0.708 4	0.683 0	0.658 7	0.635 5	0.613 3	0.592 1	0.571 8
5	0.951 5	0.905 7	0.862 6	0.821 9	0.783 5	0.747 3	0.713 0	0.680 6	0.649 9	0.620 9	0.593 5	0.567 4	0.542 8	0.519 4	0.497 2
6	0.942 0	0.888 0	0.837 5	0.790 3	0.746 2	0.705 0	0.666 3	0.630 2	0.596 3	0.564 5	0.534 6	0.506 6	0.480 3	0.455 6	0.432 3
7	0.932 7	0.870 6	0.813 1	0.759 9	0.710 7	0.665 1	0.622 7	0.583 5	0.547 0	0.513 2	0.481 7	0.452 3	0.425 1	0.399 6	0.375 9
8	0.923 5	0.853 5	0.789 4	0.730 7	0.676 8	0.627 4	0.582 0	0.540 3	0.501 9	0.466 5	0.433 9	0.403 9	0.376 2	0.350 6	0.326 9
9	0.914 3	0.836 8	0.766 4	0.702 6	0.644 6	0.591 9	0.543 9	0.500 2	0.460 4	0.424 1	0.390 9	0.360 6	0.332 9	0.307 5	0.284 3
10	0.905 3	0.820 3	0.744 1	0.675 6	0.613 9	0.558 4	0.508 3	0.463 2	0.422 4	0.385 5	0.352 2	0.322 0	0.294 6	0.269 7	0.247 2
11	0.896 3	0.804 3	0.722 4	0.649 6	0.584 7	0.526 8	0.475 1	0.428 9	0.387 5	0.350 5	0.317 3	0.287 5	0.260 7	0.236 6	0.214 9
12	0.887 4	0.788 5	0.701 4	0.624 6	0.556 8	0.497 0	0.444 0	0.397 1	0.355 5	0.318 6	0.285 8	0.256 7	0.230 7	0.207 6	0.186 9
13	0.878 7	0.773 0	0.681 0	0.600 6	0.530 3	0.468 8	0.415 0	0.367 7	0.326 2	0.289 7	0.257 5	0.229 2	0.204 2	0.182 1	0.162 5
14	0.870 0	0.757 9	0.661 1	0.577 5	0.505 1	0.442 3	0.387 8	0.340 5	0.299 2	0.263 3	0.232 0	0.204 6	0.180 7	0.159 7	0.141 3
15	0.861 3	0.743 0	0.641 9	0.555 3	0.481 0	0.417 3	0.362 4	0.315 2	0.274 5	0.239 4	0.209 0	0.182 7	0.159 9	0.140 1	0.122 9
16	0.852 8	0.728 4	0.623 2	0.533 9	0.458 1	0.393 6	0.338 7	0.291 9	0.251 9	0.217 6	0.188 3	0.163 1	0.141 5	0.122 9	0.106 9
17	0.844 4	0.714 2	0.605 0	0.513 4	0.436 3	0.371 4	0.316 6	0.270 3	0.231 1	0.197 8	0.169 6	0.145 6	0.125 2	0.107 8	0.092 9
18	0.836 0	0.700 2	0.587 4	0.493 6	0.415 5	0.350 3	0.295 9	0.250 2	0.212 0	0.179 9	0.152 8	0.130 0	0.110 8	0.094 6	0.080 8
19	0.827 7	0.686 4	0.570 3	0.474 6	0.395 7	0.330 5	0.276 5	0.231 7	0.194 5	0.163 5	0.137 7	0.116 1	0.098 1	0.082 9	0.070 3
20	0.819 5	0.673 0	0.553 7	0.456 4	0.376 9	0.311 8	0.258 4	0.214 5	0.178 4	0.148 6	0.124 0	0.103 7	0.086 8	0.072 8	0.061 1
21	0.811 4	0.659 8	0.537 5	0.438 8	0.358 9	0.294 2	0.241 5	0.198 7	0.163 7	0.135 1	0.111 7	0.092 6	0.076 8	0.063 8	0.053 1
22	0.803 4	0.646 8	0.521 9	0.422 0	0.341 8	0.277 5	0.225 7	0.183 9	0.150 2	0.122 8	0.100 7	0.082 6	0.068 0	0.056 0	0.046 2
23	0.795 4	0.634 2	0.506 7	0.405 7	0.325 6	0.261 8	0.210 9	0.170 3	0.137 8	0.111 7	0.090 7	0.073 8	0.060 1	0.049 1	0.040 2
24	0.787 6	0.621 7	0.491 9	0.390 1	0.310 1	0.247 0	0.197 1	0.157 7	0.126 4	0.101 5	0.081 7	0.065 9	0.053 2	0.043 1	0.034 9
25	0.779 8	0.609 5	0.477 6	0.375 1	0.295 3	0.233 0	0.184 2	0.146 0	0.116 0	0.092 3	0.073 6	0.058 8	0.047 1	0.037 8	0.030 4
26	0.772 0	0.597 6	0.463 7	0.360 7	0.281 2	0.219 8	0.172 2	0.135 2	0.106 4	0.083 9	0.066 3	0.052 5	0.041 7	0.033 1	0.026 4
27	0.764 4	0.585 9	0.450 2	0.346 8	0.267 8	0.207 4	0.160 9	0.125 2	0.097 6	0.076 3	0.059 7	0.046 9	0.036 9	0.029 1	0.023 0
28	0.756 8	0.574 4	0.437 1	0.333 5	0.255 1	0.195 6	0.150 4	0.115 9	0.089 5	0.069 3	0.053 8	0.041 9	0.032 6	0.025 5	0.020 0
29	0.749 3	0.563 1	0.424 3	0.320 7	0.242 9	0.184 6	0.140 6	0.107 3	0.082 2	0.063 0	0.048 5	0.037 4	0.028 9	0.022 4	0.017 4
30	0.741 9	0.552 1	0.412 0	0.308 3	0.231 4	0.174 1	0.131 4	0.099 4	0.075 4	0.057 3	0.043 7	0.033 4	0.025 6	0.019 6	0.015 1
31	0.734 6	0.541 2	0.400 0	0.296 5	0.220 4	0.164 3	0.122 8	0.092 0	0.069 1	0.052 1	0.039 4	0.029 8	0.022 6	0.017 2	0.013 1
32	0.727 3	0.530 6	0.388 3	0.285 1	0.209 9	0.155 0	0.114 7	0.085 2	0.063 4	0.047 4	0.035 5	0.026 6	0.020 0	0.015 1	0.011 4

$(P/F,i,n)=(1+i)^{-n}$

16%	17%	18%	19%	20%	21%	22%	23%	24%	25%	26%	27%	28%	29%	30%	期数
0.862 1	0.854 7	0.847 5	0.840 3	0.833 3	0.826 4	0.819 7	0.813 0	0.806 5	0.800 0	0.793 7	0.787 4	0.781 3	0.775 2	0.769 2	1
0.743 2	0.730 5	0.718 2	0.706 2	0.694 4	0.683 0	0.671 9	0.661 0	0.650 4	0.640 0	0.629 9	0.620 0	0.610 4	0.600 9	0.591 7	2
0.640 7	0.624 4	0.608 6	0.593 4	0.578 7	0.564 5	0.550 7	0.537 4	0.524 5	0.512 0	0.499 9	0.488 2	0.476 8	0.465 8	0.455 2	3
0.552 3	0.533 7	0.515 8	0.498 7	0.482 3	0.466 5	0.451 4	0.436 9	0.423 0	0.409 6	0.396 8	0.384 4	0.372 5	0.361 1	0.350 1	4
0.476 1	0.456 1	0.437 1	0.419 0	0.401 9	0.385 5	0.370 0	0.355 2	0.341 1	0.327 7	0.314 9	0.302 7	0.291 0	0.279 9	0.269 3	5
0.410 4	0.389 8	0.370 4	0.352 1	0.334 9	0.318 6	0.303 3	0.288 8	0.275 1	0.262 1	0.249 9	0.238 3	0.227 4	0.217 0	0.207 2	6
0.353 8	0.333 2	0.313 9	0.295 9	0.279 1	0.263 3	0.248 6	0.234 8	0.221 8	0.209 7	0.198 3	0.187 7	0.177 6	0.168 2	0.159 4	7
0.305 0	0.284 8	0.266 0	0.248 7	0.232 6	0.217 6	0.203 8	0.190 9	0.178 9	0.167 8	0.157 4	0.147 8	0.138 8	0.130 4	0.122 6	8
0.263 0	0.243 4	0.225 5	0.209 0	0.193 8	0.179 9	0.167 0	0.155 2	0.144 3	0.134 2	0.124 9	0.116 4	0.108 4	0.101 1	0.094 3	9
0.226 7	0.208 0	0.191 1	0.175 6	0.161 5	0.148 6	0.136 9	0.126 2	0.116 4	0.107 4	0.099 2	0.091 6	0.084 7	0.078 4	0.072 5	10
0.195 4	0.177 8	0.161 9	0.147 6	0.134 6	0.122 8	0.112 2	0.102 6	0.093 8	0.085 9	0.078 7	0.072 1	0.066 2	0.060 7	0.055 8	11
0.168 5	0.152 0	0.137 2	0.124 0	0.112 2	0.101 5	0.092 0	0.083 4	0.075 7	0.068 7	0.062 5	0.056 8	0.051 7	0.047 1	0.042 9	12
0.145 2	0.129 9	0.116 3	0.104 2	0.093 5	0.083 9	0.075 4	0.067 8	0.061 0	0.055 0	0.049 6	0.044 7	0.040 4	0.036 5	0.033 0	13
0.125 2	0.111 0	0.098 5	0.087 6	0.077 9	0.069 3	0.061 8	0.055 1	0.049 2	0.044 0	0.039 3	0.035 2	0.031 6	0.028 3	0.025 4	14
0.107 9	0.094 9	0.083 5	0.073 6	0.064 9	0.057 3	0.050 7	0.044 8	0.039 7	0.035 2	0.031 2	0.027 7	0.024 7	0.021 9	0.019 5	15
0.093 0	0.081 1	0.070 8	0.061 8	0.054 1	0.047 4	0.041 5	0.036 4	0.032 0	0.028 1	0.024 8	0.021 8	0.019 3	0.017 0	0.015 0	16
0.080 2	0.069 3	0.060 0	0.052 0	0.045 1	0.039 1	0.034 0	0.029 6	0.025 8	0.022 5	0.019 7	0.017 2	0.015 0	0.013 2	0.011 6	17
0.069 1	0.059 2	0.050 8	0.043 7	0.037 6	0.032 3	0.027 9	0.024 1	0.020 8	0.018 0	0.015 6	0.013 5	0.011 8	0.010 2	0.008 9	18
0.059 6	0.050 6	0.043 1	0.036 7	0.031 3	0.026 7	0.022 9	0.019 6	0.016 8	0.014 4	0.012 4	0.010 7	0.009 2	0.007 9	0.006 8	19
0.051 4	0.043 3	0.036 5	0.030 8	0.026 1	0.022 1	0.018 7	0.015 9	0.013 5	0.011 5	0.009 8	0.008 4	0.007 2	0.006 1	0.005 3	20
0.044 3	0.037 0	0.030 9	0.025 9	0.021 7	0.018 3	0.015 4	0.012 9	0.010 9	0.009 2	0.007 8	0.006 6	0.005 6	0.004 8	0.004 0	21
0.038 2	0.031 6	0.026 2	0.021 8	0.018 1	0.015 1	0.012 6	0.010 5	0.008 8	0.007 4	0.006 2	0.005 2	0.004 4	0.003 7	0.003 1	22
0.032 9	0.027 0	0.022 2	0.018 3	0.015 1	0.012 5	0.010 3	0.008 6	0.007 1	0.005 9	0.004 9	0.004 1	0.003 4	0.002 9	0.002 4	23
0.028 4	0.023 1	0.018 8	0.015 4	0.012 6	0.010 3	0.008 5	0.007 0	0.005 7	0.004 7	0.003 9	0.003 2	0.002 7	0.002 2	0.001 8	24
0.024 5	0.019 7	0.016 0	0.012 9	0.010 5	0.008 5	0.006 9	0.005 7	0.004 6	0.003 8	0.003 1	0.002 5	0.002 1	0.001 7	0.001 4	25
0.021 1	0.016 9	0.013 5	0.010 9	0.008 7	0.007 0	0.005 7	0.004 6	0.003 7	0.003 0	0.002 5	0.002 0	0.001 6	0.001 3	0.001 1	26
0.018 2	0.014 4	0.011 5	0.009 1	0.007 3	0.005 8	0.004 7	0.003 7	0.003 0	0.002 4	0.001 9	0.001 6	0.001 3	0.001 0	0.000 8	27
0.015 7	0.012 3	0.009 7	0.007 7	0.006 1	0.004 8	0.003 8	0.003 0	0.002 4	0.001 9	0.001 5	0.001 2	0.001 0	0.000 8	0.000 6	28
0.013 5	0.010 5	0.008 2	0.006 4	0.005 1	0.004 0	0.003 1	0.002 5	0.002 0	0.001 5	0.001 2	0.001 0	0.000 8	0.000 6	0.000 5	29
0.011 6	0.009 0	0.007 0	0.005 4	0.004 2	0.003 3	0.002 6	0.002 0	0.001 6	0.001 2	0.001 0	0.000 8	0.000 6	0.000 5	0.000 4	30
0.010 0	0.007 7	0.005 9	0.004 6	0.003 5	0.002 7	0.002 1	0.001 6	0.001 3	0.001 0	0.000 8	0.000 6	0.000 5	0.000 4	0.000 3	31
0.008 7	0.006 6	0.005 0	0.003 8	0.002 9	0.002 2	0.001 7	0.001 3	0.001 0	0.000 8	0.000 6	0.000 5	0.000 4	0.000 3	0.000 2	32

期数	1%	2%	3%	4%	5%	6%	7%	8%	9%	10%	11%	12%	13%	14%	15%
33	0.720 1	0.520 2	0.377 0	0.274 1	0.199 9	0.146 2	0.107 2	0.078 9	0.058 2	0.043 1	0.031 9	0.023 8	0.017 7	0.013 2	0.009 9
34	0.713 0	0.510 0	0.366 0	0.263 6	0.190 4	0.137 9	0.100 2	0.073 0	0.053 4	0.039 1	0.028 8	0.021 2	0.015 7	0.011 6	0.008 6
35	0.705 9	0.500 0	0.355 4	0.253 4	0.181 3	0.130 1	0.093 7	0.067 6	0.049 0	0.035 6	0.025 9	0.018 9	0.013 9	0.010 2	0.007 5
36	0.698 9	0.490 2	0.345 0	0.243 7	0.172 7	0.122 7	0.087 5	0.062 6	0.044 9	0.032 3	0.023 4	0.016 9	0.012 3	0.008 9	0.006 5
37	0.692 0	0.480 6	0.335 0	0.234 3	0.164 4	0.115 8	0.081 8	0.058 0	0.041 2	0.029 4	0.021 0	0.015 1	0.010 9	0.007 8	0.005 7
38	0.685 2	0.471 2	0.325 2	0.225 3	0.156 6	0.109 2	0.076 5	0.053 7	0.037 8	0.026 7	0.019 0	0.013 5	0.009 6	0.006 9	0.004 9
39	0.678 4	0.461 9	0.315 8	0.216 6	0.149 1	0.103 1	0.071 5	0.049 7	0.034 7	0.024 3	0.017 1	0.012 0	0.008 5	0.006 0	0.004 3
40	0.671 7	0.452 9	0.306 6	0.208 3	0.142 0	0.097 2	0.066 8	0.046 0	0.031 8	0.022 1	0.015 4	0.010 7	0.007 5	0.005 3	0.003 7
41	0.665 0	0.444 0	0.297 6	0.200 3	0.135 3	0.091 7	0.062 4	0.042 6	0.029 2	0.020 1	0.013 9	0.009 6	0.006 7	0.004 6	0.003 2
42	0.658 4	0.435 3	0.289 0	0.192 6	0.128 8	0.086 5	0.058 3	0.039 5	0.026 8	0.018 3	0.012 5	0.008 6	0.005 9	0.004 1	0.002 8
43	0.651 9	0.426 8	0.280 5	0.185 2	0.122 7	0.081 6	0.054 5	0.036 5	0.024 6	0.016 6	0.011 2	0.007 6	0.005 2	0.003 6	0.002 5
44	0.645 4	0.418 4	0.272 4	0.178 0	0.116 9	0.077 0	0.050 9	0.033 8	0.022 6	0.015 1	0.010 1	0.006 8	0.004 6	0.003 1	0.002 1
45	0.639 1	0.410 2	0.264 4	0.171 2	0.111 3	0.072 7	0.047 6	0.031 3	0.020 7	0.013 7	0.009 1	0.006 1	0.004 1	0.002 7	0.001 9

16%	17%	18%	19%	20%	21%	22%	23%	24%	25%	26%	27%	28%	29%	30%	期数
0.007 5	0.005 6	0.004 2	0.003 2	0.002 4	0.001 9	0.001 4	0.001 1	0.000 8	0.000 6	0.000 5	0.000 4	0.000 3	0.000 2	0.000 2	33
0.006 4	0.004 8	0.003 6	0.002 7	0.002 0	0.001 5	0.001 2	0.000 9	0.000 7	0.000 5	0.000 4	0.000 3	0.000 2	0.000 2	0.000 1	34
0.005 5	0.004 1	0.003 0	0.002 3	0.001 7	0.001 3	0.000 9	0.000 7	0.000 5	0.000 4	0.000 3	0.000 2	0.000 2	0.000 1	0.000 1	35
0.004 8	0.003 5	0.002 6	0.001 9	0.001 4	0.001 0	0.000 8	0.000 6	0.000 4	0.000 3	0.000 2	0.000 2	0.000 1	0.000 1	0.000 1	36
0.004 1	0.003 0	0.002 2	0.001 6	0.001 2	0.000 9	0.000 6	0.000 5	0.000 3	0.000 3	0.000 2	0.000 1	0.000 1	0.000 1	0.000 1	37
0.003 6	0.002 6	0.001 9	0.001 3	0.001 0	0.000 7	0.000 5	0.000 4	0.000 3	0.000 2	0.000 2	0.000 1	0.000 1	0.000 1	0.000 0	38
0.003 1	0.002 2	0.001 6	0.001 1	0.000 8	0.000 6	0.000 4	0.000 3	0.000 2	0.000 2	0.000 1	0.000 1	0.000 1	0.000 0	0.000 0	39
0.002 6	0.001 9	0.001 3	0.001 0	0.000 7	0.000 5	0.000 4	0.000 3	0.000 2	0.000 1	0.000 1	0.000 1	0.000 1	0.000 0	0.000 0	40
0.002 3	0.001 6	0.001 1	0.000 8	0.000 6	0.000 4	0.000 3	0.000 2	0.000 1	0.000 1	0.000 1	0.000 1	0.000 0	0.000 0	0.000 0	41
0.002 0	0.001 4	0.001 0	0.000 7	0.000 5	0.000 3	0.000 2	0.000 2	0.000 1	0.000 1	0.000 1	0.000 0	0.000 0	0.000 0	0.000 0	42
0.001 7	0.001 2	0.000 8	0.000 6	0.000 4	0.000 3	0.000 2	0.000 1	0.000 1	0.000 1	0.000 0	0.000 0	0.000 0	0.000 0	0.000 0	43
0.001 5	0.001 0	0.000 7	0.000 5	0.000 3	0.000 2	0.000 2	0.000 1	0.000 1	0.000 1	0.000 0	0.000 0	0.000 0	0.000 0	0.000 0	44
0.001 3	0.000 9	0.000 6	0.000 4	0.000 3	0.000 2	0.000 1	0.000 1	0.000 1	0.000 0	0.000 0	0.000 0	0.000 0	0.000 0	0.000 0	45

表 A‑3 年金终值系数表

期数	1%	2%	3%	4%	5%	6%	7%	8%	9%	10%	11%	12%	13%	14%	15%
1	1.000 0	1.000 0	1.000 0	1.000 0	1.000 0	1.000 0	1.000 0	1.000 0	1.000 0	1.000 0	1.000 0	1.000 0	1.000 0	1.000 0	1.000 0
2	2.010 0	2.020 0	2.030 0	2.040 0	2.050 0	2.060 0	2.070 0	2.080 0	2.090 0	2.100 0	2.110 0	2.120 0	2.130 0	2.140 0	2.150 0
3	3.030 1	3.060 4	3.090 9	3.121 6	3.152 5	3.183 6	3.214 9	3.246 4	3.278 1	3.310 0	3.342 1	3.374 4	3.406 9	3.439 6	3.472 5
4	4.060 4	4.121 6	4.183 6	4.246 5	4.310 1	4.374 6	4.439 9	4.506 1	4.573 1	4.641 0	4.709 7	4.779 3	4.849 8	4.921 1	4.993 4
5	5.101 0	5.204 0	5.309 1	5.416 3	5.525 6	5.637 1	5.750 7	5.866 6	5.984 7	6.105 1	6.227 8	6.352 8	6.480 3	6.610 1	6.742 4
6	6.152 0	6.308 1	6.468 4	6.633 0	6.801 9	6.975 3	7.153 3	7.335 9	7.523 3	7.715 6	7.912 9	8.115 2	8.322 7	8.535 5	8.753 7
7	7.213 5	7.434 3	7.662 5	7.898 3	8.142 0	8.393 8	8.654 0	8.922 8	9.200 4	9.487 2	9.783 3	10.089 0	10.404 7	10.730 5	11.066 8
8	8.285 7	8.583 0	8.892 3	9.214 2	9.549 1	9.897 5	10.259 8	10.636 6	11.028 5	11.435 9	11.859 4	12.299 7	12.757 3	13.232 8	13.726 8
9	9.368 5	9.754 6	10.159 1	10.582 8	11.026 6	11.491 3	11.978 0	12.487 6	13.021 0	13.579 5	14.164 0	14.775 7	15.415 7	16.085 3	16.785 8
10	10.462 2	10.949 7	11.463 9	12.006 1	12.577 9	13.180 8	13.816 4	14.486 6	15.192 9	15.937 4	16.722 0	17.548 7	18.419 7	19.337 3	20.303 7
11	11.566 8	12.168 7	12.807 8	13.486 4	14.206 8	14.971 6	15.783 6	16.645 5	17.560 3	18.531 2	19.561 4	20.654 6	21.814 3	23.044 5	24.349 3
12	12.682 5	13.412 1	14.192 0	15.025 8	15.917 1	16.869 9	17.888 5	18.977 1	20.140 7	21.384 3	22.713 2	24.133 1	25.650 2	27.270 7	29.001 7
13	13.809 3	14.680 3	15.617 8	16.626 8	17.713 0	18.882 1	20.140 6	21.495 3	22.953 4	24.522 7	26.211 6	28.029 1	29.984 7	32.088 7	34.351 9
14	14.947 4	15.973 9	17.086 3	18.291 9	19.598 6	21.015 1	22.550 5	24.214 9	26.019 2	27.975 0	30.094 9	32.392 6	34.882 7	37.581 1	40.504 7
15	16.096 9	17.293 4	18.598 9	20.023 6	21.578 6	23.276 0	25.129 0	27.152 1	29.360 9	31.772 5	34.405 4	37.279 7	40.417 5	43.842 4	47.580 4
16	17.257 9	18.639 3	20.156 9	21.824 5	23.657 5	25.672 5	27.888 1	30.324 3	33.003 4	35.949 7	39.189 9	42.753 3	46.671 7	50.980 4	55.717 5
17	18.430 4	20.012 1	21.761 6	23.697 5	25.840 4	28.212 9	30.840 2	33.750 2	36.973 7	40.544 7	44.500 8	48.883 7	53.739 1	59.117 6	65.075 1
18	19.614 7	21.412 3	23.414 4	25.645 4	28.132 4	30.905 7	33.999 0	37.450 2	41.301 3	45.599 2	50.395 9	55.749 7	61.725 1	68.394 1	75.836 4
19	20.810 9	22.840 6	25.116 9	27.671 2	30.539 0	33.760 0	37.379 0	41.446 3	46.018 5	51.159 1	56.939 5	63.439 7	70.749 4	78.969 2	88.211 8
20	22.019 0	24.297 4	26.870 4	29.778 1	33.066 0	36.785 6	40.995 5	45.762 0	51.160 1	57.275 0	64.202 8	72.052 4	80.946 8	91.024 9	102.443 6
21	23.239 2	25.783 3	28.676 5	31.969 2	35.719 3	39.992 7	44.865 2	50.422 9	56.764 5	64.002 5	72.265 1	81.698 7	92.469 9	104.768 4	118.810 1
22	24.471 6	27.299 0	30.536 8	34.248 0	38.505 2	43.392 3	49.005 7	55.456 8	62.873 3	71.402 7	81.214 3	92.502 6	105.491 0	120.436 0	137.631 6
23	25.716 3	28.845 0	32.452 9	36.617 9	41.430 5	46.995 8	53.436 1	60.893 3	69.531 9	79.543 0	91.147 9	104.602 9	120.204 8	138.297 0	159.276 4
24	26.973 5	30.421 9	34.426 5	39.082 6	44.502 0	50.815 6	58.176 7	66.764 8	76.789 8	88.497 3	102.174 2	118.155 2	136.831 5	158.658 6	184.167 8
25	28.243 2	32.030 3	36.459 3	41.645 9	47.727 1	54.864 5	63.249 0	73.105 9	84.700 9	98.347 1	114.413 3	133.333 9	155.619 6	181.870 8	212.793 0
26	29.525 6	33.670 9	38.553 0	44.311 7	51.113 5	59.156 4	68.676 5	79.954 4	93.324 0	109.181 8	127.998 8	150.333 9	176.850 1	208.332 7	245.712 0
27	30.820 9	35.344 3	40.709 6	47.084 2	54.669 1	63.705 8	74.483 8	87.350 8	102.723 1	121.099 9	143.078 6	169.374 0	200.840 6	238.499 3	283.568 8
28	32.129 1	37.051 2	42.930 9	49.967 6	58.402 6	68.528 1	80.697 7	95.338 8	112.968 2	134.209 9	159.817 3	190.698 9	227.949 9	272.889 2	327.104 1
29	33.450 4	38.792 2	45.218 9	52.966 3	62.322 7	73.639 8	87.346 5	103.965 9	124.135 4	148.630 9	178.397 2	214.582 8	258.583 4	312.093 7	377.169 7
30	34.784 9	40.568 1	47.575 4	56.084 9	66.438 8	79.058 2	94.460 8	113.283 2	136.307 5	164.494 0	199.020 9	241.332 7	293.199 2	356.786 8	434.745 1
31	36.132 7	42.379 4	50.002 7	59.328 3	70.760 8	84.801 7	102.073 0	123.345 9	149.575 2	181.943 4	221.913 2	271.292 6	332.315 1	407.737 0	500.956 9
32	37.494 1	44.227 0	52.502 8	62.701 5	75.298 8	90.889 8	110.218 2	134.213 5	164.037 0	201.137 8	247.323 6	304.847 7	376.516 1	465.820 2	577.100 5

$(F/A,i,n)=[(1+i)^n-1]/i$

16%	17%	18%	19%	20%	21%	22%	23%	24%	25%	26%	27%	28%	29%	30%	期数
1.000 0	1.000 0	1.000 0	1.000 0	1.000 0	1.000 0	1.000 0	1.000 0	1.000 0	1.000 0	1.000 0	1.000 0	1.000 0	1.000 0	1.000 0	1
2.160 0	2.170 0	2.180 0	2.190 0	2.200 0	2.210 0	2.220 0	2.230 0	2.240 0	2.250 0	2.260 0	2.270 0	2.280 0	2.290 0	2.300 0	2
3.505 6	3.538 9	3.572 4	3.606 1	3.640 0	3.674 1	3.708 4	3.742 9	3.777 6	3.812 5	3.847 6	3.882 9	3.918 4	3.954 1	3.990 0	3
5.066 5	5.140 5	5.215 4	5.291 3	5.368 0	5.445 7	5.524 2	5.603 8	5.684 2	5.765 6	5.848 0	5.931 3	6.015 6	6.100 8	6.187 0	4
6.877 1	7.014 4	7.154 2	7.296 6	7.441 6	7.589 2	7.739 6	7.892 6	8.048 4	8.207 0	8.368 4	8.532 7	8.699 9	8.870 0	9.043 1	5
8.977 5	9.206 8	9.442 0	9.683 0	9.929 9	10.183 0	10.442 3	10.707 9	10.980 1	11.258 8	11.544 2	11.836 6	12.135 9	12.442 3	12.756 0	6
11.413 9	11.772 0	12.141 5	12.522 7	12.915 9	13.321 4	13.739 6	14.170 8	14.615 3	15.073 5	15.545 8	16.032 4	16.533 9	17.050 6	17.582 8	7
14.240 1	14.773 3	15.327 0	15.902 0	16.499 1	17.118 9	17.762 3	18.430 0	19.122 9	19.841 9	20.587 6	21.361 2	22.163 4	22.995 3	23.857 7	8
17.518 5	18.284 7	19.085 9	19.923 4	20.798 9	21.713 9	22.670 0	23.669 0	24.712 5	25.802 3	26.940 4	28.128 7	29.369 2	30.663 9	32.015 0	9
21.321 5	22.393 1	23.521 3	24.708 9	25.958 7	27.273 8	28.657 4	30.112 8	31.643 4	33.252 9	34.944 9	36.723 5	38.592 6	40.556 4	42.619 5	10
25.732 9	27.199 9	28.755 2	30.403 5	32.150 4	34.001 3	35.962 0	38.038 8	40.237 9	42.566 1	45.030 6	47.638 8	50.398 5	53.317 8	56.405 3	11
30.850 2	32.823 9	34.931 1	37.180 2	39.580 5	42.141 6	44.873 7	47.787 7	50.895 0	54.207 7	57.738 6	61.501 3	65.510 0	69.780 0	74.327 0	12
36.786 2	39.404 0	42.218 7	45.244 5	48.496 6	51.991 3	55.745 9	59.778 8	64.109 7	68.759 6	73.750 6	79.106 6	84.852 9	91.016 1	97.625 0	13
43.672 0	47.102 7	50.818 0	54.840 9	59.195 9	63.909 5	69.010 0	74.528 0	80.496 1	86.949 5	93.925 8	101.465 4	109.611 7	118.410 8	127.912 5	14
51.659 5	56.110 1	60.965 3	66.260 7	72.035 1	78.330 5	85.192 2	92.669 4	100.815 1	109.686 8	119.346 5	129.861 1	141.302 9	153.750 0	167.286 3	15
60.925 0	66.648 8	72.939 0	79.850 2	87.442 1	95.779 9	104.934 5	114.983 4	126.010 8	138.108 5	151.376 6	165.923 6	181.867 7	199.337 4	218.472 2	16
71.673 0	78.979 2	87.068 0	96.021 8	105.930 6	116.893 7	129.020 1	142.429 5	157.253 4	173.635 7	191.734 5	211.723 0	233.790 7	258.145 3	285.013 9	17
84.140 7	93.405 6	103.740 3	115.265 9	128.116 7	142.441 3	158.404 5	176.188 3	195.994 2	218.044 6	242.585 5	269.888 2	300.252 1	334.007 4	371.518 0	18
98.603 2	110.284 6	123.413 5	138.166 4	154.740 0	173.354 0	194.253 5	217.711 6	244.032 8	273.555 8	306.657 7	343.758 0	385.322 7	431.869 6	483.973 4	19
115.379 7	130.032 9	146.628 0	165.418 0	186.688 0	210.758 4	237.989 3	268.785 3	303.600 6	342.944 7	387.388 7	437.572 6	494.213 1	558.111 8	630.165 5	20
134.840 5	153.138 5	174.021 0	197.847 4	225.025 6	256.017 6	291.346 9	331.605 9	377.464 8	429.680 9	489.109 8	556.717 3	633.592 7	720.964 2	820.215 1	21
157.415 0	180.172 1	206.344 8	236.438 5	271.030 7	310.781 3	356.443 2	408.875 3	469.056 3	538.101 1	617.278 3	708.030 9	811.998 7	931.043 8	1 067.279 6	22
183.601 4	211.801 3	244.486 8	282.361 8	326.236 9	377.045 4	435.860 7	503.916 6	582.629 8	673.626 4	778.770 7	900.199 3	1 040.358 3	1 202.046 5	1 388.463 5	23
213.977 6	248.807 6	289.494 5	337.010 5	392.484 2	457.224 9	532.750 1	620.817 4	723.461 0	843.032 9	982.251 1	1 144.253 1	1 332.658 6	1 551.640 0	1 806.002 6	24
249.214 0	292.104 9	342.603 5	402.042 5	471.981 1	554.242 2	650.955 1	764.605 4	898.091 6	1 054.791 2	1 238.636 3	1 454.201 4	1 706.803 1	2 002.615 6	2 348.803 3	25
290.088 3	342.762 7	405.272 1	479.430 6	567.377 3	671.633 0	795.165 3	941.464 7	1 114.633 6	1 319.489 0	1 561.681 8	1 847.835 8	2 185.707 9	2 584.374 1	3 054.444 3	26
337.502 4	402.032 3	479.221 1	571.522 4	681.852 8	813.675 9	971.101 6	1 159.001 6	1 383.145 7	1 650.361 2	1 968.719 1	2 347.751 5	2 798.706 1	3 334.842 6	3 971.777 6	27
392.502 8	471.377 8	566.480 9	681.111 6	819.223 3	985.547 9	1 185.744 0	1 426.571 9	1 716.100 7	2 063.951 5	2 481.586 0	2 982.644 3	3 583.343 8	4 302.947 0	5 164.310 9	28
456.303 2	552.512 1	669.447 5	811.522 8	984.068 0	1 193.512 9	1 447.607 7	1 755.683 5	2 128.964 8	2 580.939 4	3 127.798 4	3 788.958 3	4 587.680 1	5 551.801 6	6 714.604 2	29
530.311 7	647.439 1	790.948 0	966.712 2	1 181.881 6	1 445.150 7	1 767.081 3	2 160.490 7	2 640.916 4	3 227.174 3	3 942.026 0	4 812.977 1	5 873.230 6	7 162.824 1	8 729.985 5	30
616.161 6	758.503 8	934.318 6	1 151.387 5	1 419.257 9	1 749.632 3	2 156.839 2	2 658.403 6	3 275.736 3	4 034.967 8	4 967.952 7	6 113.480 9	7 518.735 1	9 241.043 1	11 349.981 1	31
715.747 5	888.449 4	1 103.496 0	1 371.151 1	1 704.109 5	2 118.055 1	2 632.343 9	3 270.836 4	4 062.913 0	5 044.709 8	6 260.620 4	7 765.120 7	9 624.981 0	11 921.945 6	14 755.975 5	32

期数	1%	2%	3%	4%	5%	6%	7%	8%	9%	10%	11%	12%	13%	14%	15%
33	38.869 0	46.111 6	55.077 8	66.209 5	80.063 8	97.343 2	118.933 4	145.950 6	179.800 3	222.251 5	275.529 2	342.429 4	426.463 2	532.035 0	664.665 5
34	40.257 7	48.033 8	57.730 2	69.857 9	85.067 0	104.183 8	128.258 8	158.626 7	196.982 3	245.476 7	306.837 4	384.521 0	482.903 4	607.519 9	765.365 4
35	41.660 3	49.994 5	60.462 1	73.652 2	90.320 3	111.434 8	138.236 9	172.316 8	215.710 8	271.024 4	341.589 6	431.663 5	546.680 8	693.572 7	881.170 2
36	43.076 9	51.994 4	63.275 9	77.598 3	95.836 3	119.120 9	148.913 5	187.102 1	236.124 7	299.126 8	380.164 4	484.463 1	618.749 3	791.672 9	1 014.345 7
37	44.507 6	54.034 3	66.174 2	81.702 2	101.628 1	127.268 1	160.337 4	203.070 3	258.375 9	330.039 5	422.982 5	543.598 7	700.186 7	903.507 1	1 167.497 5
38	45.952 7	56.114 9	69.159 4	85.970 3	107.709 5	135.904 2	172.561 0	220.315 9	282.629 8	364.043 4	470.510 6	609.830 5	792.211 0	1 030.998 1	1 343.622 2
39	47.412 3	58.237 2	72.234 2	90.409 1	114.095 0	145.058 5	185.640 3	238.941 2	309.066 5	401.447 8	523.266 7	684.010 2	896.198 4	1 176.337 8	1 546.165 5
40	48.886 4	60.402 0	75.401 3	95.025 5	120.799 8	154.762 0	199.635 1	259.056 5	337.882 4	442.592 6	581.826 1	767.091 4	1 013.704 2	1 342.025 1	1 779.090 3
41	50.375 2	62.610 0	78.663 3	99.826 5	127.839 8	165.047 7	214.609 6	280.781 0	369.291 9	487.851 8	646.826 9	860.142 4	1 146.485 8	1 530.908 6	2 046.953 9
42	51.879 0	64.862 2	82.023 2	104.819 6	135.231 8	175.950 5	230.632 2	304.243 5	403.528 1	537.637 0	718.977 9	964.359 5	1 296.528 9	1 746.235 8	2 354.996 9
43	53.397 8	67.159 5	85.483 9	110.012 4	142.993 3	187.507 6	247.776 5	329.583 0	440.845 7	592.400 7	799.065 5	1 081.082 6	1 466.077 7	1 991.708 8	2 709.246 5
44	54.931 8	69.502 7	89.048 4	115.412 9	151.143 0	199.758 0	266.120 9	356.949 6	481.521 8	652.640 8	887.962 7	1 211.812 5	1 657.667 8	2 271.548 1	3 116.633 4
45	56.481 1	71.892 7	92.719 9	121.029 4	159.700 2	212.743 5	285.749 3	386.505 6	525.858 7	718.904 8	986.638 6	1 358.230 0	1 874.164 6	2 590.564 8	3 585.128 5

续表

16%	17%	18%	19%	20%	21%	22%	23%	24%	25%	26%	27%	28%	29%	30%	期数
831.267 1	1 040.485 8	1 303.125 3	1 632.669 8	2 045.931 4	2 563.846 7	3 212.459 5	4 024.128 7	5 039.012 2	6 306.887 2	7 889.381 7	9 862.703 3	12320.975 6	15380.309 8	19183.768 1	33
965.269 8	1 218.368 4	1 538.687 8	1 943.877 1	2 456.117 6	3 103.254 5	3 920.200 6	4 950.678 3	6 249.375 1	7 884.609 1	9 941.621 0	12 526.633 2	15 771.848 8	19 841.599 7	24 939.898 5	34
1 120.713 0	1 426.491 0	1 816.651 6	2 314.213 7	2 948.341 1	3 755.937 9	4 783.644 7	6 090.334 4	7 750.225 1	9 856.761 3	12 527.442 4	15 909.824 2	20 188.966 5	25 596.663 6	32 422.868 1	35
1 301.027 0	1 669.994 5	2 144.648 9	2 754.914 3	3 539.009 4	4 545.684 8	5 837.046 6	7 492.111 3	9 611.279 1	12 321.951 6	15 785.577 4	20 206.476 7	25 842.877 1	33 020.696 0	42 150.728 5	36
1 510.191 4	1 954.893 6	2 531.685 7	3 279.348 1	4 247.811 2	5 501.278 7	7 122.196 8	9 216.296 9	11 918.986 1	15 403.439 6	19 890.827 6	25 663.225 4	33 079.882 6	42 597.697 8	54 796.947 1	37
1 752.822 0	2 288.225 5	2 988.389 1	3 903.424 2	5 098.373 5	6 657.547 2	8 690.080 1	11 337.045 1	14 780.542 8	19 255.299 4	25 063.442 8	32 593.296 3	42 343.249 8	54 952.030 2	71 237.031 2	38
2 034.273 5	2 678.223 8	3 527.299 2	4 646.074 8	6 119.048 2	8 056.632 1	10 602.897 8	13 945.565 5	18 328.873 1	24 070.124 3	31 580.937 9	41 394.486 5	54 200.359 7	70 889.119 0	92 609.140 5	39
2 360.757 2	3 134.521 8	4 163.213 0	5 529.829 0	7 343.857 8	9 749.524 8	12 936.535 3	17 154.045 0	22 728.802 6	30 088.655 4	39 792.981 7	52 551.997 6	69 377.460 4	91 447.963 5	120392.882 7	40
2 739.478 4	3 668.390 6	4 913.591 4	6 581.496 5	8 813.629 4	11 797.925 0	15 783.573 0	21 100.476 1	28 184.715 2	37 611.819 2	50 140.157 0	66 767.436 9	88 804.149 4	117968.872 9	156511.747 5	41
3 178.794 9	4 293.016 9	5 799.037 8	7 832.980 8	10 577.355 3	14 276.489 3	19 256.959 1	25 954.585 6	34 950.046 9	47 015.774 0	63 177.597 8	84 795.644 9	113670.311 2	152180.846 0	203466.271 8	42
3 688.402 1	5 023.829 8	6 843.864 6	9 322.247 2	12 693.826 3	17 275.552 1	23 494.490 1	31 925.140 3	43 339.058 1	58 770.717 5	79 604.773 2	107691.469 0	145498.998 3	196314.291 3	264507.153 3	43
4 279.546 5	5 878.880 9	8 076.760 3	11 094.474 1	15 233.591 6	20 904.418 0	28 664.277 9	39 268.922 5	53 741.432 1	73 464.396 9	100303.014 2	136769.165 6	186239.717 8	253246.435 8	343860.299 3	44
4 965.273 9	6 879.290 7	9 531.577 1	13 203.424 2	18 281.309 9	25 295.345 8	34 971.419 1	48 301.774 7	66 640.375 8	91 831.496 2	126382.797 9	173697.840 3	238387.838 8	326688.902 2	447019.389 0	45

表 A-4 年金现值系数表

期数	1%	2%	3%	4%	5%	6%	7%	8%	9%	10%	11%	12%	13%	14%	15%
1	0.990 1	0.980 4	0.970 9	0.961 5	0.952 4	0.943 4	0.934 6	0.925 9	0.917 4	0.909 1	0.900 9	0.892 9	0.885 0	0.877 2	0.869 6
2	1.970 4	1.941 6	1.913 5	1.886 1	1.859 4	1.833 4	1.808 0	1.783 3	1.759 1	1.735 5	1.712 5	1.690 1	1.668 1	1.646 7	1.625 7
3	2.941 0	2.883 9	2.828 6	2.775 1	2.723 2	2.673 0	2.624 3	2.577 1	2.531 3	2.486 9	2.443 7	2.401 8	2.361 2	2.321 6	2.283 2
4	3.902 0	3.807 7	3.717 1	3.629 9	3.546 0	3.465 1	3.387 2	3.312 1	3.239 7	3.169 9	3.102 4	3.037 3	2.974 5	2.913 7	2.855 0
5	4.853 4	4.713 5	4.579 7	4.451 8	4.329 5	4.212 4	4.100 2	3.992 7	3.889 7	3.790 8	3.695 9	3.604 8	3.517 2	3.433 1	3.352 2
6	5.795 5	5.601 4	5.417 2	5.242 1	5.075 7	4.917 3	4.766 5	4.622 9	4.485 9	4.355 3	4.230 5	4.111 4	3.997 5	3.888 7	3.784 5
7	6.728 2	6.472 0	6.230 3	6.002 1	5.786 4	5.582 4	5.389 3	5.206 4	5.033 0	4.868 4	4.712 2	4.563 8	4.422 6	4.288 3	4.160 4
8	7.651 7	7.325 5	7.019 7	6.732 7	6.463 2	6.209 8	5.971 3	5.746 6	5.534 8	5.334 9	5.146 1	4.967 6	4.798 8	4.638 9	4.487 3
9	8.566 0	8.162 2	7.786 1	7.435 3	7.107 8	6.801 7	6.515 2	6.246 9	5.995 2	5.759 0	5.537 0	5.328 2	5.131 7	4.946 4	4.771 6
10	9.471 3	8.982 6	8.530 2	8.110 9	7.721 7	7.360 1	7.023 6	6.710 1	6.417 7	6.144 6	5.889 2	5.650 2	5.426 2	5.216 1	5.018 8
11	10.367 6	9.786 8	9.252 6	8.760 5	8.306 4	7.886 9	7.498 7	7.139 0	6.805 2	6.495 1	6.206 5	5.937 7	5.686 9	5.452 7	5.233 7
12	11.255 1	10.575 3	9.954 0	9.385 1	8.863 3	8.383 8	7.942 7	7.536 1	7.160 7	6.813 7	6.492 4	6.194 4	5.917 6	5.660 3	5.420 6
13	12.133 7	11.348 4	10.635 0	9.985 6	9.393 6	8.852 7	8.357 7	7.903 8	7.486 9	7.103 4	6.749 9	6.423 5	6.121 8	5.842 4	5.583 1
14	13.003 7	12.106 2	11.296 1	10.563 1	9.898 6	9.295 0	8.745 5	8.244 2	7.786 2	7.366 7	6.981 9	6.628 2	6.302 5	6.002 1	5.724 5
15	13.865 1	12.849 3	11.937 9	11.118 4	10.379 7	9.712 2	9.107 9	8.559 5	8.060 7	7.606 1	7.190 9	6.810 9	6.462 4	6.142 2	5.847 4
16	14.717 9	13.577 7	12.561 1	11.652 3	10.837 8	10.105 9	9.446 6	8.851 4	8.312 6	7.823 7	7.379 2	6.974 0	6.603 9	6.265 1	5.954 2
17	15.562 3	14.291 9	13.166 1	12.165 7	11.274 1	10.477 3	9.763 2	9.121 6	8.543 6	8.021 6	7.548 8	7.119 6	6.729 1	6.372 9	6.047 2
18	16.398 3	14.992 0	13.753 5	12.659 3	11.689 6	10.827 6	10.059 1	9.371 9	8.755 6	8.201 4	7.701 6	7.249 7	6.839 9	6.467 4	6.128 0
19	17.226 0	15.678 5	14.323 8	13.133 9	12.085 3	11.158 1	10.335 6	9.603 6	8.950 1	8.364 9	7.839 3	7.365 8	6.938 0	6.550 4	6.198 2
20	18.045 6	16.351 4	14.877 5	13.590 3	12.462 2	11.469 9	10.594 0	9.818 1	9.128 5	8.513 6	7.963 3	7.469 4	7.024 8	6.623 1	6.259 3
21	18.857 0	17.011 2	15.415 0	14.029 2	12.821 2	11.764 1	10.835 5	10.016 8	9.292 2	8.648 7	8.075 1	7.562 0	7.101 6	6.687 0	6.312 5
22	19.660 4	17.658 0	15.936 9	14.451 1	13.163 0	12.041 6	11.061 2	10.200 7	9.442 4	8.771 5	8.175 7	7.644 6	7.169 5	6.742 9	6.358 7
23	20.455 8	18.292 2	16.443 6	14.856 8	13.488 6	12.303 4	11.272 2	10.371 1	9.580 2	8.883 2	8.266 4	7.718 4	7.229 7	6.792 1	6.398 8
24	21.243 4	18.913 9	16.935 5	15.247 0	13.798 6	12.550 4	11.469 3	10.528 8	9.706 6	8.984 7	8.348 1	7.784 3	7.282 9	6.835 1	6.433 8
25	22.023 2	19.523 5	17.413 1	15.622 1	14.093 9	12.783 4	11.653 6	10.674 8	9.822 6	9.077 0	8.421 7	7.843 1	7.330 0	6.872 9	6.464 1
26	22.795 2	20.121 0	17.876 8	15.982 8	14.375 2	13.003 2	11.825 8	10.810 0	9.929 0	9.160 9	8.488 1	7.895 7	7.371 7	6.906 1	6.490 6
27	23.559 6	20.706 9	18.327 0	16.329 6	14.643 0	13.210 5	11.986 7	10.935 2	10.026 6	9.237 2	8.547 8	7.942 6	7.408 6	6.935 2	6.513 5
28	24.316 4	21.281 3	18.764 1	16.663 1	14.898 1	13.406 2	12.137 1	11.051 1	10.116 1	9.306 6	8.601 6	7.984 4	7.441 2	6.960 7	6.533 5
29	25.065 8	21.844 4	19.188 5	16.983 7	15.141 1	13.590 7	12.277 7	11.158 4	10.198 3	9.369 6	8.650 1	8.021 8	7.470 1	6.983 0	6.550 9
30	25.807 7	22.396 5	19.600 4	17.292 0	15.372 5	13.764 8	12.409 0	11.257 8	10.273 7	9.426 9	8.693 8	8.055 2	7.495 7	7.002 7	6.566 0
31	26.542 3	22.937 7	20.000 4	17.588 5	15.592 8	13.929 1	12.531 8	11.349 8	10.342 8	9.479 0	8.733 1	8.085 0	7.518 3	7.019 9	6.579 1
32	27.269 6	23.468 3	20.388 8	17.873 6	15.802 7	14.084 0	12.646 6	11.435 0	10.406 2	9.526 4	8.768 6	8.111 6	7.538 3	7.035 0	6.590 5

$(P/A,i,n)=[1-(1+i)^{-n}]/i$

16%	17%	18%	19%	20%	21%	22%	23%	24%	25%	26%	27%	28%	29%	30%	期数
0.862 1	0.854 7	0.847 5	0.840 3	0.833 3	0.826 4	0.819 7	0.813 0	0.806 5	0.800 0	0.793 7	0.787 4	0.781 3	0.775 2	0.769 2	1
1.605 2	1.585 2	1.565 6	1.546 5	1.527 8	1.509 5	1.491 5	1.474 0	1.456 8	1.440 0	1.423 5	1.407 4	1.391 6	1.376 1	1.360 9	2
2.245 9	2.209 6	2.174 3	2.139 9	2.106 5	2.073 9	2.042 2	2.011 4	1.981 3	1.952 0	1.923 4	1.895 6	1.868 4	1.842 0	1.816 1	3
2.798 2	2.743 2	2.690 1	2.638 6	2.588 7	2.540 4	2.493 6	2.448 3	2.404 3	2.361 6	2.320 2	2.280 0	2.241 0	2.203 1	2.166 2	4
3.274 3	3.199 3	3.127 2	3.057 6	2.990 6	2.926 0	2.863 6	2.803 5	2.745 4	2.689 3	2.635 1	2.582 7	2.532 0	2.483 0	2.435 6	5
3.684 7	3.589 2	3.497 6	3.409 8	3.325 5	3.244 6	3.166 9	3.092 3	3.020 5	2.951 4	2.885 0	2.821 0	2.759 4	2.700 0	2.642 7	6
4.038 6	3.922 4	3.811 5	3.705 7	3.604 6	3.507 9	3.415 5	3.327 0	3.242 3	3.161 1	3.083 3	3.008 7	2.937 0	2.868 2	2.802 1	7
4.343 6	4.207 2	4.077 6	3.954 4	3.837 2	3.725 6	3.619 3	3.517 9	3.421 2	3.328 9	3.240 7	3.156 4	3.075 8	2.998 6	2.924 7	8
4.606 5	4.450 6	4.303 0	4.163 3	4.031 0	3.905 4	3.786 3	3.673 1	3.565 5	3.463 1	3.365 7	3.272 8	3.184 2	3.099 7	3.019 0	9
4.833 2	4.658 6	4.494 1	4.338 9	4.192 5	4.054 1	3.923 2	3.799 3	3.681 9	3.570 5	3.464 8	3.364 4	3.268 9	3.178 1	3.091 5	10
5.028 6	4.836 4	4.656 0	4.486 5	4.327 1	4.176 9	4.035 4	3.901 8	3.775 7	3.656 4	3.543 5	3.436 5	3.335 1	3.238 8	3.147 3	11
5.197 1	4.988 4	4.793 2	4.610 5	4.439 2	4.278 4	4.127 4	3.985 2	3.851 4	3.725 1	3.605 9	3.493 3	3.386 8	3.285 9	3.190 3	12
5.342 3	5.118 3	4.909 5	4.714 7	4.532 7	4.362 4	4.202 8	4.053 0	3.912 4	3.780 1	3.655 5	3.538 1	3.427 2	3.322 4	3.223 3	13
5.467 5	5.229 3	5.008 1	4.802 3	4.610 6	4.431 7	4.264 6	4.108 2	3.961 6	3.824 1	3.694 9	3.573 3	3.458 7	3.350 7	3.248 7	14
5.575 5	5.324 2	5.091 6	4.875 9	4.675 5	4.489 0	4.315 2	4.153 0	4.001 3	3.859 3	3.726 1	3.601 0	3.483 4	3.372 6	3.268 2	15
5.668 5	5.405 3	5.162 4	4.937 7	4.729 6	4.536 4	4.356 7	4.189 4	4.033 3	3.887 4	3.750 9	3.622 8	3.502 6	3.389 6	3.283 2	16
5.748 7	5.474 6	5.222 3	4.989 7	4.774 6	4.575 5	4.390 8	4.219 0	4.059 1	3.909 9	3.770 5	3.640 0	3.517 7	3.402 8	3.294 8	17
5.817 8	5.533 9	5.273 2	5.033 3	4.812 2	4.607 9	4.418 7	4.243 1	4.079 9	3.927 9	3.786 1	3.653 6	3.529 4	3.413 0	3.303 7	18
5.877 5	5.584 5	5.316 2	5.070 0	4.843 5	4.634 6	4.441 5	4.262 7	4.096 7	3.942 4	3.798 5	3.664 2	3.538 6	3.421 0	3.310 5	19
5.928 8	5.627 8	5.352 7	5.100 9	4.869 6	4.656 7	4.460 3	4.278 6	4.110 3	3.953 9	3.808 3	3.672 6	3.545 8	3.427 1	3.315 8	20
5.973 1	5.664 8	5.383 7	5.126 8	4.891 3	4.675 0	4.475 6	4.291 6	4.121 2	3.963 1	3.816 1	3.679 2	3.551 4	3.431 9	3.319 8	21
6.011 3	5.696 4	5.409 9	5.148 6	4.909 4	4.690 0	4.488 2	4.302 1	4.130 0	3.970 5	3.822 3	3.684 4	3.555 8	3.435 6	3.323 0	22
6.044 2	5.723 4	5.432 1	5.166 8	4.924 5	4.702 5	4.498 5	4.310 6	4.137 1	3.976 4	3.827 3	3.688 5	3.559 2	3.438 4	3.325 4	23
6.072 6	5.746 5	5.450 9	5.182 2	4.937 1	4.712 8	4.507 0	4.317 6	4.142 8	3.981 1	3.831 2	3.691 8	3.561 9	3.440 6	3.327 2	24
6.097 1	5.766 2	5.466 9	5.195 1	4.947 6	4.721 3	4.513 9	4.323 2	4.147 4	3.984 9	3.834 2	3.694 3	3.564 0	3.442 3	3.328 6	25
6.118 2	5.783 1	5.480 4	5.206 0	4.956 3	4.728 4	4.519 6	4.327 8	4.151 1	3.987 9	3.836 7	3.696 3	3.565 6	3.443 7	3.329 7	26
6.136 4	5.797 5	5.491 9	5.215 1	4.963 6	4.734 2	4.524 3	4.331 6	4.154 2	3.990 3	3.838 7	3.697 9	3.566 9	3.444 7	3.330 5	27
6.152 0	5.809 9	5.501 6	5.222 8	4.969 7	4.739 0	4.528 1	4.334 6	4.156 6	3.992 3	3.840 2	3.699 1	3.567 9	3.445 5	3.331 2	28
6.165 5	5.820 4	5.509 8	5.229 2	4.974 7	4.743 0	4.531 2	4.337 1	4.158 5	3.993 8	3.841 4	3.700 1	3.568 7	3.446 1	3.331 7	29
6.177 2	5.829 4	5.516 8	5.234 7	4.978 9	4.746 3	4.533 8	4.339 1	4.160 1	3.995 0	3.842 4	3.700 9	3.569 3	3.446 6	3.332 1	30
6.187 2	5.837 1	5.522 7	5.239 2	4.982 4	4.749 0	4.535 9	4.340 7	4.161 4	3.996 0	3.843 2	3.701 5	3.569 7	3.447 0	3.332 4	31
6.195 9	5.843 7	5.527 7	5.243 0	4.985 4	4.751 2	4.537 6	4.342 1	4.162 4	3.996 8	3.843 8	3.701 9	3.570 1	3.447 3	3.332 6	32

期数	1%	2%	3%	4%	5%	6%	7%	8%	9%	10%	11%	12%	13%	14%	15%
33	27.989 7	23.988 6	20.765 8	18.147 6	16.002 5	14.230 2	12.753 8	11.513 9	10.464 4	9.569 4	8.800 5	8.135 4	7.556 0	7.048 2	6.600 5
34	28.702 7	24.498 6	21.131 8	18.411 2	16.192 9	14.368 1	12.854 0	11.586 9	10.517 8	9.608 6	8.829 3	8.156 6	7.571 7	7.059 9	6.609 1
35	29.408 6	24.998 6	21.487 2	18.664 6	16.374 2	14.498 2	12.947 7	11.654 6	10.566 8	9.644 2	8.855 2	8.175 5	7.585 6	7.070 0	6.616 6
36	30.107 5	25.488 8	21.832 3	18.908 3	16.546 9	14.621 0	13.035 2	11.717 2	10.611 8	9.676 5	8.878 6	8.192 4	7.597 9	7.079 0	6.623 1
37	30.799 5	25.969 5	22.167 2	19.142 6	16.711 3	14.736 8	13.117 0	11.775 2	10.653 0	9.705 9	8.899 6	8.207 5	7.608 7	7.086 8	6.628 8
38	31.484 7	26.440 6	22.492 5	19.367 9	16.867 9	14.846 0	13.193 5	11.828 9	10.690 8	9.732 7	8.918 6	8.221 0	7.618 3	7.093 7	6.633 8
39	32.163 0	26.902 6	22.808 2	19.584 5	17.017 0	14.949 1	13.264 9	11.878 6	10.725 5	9.757 0	8.935 7	8.233 0	7.626 8	7.099 7	6.638 0
40	32.834 7	27.355 5	23.114 8	19.792 8	17.159 1	15.046 3	13.331 7	11.924 6	10.757 4	9.779 1	8.951 1	8.243 8	7.634 4	7.105 0	6.641 8
41	33.499 7	27.799 5	23.412 4	19.993 1	17.294 4	15.138 0	13.394 1	11.967 2	10.786 6	9.799 1	8.964 9	8.253 4	7.641 0	7.109 7	6.645 0
42	34.158 1	28.234 8	23.701 4	20.185 6	17.423 2	15.224 5	13.452 4	12.006 7	10.813 4	9.817 4	8.977 4	8.261 9	7.646 9	7.113 8	6.647 8
43	34.810 0	28.661 6	23.981 9	20.370 8	17.545 9	15.306 2	13.507 0	12.043 2	10.838 0	9.834 0	8.988 6	8.269 6	7.652 2	7.117 3	6.650 3
44	35.455 5	29.080 0	24.254 3	20.548 8	17.662 8	15.383 2	13.557 9	12.077 1	10.860 5	9.849 1	8.998 8	8.276 4	7.656 8	7.120 5	6.652 4
45	36.094 5	29.490 2	24.518 7	20.720 0	17.774 1	15.455 8	13.605 5	12.108 4	10.881 2	9.862 8	9.007 9	8.282 5	7.660 9	7.123 2	6.654 3

续表

16%	17%	18%	19%	20%	21%	22%	23%	24%	25%	26%	27%	28%	29%	30%	期数
6.203 4	5.849 3	5.532 0	5.246 2	4.987 8	4.753 1	4.539 0	4.343 1	4.163 2	3.997 5	3.844 3	3.702 3	3.570 4	3.447 5	3.332 8	33
6.209 8	5.854 1	5.535 6	5.248 9	4.989 8	4.754 6	4.540 2	4.344 0	4.163 9	3.998 0	3.844 7	3.702 6	3.570 6	3.447 7	3.332 9	34
6.215 3	5.858 2	5.538 6	5.251 2	4.991 5	4.755 9	4.541 1	4.344 7	4.164 4	3.998 4	3.845 0	3.702 8	3.570 8	3.447 8	3.333 0	35
6.220 1	5.861 7	5.541 2	5.253 1	4.992 9	4.756 9	4.541 9	4.345 3	4.164 9	3.998 7	3.845 2	3.703 0	3.570 9	3.447 9	3.333 1	36
6.224 2	5.864 7	5.543 4	5.254 7	4.994 1	4.757 8	4.542 6	4.345 8	4.165 2	3.999 0	3.845 4	3.703 2	3.571 0	3.448 0	3.333 1	37
6.227 8	5.867 3	5.545 2	5.256 1	4.995 1	4.758 5	4.543 1	4.346 2	4.165 5	3.999 2	3.845 6	3.703 3	3.571 1	3.448 1	3.333 2	38
6.230 9	5.869 5	5.546 8	5.257 2	4.995 9	4.759 1	4.543 5	4.346 5	4.165 7	3.999 3	3.845 7	3.703 4	3.571 2	3.448 1	3.333 2	39
6.233 5	5.871 3	5.548 2	5.258 2	4.996 6	4.759 6	4.543 9	4.346 7	4.165 9	3.999 5	3.845 8	3.703 4	3.571 2	3.448 1	3.333 2	40
6.235 8	5.872 9	5.549 3	5.259 0	4.997 2	4.760 0	4.544 1	4.346 9	4.166 1	3.999 6	3.845 9	3.703 5	3.571 3	3.448 2	3.333 3	41
6.237 7	5.874 3	5.550 2	5.259 6	4.997 6	4.760 3	4.544 4	4.347 1	4.166 2	3.999 7	3.845 9	3.703 5	3.571 3	3.448 2	3.333 3	42
6.239 4	5.875 5	5.551 0	5.260 2	4.998 0	4.760 6	4.544 6	4.347 2	4.166 3	3.999 7	3.846 0	3.703 6	3.571 3	3.448 2	3.333 3	43
6.240 9	5.876 5	5.551 7	5.260 7	4.998 4	4.760 8	4.544 7	4.347 3	4.166 3	3.999 8	3.846 0	3.703 6	3.571 4	3.448 2	3.333 3	44
6.242 1	5.877 3	5.552 3	5.261 1	4.998 6	4.761 0	4.544 9	4.347 4	4.166 4	3.999 8	3.846 0	3.703 6	3.571 4	3.448 2	3.333 3	45

参考文献

[1] 牛彦秀，王觉．财务管理．北京：清华大学出版社，2008.

[2] 严成根．财务管理教程．北京：北京交通大学出版社，2006.

[3] 杨义群．财务管理．北京：清华大学出版社，2004.

[4] 苗长川，杨爱华．北京：北京交通大学出版社，2006.

[5] 形晓敏．财务管理应用．北京：清华大学出版社，2005.

[6] 吕宝军，张远录．财务管理．北京：清华大学出版社，2006.

[7] 苏大中，王冰．财务管理．北京：北京理工大学出版社，2007.

[8] 马元兴．财务管理．北京：高等教育出版社，2007.

[9] 祝伯红，裴更生．新编财务管理．大连：大连理工大学出版社，2006.

[10] 田侠，张利．新编财务管理实训．大连：大连理工大学出版社，2006.

[11] 中国注册会计师协会．财务成本管理．北京：经济科学出版社，2007.

[12] 中华会计网校．财务成本管理．北京：经济科学出版社，2005.

[13] 荆新，王化成，刘俊彦．财务管理学．北京：中国人民大学出版社，2005.

[14] 单祖明．管理会计学习指导、习题与案例．北京：高等教育出版社，2007.

[15] 刘云丽．财务管理．北京：机械工业出版社，2008.

[16] 财政部会计资格评价中心．中级会计资格财务管理．北京：中国财政经济出版
社，2007.

[17] 成秉权．财务管理习题集．北京：中国财政经济出版社，2002.

[18] 张纯．财务管理．上海：上海财经大学出版社，2004.

[19] 财政部会计资格评价中心．财务管理．北京：中国财政经济出版社，2008.

[20] 牛彦秀，刘嫒嫒．财务管理．北京：经济科学出版社，2008.

[21] 吴大军，牛彦秀．管理会计习题与案例．大连：东北财经大学出版社，2006.

[22] 吴大军，牛彦秀．管理会计．大连：东北财经大学出版社，2007.

[23] 刘淑莲，牛彦秀．企业财务管理．大连：东北财经大学出版社，2007.

[24] 秦志敏，牛彦秀．财务管理习题与案例．大连：东北财经大学出版社，2007.

[25] 张庆龙，邵诗利．财务管理教程．北京：中国时代经济出版社，2007.

[26] 汤谷良，王化成．企业财务管理学．北京：经济科学出版社，2000.

[27] 张云亭．顶级财务总监．北京：中信出版社，2003.

[28] 金圣才. 财务管理学. 北京：中国石化出版社，2004.

[29] 闫华红. 中级财务管理. 北京：北京大学出版社，2007.

[30] 邢峥. 经营理财学. 北京：中国水利水电出版社，2006.

[31] 温素彬. 管理会计. 北京：机械工业出版社，2008.

[32] 丁志可，王国安. 公司财务管理. 北京：经济管理出版社，2004.

[33] 张纯. 财务管理. 上海：上海财经大学出版社，2004.

[34] 全国会计专业技术资格考试领导小组办公室. 财务管理. 北京：中国财政经济出版社，2003.

[35] 吉川元吉. 日本金融败战. 北京：中国青年出版社，2000.